2014 年度国家社科基金青年项目
"字书字料库的理论与实践研究"
（14CYY060）

字书字料库的理论、实践与应用

柳建钰 著

中华书局

图书在版编目（CIP）数据

字书字料库的理论、实践与应用/柳建钰著. —北京：中华书局，2021.5
ISBN 978-7-101-15122-0

Ⅰ.字… Ⅱ.柳… Ⅲ.①汉字–研究②语料库–研究
Ⅳ.①H12②H0

中国版本图书馆 CIP 数据核字（2021）第 053270 号

书　　名	字书字料库的理论、实践与应用
著　　者	柳建钰
责任编辑	许庆江
出版发行	中华书局
	（北京市丰台区太平桥西里 38 号　100073）
	http://www.zhbc.com.cn
	E-mail：zhbc@zhbc.com.cn
印　　刷	北京瑞古冠中印刷厂
版　　次	2021 年 5 月北京第 1 版
	2021 年 5 月北京第 1 次印刷
规　　格	开本/920×1250 毫米　1/32
	印张 13　插页 2　字数 290 千字
国际书号	ISBN 978-7-101-15122-0
定　　价	68.00 元

一时代之学术，必有其新材料与新问题。取用此材料，以研求问题，则为此时代学术之新潮流。治学之士，得预于此潮流者，谓之预流（借用佛教初果之名）。其未得预者，谓之未入流。此古今学术史之通义，非彼闭门造车之徒，所能同喻者也。

——陈寅恪《陈垣〈敦煌劫余录〉序》，《历史语言研究集刊》1930年第1本第2分，第231页。

序

当前,信息化社会已进入高速发展阶段,信息技术的进步推动人类社会生活各领域发生了革命性的变化。它不仅推动了科学技术的进步,提高了整个社会的工作效率,也快速改变着整个社会的生活形态。可以毫不夸张地说,谁掌握了信息技术的尖端,谁就掌握了未来。

信息技术的进步,业已使得人类社会语文生活和科研手段产生了革命性变化。听说读写方式的改变导致了个人语文能力的变化,信息传播模式和知识获取方式的变化推动着整个社会语文生态的变化;互联网、大数据、云概念、智能化等技术的参与促使科研手段发生了重大变化,同时也正在改变包括语言文字研究在内的科研生态。

语言文字是人类最重要的交际工具和信息载体,是信息化工作最为重要的基础性资源,语言文字的信息化是全部信息化工作中最为重要的基础工作,而语言文字资源库的建设又是语言文字信息化最重要的基础性工作。就基本类型而言,语言文字资源库可以划分为基于口语的资源库和基于书面语的资源库。书面语的信息化处理,是以字的处理为起点,进而进入到语言处理再到概念处理的连续过程,与这个过程相对应,需要建设为字处理提供基础性资源的字料库、为语言处理提供基础性资源的语料库和为内容处理提供基础性资源的概念库。我们可以把字料库的基本单位确定为字,把语料库的基本单位确定为词,把概念库的基本单位确定为概念。字料库的核心工作是在确定汉字基本单位字的定义的基础上,解决字单位的认同、别异问题,聚合同一汉字的不同变异形式,离析同一形体的不同汉字,以字为基本单位,建立个体字符属性标注完备、整体序化编排的汉字库藏;语料库的核心工作是在确定语言的基本单位词的定义的基础上,解决词单位的认同别异问题,聚合同一词语的变异形式,离析同一词形表达的不同词语,建立个体词语属性标注完备、整体序化编排的汉语词语库藏;概念库的核心工作是在确定概念的定义的基础上,解决概念单位认同别异问题,聚合同一概念不同语言表达方式,离析同一语言形式表达的不同概念,建立序化的概念库藏。在此基础上,还要进一步解决字料库与语料库以及语料库与概念库的接口问题,实现字料库、语料库、概念库的统合,真正实现从真实文本出发,达到内容处理的目标,以满足信息化处理对语言文字的要求。同时,字料库和语料库本身也为文字和语言的研究提供了新思路和新方法,也必然推进语言文字本体研究的现代化进程。

柳建钰的《字书字料库的理论、实践与应用》是第一部探索汉字字料库理论的专著,该书首次对字料库的理论进行了系统思考,对字书字料库的实践经验作了总结,并初步展示了字料库应用的状况与前景。

全书框架共分为三大部分。在理论篇中,作者在介绍字料、字料库等基本概念的基础上,讨论了字料库与语料库的联系与区别,并对字料库的分类、字书文字研究的价值以及字书字料库建设的必要性与可行性进行了分析。其后,作者对字料库理论的提出及其价值进行了深入剖析。最后,作者提出了建立字料库汉字学的设想,并对字料库汉字学的学科定义、研究领域、学科性质、主要内容、研究方法、研究步骤、学科地位等一系列学科理论问题进行了充分阐释,这些内容都是作者对字料库理论不断开拓挖掘所取得的最新成果。

在实践篇中,作者首先介绍了当前国内外字料库与类字料库建设的基本情况,之后对字书字料库系统建设的七个主要原则与七个阶段进行了讨论。作者详细介绍了渤海大学 CCFD 字书字料库数据库及软件的设计情况以及字书字料库四大界面属性库的建设情况,并对包括标注原则、内容、方式、层次等在内的字书字料标注相关问题进行了分析。最后,作者举例对字书字料异体关系等七种字际关系的系联进行了展示,这为同类型字料库的设计研发和数据填充提供了可资借鉴的宝贵经验和参考实例。

在应用篇中,作者举例分析了字书字料库在字书疑难字考辨过程中能够发挥的重要作用,并开展了基于字书字料库的字书汉字层积流变状况调查研究和通用规范汉字构形属性调查研究,研究数据详细可靠,结论严谨可信,进一步展示了字料库在当前汉字整理与汉字学研究方面的巨大潜力。

该书研究具有鲜明的创新意识和问题意识,对字料库理论研究、实体建设及应用研究方面的问题进行了深入思考,提出了不少有价值的学术观点,让人耳目一新。研究成果无论是在科学性、理论性方面,还是在实践性方面都已经达到了一个比较高的学术水平。

不过,该书仍然带有初创期著作的稚嫩与粗疏,字料库理论有些内容还没有说透,字书字料库实体设计还有可商榷之处,字料库应用领域有待于进一步拓展。这也为未来的研究留下了充足的空间。在本书排印的过程中，我们高兴地获悉，作者申报的国家社科基金项目"字料库字料标注规范研究"获批重点项目，这说明作者对字料库的探索并未停止。我们有理由相信，在不远的未来，作者将为学界提供更为成熟而细密的研究成果，从而推动字料库研究的不断深入。与此同时，随着实体建设的日渐成熟和应用领域的逐渐广泛，字料库也一定会在推进我国语言文字研究的信息化进程中贡献自己的独特力量！

李国英

二○二○年十一月二十四日

目　录

中　编

下　编

图目录

表目录

上　编

绪　论

第一节　选题宗旨及研究目标

21世纪是信息时代、大数据时代。语言和文字是信息最重要的两种载体。语言文字的信息化是整个社会信息化的基础，利用信息化的手段对汉语和汉字进行系统、全面、深入地研究，是使我国在信息时代、大数据时代立于不败之地的必要条件。

学术创新是学术的生命，学术发展离不开新方法、新技术的运用。近20年来，随着计算机的逐步普及，计算机技术开始在汉语言文字学研究过程中大放异彩，产生了很多令人耳目一新的理论与实践成果，中文信息处理已经成为当前汉语汉字研究的一大核心领域。不过，与已经趋于成熟的汉语语料库和汉语语料库语言学相比，利用计算机技术来整理和研究汉字的工作整体上还比较薄弱，仍落后于汉字整理规范工作的客观要求。要想改变这种状况，必须借助汉字字料库，并在此基础上尽快建立一门新的学科——字料库汉字学，用来指导汉字整理研究的实践工作。

21世纪是信息化、网络化的时代，是知识经济繁荣昌盛的时代，也是以知识交叉及创新为主要特征之一的时代。字料库建设是全汉字数字化的必要基础之一，也是今后汉字学研究与全汉字整理工作的一个战略重点。有理由相信,在不久的将来,随着越来越多学者的肯定、重视和积极参与,随着一批具有一定规模、规范性较强并且具有可操作性的汉字字料库的问世,基于大规模字料库而进行的各种汉字整理研究工作也会逐步展开,字料库汉字学这门新的交叉学科将随之茁壮成长,并与语料库语言学并驾齐驱,这将对汉字学及信息科学在新世纪的发展完善产生重大而深远的影响。

鉴于此,本书拟对与字书字料库相关的一些理论问题展开探讨,并对字书字料库实体建设及实践应用方面的一些问题进行研究,以就教于方家,希望能起到抛砖引玉之效,引起学界同道持续关注字料库相关问题,并深度参与到字料库理论、实践及应用研究工作中来。

第二节　研究综述

从 2008 年"字料库"这一概念被提出并被明确定义以来,[①]前贤时俊已经对字料库和字书字料库的理论和实践做了一些专门研究。这些成果对于本书的深入研究来说无疑具有重要的参考意义和借鉴价值。根据我们的研究内容,此处拟从字料库理论研

---

① 王佳靖是目前可知的最早使用"字料库"名称的学者。他指出,与现代信息技术相结合,这些(文献)宝藏将得以更充分合理地利用,现代的考据学也因而呈现出一个新的特征,即各种字料库、语料库的建设。建设各种字料库、语料库的首要工作为对文献信息的搜集。各种字料库、语料库的建设推动着国际间的合作。不过,他并未对何为字料库进行明确定义。详见:王佳靖.浅谈计算机手段的介入对考据学的影响[J].安徽广播电视大学学报,2003(3):88-90.

究、字料库实体建设研究以及基于字料库的汉字学研究等三个方面对前期研究成果进行比较系统全面的分析和梳理。

一、字料库理论研究

"字料库"概念是由李国英师、周晓文最先提出并明确定义的。他们认为,从文字研究应用与规范对汉字整理的要求来看,目前的汉字整理不能满足要求,特别是信息化的发展对汉字的整理提出了更高的要求。迫切需要在已有研究的基础上,经过全面搜集、整理和系统研究,在明确理论指导下,以真实文本大规模文字资源库为基础,建设一个包括古今全部汉字在内并以属性标注的方式解决字际关联和字词关联的数字化统一平台。这一任务要实现"全"和"真"两大目标。为此,必须建立统一的汉字整理平台和保持文字原形的语料库——字料库。① 其后,他们在《字料库建设的必要性与可行性》一文中进一步指出,随着语料库的建设和发展,基于语料库的语言研究已经成为当代语言学研究的重要方法,但是由于缺乏满足文字学研究需要的字料库,基于字料库的文字学研究还是一片空白。字料库是指以文字的整理和文字学的研究为目标,按照语言学和文字学的原则,收集实际使用中能够代表特定文字或文字变体的真实出现过的文字书写形态,运用计算机技术建成的具有一定规模的大型电子文字资源库。字料库是在大规模真实文本的基础上生成的真实的文字书写形态的有序集合,是利用计算机对文字形体进行各种分类、统计、检索、综合、比较等研究的基础。字料库与语料库在建设目的、建构

---

① 李国英,周晓文.汉字整理工作的现状与任务[J].云南师范大学学报(哲学社会科学版).2008(3):12.

原则、所要求的"真实性"以及实现方法等四个方面都存在不同。在字料库建设、实施过程中,要重点解决字料库建设的理论与方法研究、字料的分类及属性标注规范研究、研制开发字料库建设的自动、辅助工具及管理与应用平台等四方面的问题。字料库建设要处理好汉字共时与历时、共性与个性、地域性与多样性等三方面的关系。他们还认为,建设汉字字料库、开展基于汉字字料库的汉字整理与研究的设想,不仅丰富和深化了语料库理论,也为汉字研究与规范提供了新的方法,开拓了新的领域,对汉字的理论研究和汉字整理与规范的实践具有重要的理论意义和实践价值。①《字料库建设的必要性与可行性》是一篇对字料库建设与研究具有先导性意义的文章,竖起了字料库建设与研究的第一面大旗。

　　当前的社会用字调查存在很多问题,远远不能满足社会用字实际状况测查的需要。针对这一问题,周晓文、李国英师(2011)认为,除了受计算机编码体系以及计算机语料库处理字形方式的限制、汉字自身的复杂性等因素影响外,缺少对信息时代社会用字调查的理论及方法的研究以及缺少适合社会用字调查的有针对性的整体方案设计是其根本原因。字料库方法为汉字研究与汉字测查提供了一个新的思路与方法,因为只有在保存真实字形材料的字料库及相应数据库的基础上,才有可能对社会实际用字状况作全面、客观的测查。建立基于现代汉字的大规模字料库,为国家语言政策的调整和制定以及语言文字规范标准的制定、修改提供参考,这对促进文字学理论与社会用字规范理论的深入研

---

① 李国英,周晓文.字料库建设的必要性与可行性[J].北京师范大学学报(社会科学版),2009(5):48—53.

究等都具有重要的理论意义。[①] 针对当前字频统计工作所存在的基于语料库统计字频造成字频统计结果失真、统计缺乏统一而明确的统计单位、统计结果不科学等问题,李国英师、周晓文(2011)进一步指出,解决问题的关键在于建立满足文字统计要求的字料库,必须明确界定统计单位,划分不同层级的汉字统计单位,根据不同需要对其进行分类分层的字频统计。[②]

王东海(2011)探讨了 UNICODE 大字符集汉字属性整理与展示平台"字网"的建设,梳理了需要整合的已有汉字属性材料,指出当前汉字属性研究与整理工作还存在缺少对汉字全属性描写工作的关注、未形成系统化层次化的汉字属性表达方式、字种覆盖面窄、缺少统一的整合与展示的平台等四种问题。针对这些问题,他提出多维度属性标注集标注法的应用方法,探讨了汉字属性系统化、秩序化展示的规则网络建构原则,以及用数据挖掘发现隐性联系的非线性联想网络的建构原则。[③] 朱翠萍、周晓文、陈莹(2013)认为,基于字料库的字书整理工作是字书整理史上的一次伟大突破。利用字料库整理字书,其主要任务包括字形的采集、字形的识别和属性填充与关联。字料库系统提高了采集和筛选字形的效率,使字形保真工作有据可依,能够提升科研的档次。

① 周晓文,李国英.关于社会用字调查的研究[A].华东师范大学中国文字研究与应用中心:中国文字研究(第十四辑)[C].郑州:大象出版社,2011:161—170.

② 李国英,周晓文.汉字字频统计方法的改进[J].北京师范大学学报(社会科学版),2011(6):45—50.

③ 王东海.汉字属性整理与展示平台"字网"建设与研究——兼论其在辞书编纂、修订中的应用[J].语言文字应用,2011(2):125—134.

但也存在文本质量不高、版式复杂、属性填充及关联难度大等问题。① 周晓文、李国英师、朱翠萍、陈莹(2015)认为,异体字整理是汉字整理工作中的重中之重,由于缺少科学、高效的整理方法,使大规模的异体字整理受到制约,直接影响了社会用字规范以及中文信息处理领域的发展。"基于字料库的开放式异体字整理平台"的建构,为大规模的异体字整理创造了条件,积累了经验。从方法上看,该平台一改传统的抄卡片式的手工操作,转向基于字料库的计算机辅助操作,且操作简单方便,极大地提高了异体字整理的质量与效率;从成果形式上看,该平台从静态、封闭的纸本异体字表,向动态、开放的数据库检索系统转变,使数据的利用率、可再生率提高;从整理的材料范围上看,该平台从有限封闭材料,向开放式无限材料扩展,能够满足对新增材料、新增异体字的整理需求。该平台的设计思想先进,符合异体字的特点与发展规律,对促进文字学的发展具有重要的现实意义和应用价值。② 针对古籍数字化出版中的汉字处理问题,魏晓艳(2014)指出,古籍数字化中汉字处理的成果之一是建立各种字库,以真实文本文字资源库为基础,建设一个包括古今汉字在内,并已明确属性标注的数字化平台是解决汉字处理问题的关键。建立大型字料库,对古籍字形的不同层次进行系统有序的整理,尤其是对散见于出土、传世文献等材料中的字形收集、类聚,字料库建设将在文字整

---

① 朱翠萍,周晓文,陈莹.基于字料库平台的字书整理研究[J].中国出版,2013(23):55—58.

② 周晓文,李国英,朱翠萍,陈莹.基于字料库的开放式异体字整理平台的设计与实现[A].中国文字学会:中国文字学报(第六辑)[C].北京:商务印书馆,2015.

理与规范、文物保护、信息处理等方面显示出更大优势。① 李运富
(2017)认为,广义地说,文字的所有载体形式都可以称为文本,包
括青铜器、玺印、砖瓦等。称文献的时候,着重于内容,提供的是
语料;称文本的时候,着重于文字,提供的是字料。字料跟语料不
同,语料反映的是话语,只要话语的结构和意义不变,用字可以不
同;字料反映的是文字现象,要求记录语言的文字保持原形原貌。
现在研究语言的历史,有许多的语料库可供利用;而研究汉字的
使用历史,却缺乏保持了原形原貌的字料库。② 辛睿龙(2017)介
绍了汉文佛典写本佛经、刻本佛经和现代佛经的数据库建设现
状,讨论了当前汉文佛典数据库建设过程中汉字识别、外字处理、
图像处理等存在的问题,提出要在充分吸收和利用已有的学术研
究成果和数字化建设成果基础上,尽快建成兼收并蓄的汉文佛典
基本字料库。③ 孙建伟(2019A)认为,以形体、功能、音读三个参
数入手,可以将汉字字际关系归纳为异体关系、通假关系、同形关
系、分化关系、书写讹误关系。"字料库"可以将以上五种关系,再
加上正俗、通用、繁简、古今等关系,与音读、释义、书证等原始信
息,连同字际关系考辨的结果,以立体、多维、互动的方式展现出
来。④ 孙建伟(2019B)认为,汉文佛经音义文字整理与研究的变
革及创新,其关键点之一是构建汉文佛经音义"字料库"。"字料

---

① 魏晓艳.古籍数字化出版中汉字处理问题刍议[J].中国出版,2014(9):52-
　53.
② 李运富.论汉字职用的考察与描写[J].上海师范大学学报(哲学社会科学
　版),2017(1):6.
③ 辛睿龙.汉文佛典数据库建设刍议[J].编辑之友,2017(8):61-66.
④ 孙建伟."字料库"背景下汉字字际关系理论探究[J].内蒙古社会科学(汉
　文版),2019(5):23-27.

库"方法在数据的提取与加工方面,表现为自动切图、自动识别、自动标注;在材料的校勘方面,表现为计算机自动比对与人工校理相结合;在疑难字考释方面,表现为相关文字形、音、义、用信息的同平台展示;在整理结果的呈现方面,表现为立体化、全视角、综合性的布列,是一种较为新颖的做法。①

　　在充分实践的基础上,有学者提出了建设"数据库汉字学"或"数据库文字学"的设想。王平(2013)认为,近年来,汉字数据库的建设和基于数据库的汉字研究取得了令人瞩目的研究成果,但基于数据库的汉字研究并没有成为汉字学研究的主流,这是目前汉字学研究领域的极大遗憾。汉字数据库是汉字描述的起点且是验证汉字理论假设的证据,汉字数据库建设要注意标注原则的通用性、网络性以及多功能性。她提出要建设数据库汉字学,这与李国英师、周晓文的想法不谋而合。② 刘志基(2019)认为,基于数据库的文字学研究不仅已经是不可忽略的客观存在,而且有着日益兴盛的发展趋势。他提出,数据库文字学是以贮存的文字资料数据库为基础,运用数字化文字处理的手段进行文字学研究。数据库文字学与语料库语言学是具有密切联系的理论方法体系,它可以视为传统中国文字学在数字化时代顺应新的研究环境、条件和手段而发展出来的一个分支,二者在资料获取难易程度和资料可利用度上存在巨大反差。好的数据库文字学研究必须以问

①孙建伟.\"大数据\"推动\"小学\"研究——以汉文佛经音义类著作研究为例[N].中国社会科学报,2019-9-3(3).

②王平.数据库汉字学刍议——以魏晋南北朝石刻用字数据库与断代汉字发展史研究为例[A].华东师范大学中国文字研究与应用中心:中国文字研究(第十七辑)[C],上海:上海人民出版社,2013(1):159-164.

题主导数据,并以数据库孵化新思维。[①]

史晓丹(2017)对近十年来学界对字料库及字料库汉字学的研究成果进行了比较全面的综述,并对其进行了整体评价,认为目前字料库的研究还不成熟,还有诸多问题需要解决。未来应该致力于字料库的实体建构以及字料库汉字学方面的综合研究。要在研究领域拓宽、自动化技术采用、字料标注高标准以及资源公开化等方面进一步加强研究。[②] 单志鹏(2017)认为,建设基于真实文本的汉字字料库,对于开展汉字形体的历时演变研究和共时形体比较研究都具有积极意义。目前已经有一些字料库或"类字料库"问世,但对字料库的建构和研究仍然存在二"少"(专门从事字料库研究的学者少、大型字料库及"类字料库"实体建构成果少)、三"低"(共享程度低、自动化程度低、标准化品质水平较低)的不足。[③]

二、字料库实体建设研究

目前已经研发出的字料库和"类字料库"(字形表≠字料库),主要包括北京师范大学"《人民日报》字料库管理系统"、北京师范大学字料库(BNUZLK)、渤海大学字书字料库(CCFD)、陕西师范大学"简化汉字字料库"、华东师范大学中国文字研究与应用中心开发的"古今文字及历代字书资源库""中日韩传世汉字字典数据

---

① 刘志基.数据库古文字研究论稿[M].上海:上海古籍出版社,2019:3—17.

② 史晓丹.近十年来汉字字料库研究综论[J].辽宁工业大学学报(社会科学版),2017(3):55—58.

③ 单志鹏.汉字字料库浅议[J].辽宁工业大学学报(社会科学版),2017(2):63—66.

库""魏晋南北朝石刻用字数据库"、北京语言大学开发的"外国学生错字别字数据库"、浙江大学"中国历代墓志数据库"、北京时代瀚堂科技有限公司"瀚堂字书韵书数据库"、鲁东大学"字网"、字海网(www. zisea. com)、书法字典(www. shufawu. com/zd/)、台湾"异体字字典"、台湾"中央研究院"文献处理实验室开发的"汉字构形数据库"(2.7版)、台湾"中央研究院"历史语言研究所和资讯科学研究所共同开发的"汉字构形数据库"及"小学堂文字学数据库"、日本东京大学人文科学研究所"石刻拓本资料库"、国际敦煌项目IDP所研发的"敦煌文字数据库"①、维基百科GlyphWiki等等。还有一些具有"类字料库"性质的大型文献数据库,如"文渊阁四库全书电子版""中国基本古籍库""汉籍数字图书馆""瀚堂典藏"等。重大项目如"中华字库工程"、臧克和"唐宋字书收字时间层次研究"、毛远明"汉魏晋南北朝石刻异体字研究、异体字典及语料库"等对各类型汉字资源库的建设也具有重要的指导价值。

北京师范大学中国文字整理与规范研究中心建设了"《人民日报》字料库管理系统",该系统是国内第一个真正意义上的语篇字料库。该平台具有批量数据自动导入、单字字形字料自动批量切取、常用属性参数自动标注、字形字料的类聚与检索及导出、原始图版与电子文本内容对照、单字字形关联检索等功能。另外,该中心还建设了大型字料库"BNUZLK字料库系统"。该字料库系统以储存汉字原始形体,建立超大规模汉字形体发展演变关系库,满足汉字研究、汉字整理与规范、古籍数字化等的需求为目

---

① 高奕睿,林世田.国际敦煌项目新进展:敦煌文字数据库[J].国家图书馆学刊,2005(2):39—41.

标,探索基于字料库的汉字研究与字形整理的新方法。在处理材料的选取上,注意材料的断代与分类,所选材料的字形具有代表性和时代性。周晓文、李国英师曾撰文对 BNUZLK 字料库系统设计原则、字料库系统运行模式(浏览器/服务器[B/S]架构)以及字料库数据处理要点(版本选择、单字切图、释文字形整理与认同、单字属性编辑)进行过详细介绍。①

华东师范大学中国文字研究与应用中心建设了"魏晋南北朝石刻用字数据库"。该数据库共收录石刻文献 1123 种(自公元 220 年至公元 589 年,共 369 年),总字量 30 余万,去重后的单字量 4220 个,字种数量高达 1 万多。魏晋南北朝石刻用字数据库是一个集数据贮存、多路径检索、数据分析于一体的大型专家数据库。该数据库将文本与拓片对应,单字与图片对应,实现了全文检索,是目前收集魏晋南北朝石刻文献全、检索路径多、查询复制便捷的大型汉字学数据库。②

韩国汉字研究所与华东师范大学中国文字研究与应用中心联合开发了"中日韩传世汉字字典数据库"。该数据库是一个集数据贮存和信息检索于一体的专业数据库,存储了中日韩古代刊刻流传至今的八种字典(包括《说文》《宋本玉篇》《康熙字典》《篆隶万象名义》《新撰字镜》《第五游》《全韵玉篇》《字类注释》),它以汉字学信息为需求,以汉字学专业知识为检索目标,遵循自然性、

①周晓文,李国英,王颖,毛承慈. BNUZLK 字料库系统的建构与应用[A].
北京师范大学民俗典籍文字研究中心:民俗典籍文字研究(第十三辑)
[C].北京:商务印书馆,2014(1):111－122.
②王平.数据库汉字学刍议——以魏晋南北朝石刻用字数据库与断代汉字
发展史研究为例[A].华东师范大学中国文字研究与应用中心:中国文字
研究(第十七辑)[C],上海:上海人民出版社,2013(1):162.

科学性、实用性的建构原则,可以满足汉字学研究者和学习者的需求,为汉字传播史、东亚汉字发展史的研究以及《中日韩汉字大字典》的编纂提供了一个便于检索、查询的工作平台。①

北京语言大学建设的"外国学生错字别字数据库"为对外汉字教学的各项专题研究提供了一个以大量真实文本和原始字形为基础的数据系统和信息平台。该数据库根据学习者语言背景设计了非汉字文化圈国家、日本、韩国和东南亚国家等四个子数据库,对语料的各种属性、语料中的错字别字及其他不规范现象进行了比较完备的计算机处理,可以根据不同条件和要求对错字、别字的各种数据和相关信息进行便捷的机器检索和提取,能够促进汉字理论研究与汉字教学实践良性互动,提高对外汉字教学的水平与质量。②

于 2011 年 7 月启动的"中华字库工程"所要建设的"中华字库"工程要在文字学深入研究的基础上,探讨各种文字收集、筛选、整理、比对和认同的方法与原则;充分利用先进的数字化技术,开发相应的软件工具,在统一的数字化平台上,探索人机结合的文字收集、整理、筛选、比对和认同的操作与管理流程。从数千年流传下来的文字载体中,将尽可能搜集到的古今汉字形体和古今少数民族文字形体汇聚起来,在各种实际文本原形图像的基础上,确定规范形体,标注各类属性,有序地分层级排列,建立字际

---

① 王平.基于数据库的中日韩传世汉字字典的整理与研究[A].华东师范大学中国文字研究与应用中心:中国文字研究(第十九辑)[C].上海:上海书店出版社,2014(1):217-225.

② 北京语言大学"外国学生错字别字数据库"课题组."外国学生错字别字数据库"的建立与基于数据库的汉字教学研究[J].语言教学与研究,2006(4):1-7.

间的相互联系,并按照出版及网络数字化需求,建立汉字及少数民族文字的编码和主要字体字符库。[①] 预计收录的可编码单字字符数在 50 万左右(汉字古文字约 10 万、楷书汉字约 30 万、各少数民族文字约 10 万),[②]是一种超大型的字料库。

以上这些字料库及"类字料库"的建设在搜录整理汉字字形方面下了很大功夫,为字书字料库的建构和研究奠定了坚实基础。本书第四章《当前字料库与"类字料库"建设概况》将会进行详细介绍。

三、基于字料库的汉字学研究

根据所使用字料库的不同,此处分三部分来对相关研究成果进行综述。

(一)基于北京师范大学字料库完成的成果

朱玉华(2011)建设了《人民日报》(1954 年,抽样 24 天)字料库,从 1156981 个总字符中提取出 4095 个字形,制作了《字形和字频总表》,并调查了汉字覆盖率、高频字、异体字、繁简字及新旧字形使用情况。作者认为,在《第一批异体字整理表》《简化字总表》《印刷通用汉字字形表》公布之前,社会用字的确存在一字多个形体,笔画繁琐,印刷不规范的问题,给文化普及造成很大阻

---

① 国家新闻出版总署. 新闻出版重大科技工程项目—"中华字库"工程申报公告 [EB/OL], http://www. sapprft. gov. cn/sapprft/contents/6588/321964. shtml,2010－10－15.

② 国家新闻出版总署."中华字库"工程启动,含全部汉字和少数民族文字 [EB/OL],http://www. sapprft. gov. cn/sapprft/govpublic/6619/281817. shtml,2011－7－27.

力。三表对异体字进行了整理,简化了汉字笔画,精简了汉字字数,减轻广大群众学习汉字的负担。但与此同时,也产生了一些新的问题,如异体字、繁简字概念不明确,三表之间相互交叉、相互矛盾等。① 侯佳利(2011)在建设《人民日报》(1960、1964、1965和1970年)文本字料库的基础上,对其用字总量、字频、繁简字、新旧字形、异体字等相关情况进行了调查和统计。作者认为,《人民日报》作为当时政治、经济和文化生活的"晴雨表",能够比较及时地反映社会语言文字应用的一些基本情况。报纸在语言风格上的特色也造成了其在文字使用上的一些不同于其他文字使用领域的特点。作者还认为,字料库应当和语料库结合起来。字料库在研究字形问题时具有语料库不可取代的作用,但在调查字量的相关信息(如常用字、高频字等)时,可以通过语料库进行。在建设字料库(尤其是在处理现代印刷文本)时,只需选取代表字形而不"通切",这可以大大减少工作量,提高工作效率。在选取代表字形时,要区分不同的字体,仔细考察字形变化的阶段性,以免遗漏。另外,对汉字字形信息的标注是字料库建设的关键环节。字形信息的一些标注项目实际上是对汉字字际关系的整理。在对具体字形进行标注时,其准确性有赖于汉字本体研究及汉字规范程度的提高。因此,需要全面科学地制定标注规则和依据。字料库平台也要有纠错及调整的功能,以便将来修改。②

　　王颖(2012)建设了《尚书》文献(包括汉魏石经、敦煌诸写本、

①朱玉华.基于字料库的20世纪50年代社会用字调查及规范研究[D].北京师范大学硕士学位论文,2011.
②侯佳利.基于《人民日报》字料库的20世纪60年代用字调查及规范研究[D].北京师范大学硕士学位论文,2011.

唐石经、版刻本等）用字字料库，以字图形式全面系统地展示了
《尚书》文献用字的原始字形，反映了《尚书》文献用字的真实情
况。在此基础上，对唐石经《尚书》的用字从字种、字式、字样三个
层级上进行了字频统计，形成了字频统计表。又分别从书写层面
和用字层面对不同文本间文字差异现象进行了研究。① 毛承慈
（2012）在建设开成石经《诗经》字料库的基础上，统计了《诗经》的
总字次、字种、字式、字样数据，整理出《诗经》字频表，分析了《诗
经》的用字情况。她对开成石经《诗经》异体现象进行研究，发现
异体字主要分布在次高频字区。还对《诗经》同词异形现象分异
体关系、正讹关系、分化关系、通假关系等四类进行了量化描写。②
刘凝（2012）在建设开成石经《春秋左氏传》的基础上，分别制作了
字种字频统计表和字样字频统计表，并对两个统计表的内部差异
进行了对比分析，显示出了在不同统计单位下字频统计的不同结
果，还总结了底本出现的异构字和异写字的具体类型。③ 冯莉
（2012）建设了开成石经《孟子》用字字料库，从字种、字式、字样三
个层次对开成石经《孟子》进行了字样整理，并通过字表的字频统
计、异写字、异构字、书写特征等方面对开成石经《孟子》字料做了
较全面的考察、描写和分析。她认为，开成石经《孟子》字形的变
异现象具有规律性和不均衡性。其字形明显体现出了楷书的书

①王颖.基于字料库的《尚书》文字研究［D］.北京师范大学博士学位论文，
　2012.
②毛承慈.基于字料库的《诗经》文字研究［D］.北京师范大学博士学位论文，
　2012.
③刘凝.基于字料库的《春秋左氏传》字频统计与研究［D］.北京师范大学硕
　士学位论文，2012.

写特征,笔画系统已经基本形成。① 李水英(2013)建设了唐开成石经《礼记》字料库,按照字种、字式、字样这三个层次对字频进行了统计,区分了高频字、中频字、低频字、罕用字,并制订了相应的统计表。在此基础上,对开成石经《礼记》文献中的异写字、异构字进行了全面整理和研究,并从笔画和构件两个层面探讨了开成石经《礼记》的字形特征,还对开成石经《礼记》与《干禄字书》的字形进行了统计和比较,藉以考察唐代社会用字标准以及社会用字标准在经典文献中实际使用状况和相互之间的传承关系。② 张素格(2014)以台湾康轩文教和南一书局两套小学国语教材用字为参照标准,从大陆人教版《语文》教材的生字表剪切对应的楷体字形,建设了"两岸小学课本字料库"。在此基础上,根据属性数据库的材料,对两岸字形的异同进行对比,并进行定性与定量分析,形成两岸基础教育用字状况的调查报告,进一步探索两岸基础教育用字出现繁简差异、异体差异、笔形微异的深层原因。最后针对两岸的文字现状,提出两岸文字规范统一的步骤方法,认为两岸字形的规范统一可以作为两岸文字"书同文"的先行基础,并提出了两岸字形规范应遵循的基本原则。③ 周晓文、朱生玉、李国英师(2019)在建设四种版本大徐本《说文》小篆字料库的基础上,对各版本字形在风格和结构上表现出的差异程度进行了全面测查,并分析了差异原因,校正了部分字形,为小篆计算机编码提供了

① 冯莉.基于《孟子》字料库的字频统计与研究[D].北京师范大学硕士学位论文,2012.

② 李水英.基于字料库的《礼记》字形整理及研究[D].北京师范大学博士学位论文,2013.

③ 张素格.基于字料库的两岸基础教育用字调查与对比研究[D].北京师范大学博士后出站论文,2014.

可资参考的材料。①

(二)基于渤海大学字料库完成的成果

柳建钰、史晓丹(2016)在建设《集韵》《类篇》字料库的基础上,对两书实收字数进行了调查统计。结果显示,《集韵》实收字头 54633 个(正字头 53874 个),单见字数共 31436 个。《类篇》实收字头 31233 个(正字头 30506 个),单见字数共 30583 个。《类篇》重出字头较多的原因包括编纂者编排不慎、归部不定或失误、同形字分置以及刊刻不仔细等。② 史晓丹(2017)以《集韵》字料库平台为基础,将《东韵》707 字头中音义完全相同的异写字分成笔画和构件两个层面进行穷尽性地研究,探讨了《集韵》所收异写字的总体特征。③ 史晓丹(2018)在建设《集韵》字料库的基础上,从《集韵》54633 字头中的异写字形入手,归纳其在笔形、笔画和构件层面上的差别,进行定性描写与定量分析,认为笔画异写字的数量远远超过构件异写字,探求异写字书写变异的总体规律,并对《集韵》异写字字位主形进行了优选。④ 王伊佳(2018)在建设《说文》五种版本字料库的基础上,以小篆为研究对象,对部首字及部内字字形的异同之处进行比较,并从主观和客观两个角度分析了

①周晓文、朱生玉,李国英.计算机统一编码之小篆字形测查[J].哈尔滨师范大学社会科学学报,2019(5):93－98.

②柳建钰,史晓丹.《集韵》《类篇》实收字数今考[J].渤海大学学报(哲学社会科学版),2016(3):70－75.

③史晓丹.《集韵》异写字整理及研究——以《东韵》为例[J].辽东学院学报(社会科学版),2017(1):74－79.

④史晓丹.基于字料库的《集韵》异写字整理及研究[D].渤海大学硕士学位论文,2018.

字形出现差异的原因,最后对小篆字形提出优选建议,认为陈本《说文》中的小篆字形文字系统较严密、美观度较优,可以作为UNICODE组织收录小篆字形的基本依据。[1] 安冬雪(2018)在建设《篆隶万象名义》和宋本《玉篇》字料库的基础上,对两部字书的收字情况进行了穷尽性分析,认为两书共收字占字头总数的比重最多,从而证明了《名义》与宋本《玉篇》具有同出一源的关系。另外,新收字占两书字头总数的 18%,歧出字占 19%,歧出字的产生与书写者的素质、态度、习惯有很大关系。[2] 单志鹏(2019)借助字书字料库对《正字通》新收字进行了研究。《正字通》较《字汇》在 131 部内新收 522 字,占全书的 1.53%。其新收字严格按照"于古有征、合于六书、时俗通用"的原则进行收录,字形强调从古、遵时,来源强调有据。这些新收字中海峡两岸目前仍在使用的有 41 字,仅占新收字的 7.95%。它们都是词义具有很强稳定性的人名、地名、物名等名物用字,构形与构意尚在,符合汉字规范原则与汉字自身发展规律,具有很强的生命力。[3] 程银燕(2019)[4]和徐丽雪(2019)[5]借助字书字料库分别对《新修玉篇》中66 个未编码异写字和《改并四声篇海》中 106 个未编码异写字进行了考辨。这些未编码异写字可以分为笔画异写字和构件异写

---

[1]王伊佳.基于字料库的《说文》五种版本小篆字形比较研究[D].渤海大学硕士学位论文,2018.

[2]安冬雪.基于字料库的《名义》与宋本《玉篇》收字比较研究[D].渤海大学硕士学位论文,2018.

[3]单志鹏.基于字料库的《正字通》新收字研究[D].渤海大学硕士学位论文,2019.

[4]程银燕.《新修玉篇》未编码异写字考辨研究[D].渤海大学硕士学位论文,2019.

[5]徐丽雪.《改并四声篇海》未编码异写字考辨与研究[D].渤海大学硕士学位论文,2019.

字两类。字形发生异写主要受当时书写材料的限制、字形审美标准、历代汉字形体演变以及社会政治等众多因素的影响。二文认为,借助字书字料库整理字书未编码异写字,探求产生异写字的原因及总体规律,能够为今后大型字书的整理与编纂奠定良好的基础,同时也能为汉字规范与标准化提供帮助。李超(2019)借助字书字料库对《篇海类编》与《详校篇海》字头进行了比较研究。研究表明,两书收字类型以共收字为主,漏收字与新收字极少。单见字中字形歧出显著是两书收字类型最显著的特点。共收字占绝对优势与大型字书兴起后盛行转录前代字书的编纂方式有直接联系;漏收字与新收字极少的原因不仅与省时、省力、省成本的编纂目的有关,而且与部首的设立、成书时间也有一定的联系;歧出字字形差异主要体现在笔画差异和构件差异两个方面,其中笔画差异最为显著,这与字形异写、书写者的习惯、字书编纂目的、字头讹误等有很大的关系。① 李美璇(2019)借助字书字料库对《重刊详校篇海》的字数、体例及价值与不足进行了研究。《详校篇海》收字共 39203 个,它在基本保留《四声篇海》体例的基础上,通过删字增注、改变字形、说解字际关系等弥补了《四声篇海》的不足,取得了较大成就,是一部有价值的字书。② 马健(2019)借助字书字料库对《字汇补》补字、补音义、校讹三个部分进行了研究。《字汇补》共收字 18655 个。其中补字部分收字 12730 个,补音义部分收字 5642 个,校讹部分收字 283 个。吴任臣援引字书韵书、经史典籍、医书碑文等文献补充《字汇》漏收的字形、字音、

---

① 李超.基于字料库的《篇海类编》与《详校篇海》字头比较研究[D].渤海大学硕士学位论文,2019.
② 李美璇.《重刊详校篇海》研究[D].渤海大学硕士学位论文,2019.

字义,扩充了《字汇》的内容;校正了《字汇》存在的错误,一定程度上提高了《字汇》形音义的准确率;沟通了大量异体字,为后世研究异体字提供了研究资料。[1] 邢蕴荞(2019)在建设《敦煌俗字典》字料库的基础上,从俗写、俗借、俗造三个方面对该书3639个标准字头及10058个俗字形进行了综合研究。俗写字可分为笔画层面俗写字、构件层面俗写字与整字误写三大类;俗借字可分为音同俗借字与音近俗借字两大类;俗造字可分为构件增加、构件减省、构件替换与重新造字四大类。俗写字的比例达90%以上,是俗字产生的主要形式,其中最常见的俗写原因是书写者在书写过程中主观增笔与减笔。[2] 张素格(2019)在人工测查的基础上,借助字书字料库系统对CJK字符集的20902个字符中的两岸差异字形进行了穷尽性统计。结果显示,在20902个字符中,中国大陆和台湾地区相同编码有一一对应关系的字符有18370个,两岸字形完全相同的汉字有7141字,其余11229字在笔形、笔画数、笔画交接方式、结构方式和部件等方面都存在或大或小的差异。[3]

(三)基于其他汉字数据库完成的成果

这方面的研究成果数量也比较多,也具有注重材料数据的显著特点。此处仅举一些比较具有代表性的成果。臧克和(2004)利用"《说文》《玉篇》《万象名义》联合检索系统"对《玉篇》文本层次(包括正文和注释)进行了调查,认为今天流行的《大广益会玉

---

①马健.《字汇补》研究[D].渤海大学硕士学位论文,2019.
②邢蕴荞.《敦煌俗字典》所收俗字分类研究[D].渤海大学硕士学位论文,2019.
③张素格.中国大陆与台湾地区计算机字库字形比较研究[M].北京:中国社会科学出版社,2019:1.

篇》是经过不同历史时期不同整理者层层积累的结果,它传承积淀了六朝时期历史汉字系统的基本部分。① 臧克和(2005)对《宋本玉篇》《名义》《原本玉篇》三书《系部》收字情况进行了调查研究,结果显示,三书共见 332 个,《宋本》《名义》两书共见 333 个,《宋本》《原本》两书共见 339 个,《名义》《原本》两书共见 338 个,这说明《名义》字头数量完全照抄《原本》。从次字顺序层次上看,《宋本》与《名义》《原本》的次字顺序有出入,表明六朝以降《宋本》次字已发生改动;而《名义》和《原本》的次字顺序一致。从贮存字量关系上来看,系部《宋本》新增部分字量,《原本》并没有贮存,《名义》也同样没有传抄。从《原本》到《名义》,贮存与传抄的过程也就是变异的过程。② 臧克和(2006)借助"传世字书楷字资源库"和"魏晋南北朝实物语料库"对楷字的时间层次进行了调查,认为传世字汇贮存的历史楷字,经过若干历史时段的积淀,一般不能简单作为断代的坐标。传世字汇未加贮存的楷字,未必说明当时或此前的社会生活中并没有使用过。③ 王平(2007)以从"魏晋南北朝石刻语料库"中提取出的存在 19 个及以上字种的 12 个汉字(聲、華、年、歲、靈、善、巍、德、將、劉、龍、旌)为调查对象,将魏晋南北朝石刻

---

① 臧克和.《玉篇》的层次——基于"《说文》《玉篇》《万象名义》联合检索系统"调查比较之一[A].华东师范大学中国文字研究与应用中心:中国文字研究(第五辑)[C].南宁:广西教育出版社,2004:20-22.

② 臧克和.历史汉字的贮存、传播与变异(二)——从《原本玉篇》到《万象名义》[A].华东师范大学中国文字研究与应用中心:中国文字研究(第六辑)[C].南宁:广西教育出版社,2005:129-135.

③ 臧克和.楷字的时代性——贮存楷字的时间层次问题[A].华东师范大学中国文字研究与应用中心:中国文字研究(第八辑)[C].郑州:大象出版社,2007(1):105-115.

楷字变异情况分为移位、换用、增加、省减、构造等五种类型进行了举例分析,认为楷字变异主要发生在笔画和构件层面,而换用和省减是楷字变异的主要类型。① 王平(2008)借助"魏晋南北朝石刻语料库"和《说文》语料库"对石刻篆字作了穷尽性统计和调查,发现石刻篆字与《说文》小篆相同的有 232 个,存在差异的有85 个,石刻有而《说文》无的篆字有 5 个。魏晋南北朝石刻篆字仍然保存了秦代小篆的某些特质。② 徐莉莉(2008)以 98080 个东汉实物文字为字集,制作了字样表、字种表等,并根据出现频率划分为最常用字、次常用字、非常用字和生僻字。调查发现,前 154 字的覆盖率已达 50%,前 990 字的为 90%,前 1477 字的为 95%,前2605 字已达到 99%,为汉字发展史的研究提供了较为直接和可靠的依据,也为社会规范字和常用字的研究提供了参考。③ 李海燕(2009)以"魏晋南北朝石刻语料库"和"隋唐五代石刻语料库"为平台,对隋唐五代石刻楷字基本面貌进行了调查,结果显示,相对于魏晋南北朝尚处楷书的发展阶段,隋唐五代石刻楷字确然已经达到定型化或基本定型的发展水平。④ 李海燕、邵怀领(2010)

---

① 王平.魏晋南北朝石刻楷字变异类型研究[A].华东师范大学中国文字研究与应用中心:中国文字研究(第八辑)[C].郑州:大象出版社,2007(1):121—129.

② 王平.魏晋南北朝石刻篆字与《说文》小篆构形比较[A].华东师范大学中国文字研究与应用中心:中国文字研究(第十辑)[C].郑州:大象出版社,2008(1):189—200.

③ 徐莉莉.东汉实物文字的字集字频调查[A].华东师范大学中国文字研究与应用中心:中国文字研究(第十一辑)[C].郑州:大象出版社,2008(2):156—163.

④ 李海燕.隋唐五代石刻楷字的传承与变异[D].华东师范大学博士学位论文,2009.

从"六朝实物语料库"和"隋唐五代石刻语料库"所贮存的楷书字形中筛选出 1464 个隋唐五代石刻楷书新增字形,然后从整字、构件、笔画三个层面七种主要类型分析统计了新增字形的整体情况。结果表明,构件的变化是形成新增字形的主要原因,笔画层面的变异是形成新增字形的次要原因,形体简化是新增字形的主流。① 刘志基(2012)在建设殷商甲骨文、西周金文、战国楚简帛文和秦简文语料库的基础上,对四类古文字中的形声字及其偏旁(声符与义符)进行了定量调查统计,发现先秦形声字偏旁具有历时发展的精简化趋向;又通过声符与义符数量之比揭示了在"标类"与"标声"两大形声字发展途径中,前者始终占据愈益强势的主导地位;通过各类型文字偏旁构频之比,证明了不同类型文字对偏旁各有不同的选择性,其差异既由文字系统历时发展所促发,也有文献类型差异的成因。② 王平(2013)举例讨论了基于"魏晋南北朝石刻用字数据库"的汉字断代研究情况,包括篆书研究、异体研究、《说文》重文调查、新增字研究、字样研究等五个方面。文章认为这些研究不仅填补了断代汉字发展史研究之空白,也体现了在数字化平台支持下的汉字基础研究的最新进展。③ 戴媛媛(2014)选取了"非汉字文化圈学生错别字数据库"中 586 篇汉语水平考试(高等)作文语料,在对错字、别字和不规范字进行标注后,分

① 李海燕,邵怀领.基于语料库的隋唐五代石刻楷书新增字形调查研究[A].华东师范大学中国文字研究与应用中心:中国文字研究(第十三辑)[C].郑州:大象出版社,2010:119—125.
② 刘志基.偏旁视角的先秦形声字发展定量研究[J].语言科学,2012(1):88—100.
③ 王平.数据库汉字学刍议——以魏晋南北朝石刻用字数据库与断代汉字发展史研究为例[A].华东师范大学中国文字研究与应用中心:中国文字研究(第十七辑)[C],上海:上海人民出版社,2013(1):162—163.

别统计了语料中正字、错字、别字、不规范字的使用频次,初步得出非汉字文化圈学生的汉字使用情况及常用字和高频错别字等信息。① 王兰(2014)建设了留学生汉语错别字语料库,认为库的建设应该遵循汉语中介语语料库的基本建设思路,但是错别字语料的标注与其他语料标注方式不同,其所标注的是正字、错字、别字、不规范字等四类。汉语错别字语料库的构成遵循汉语中介语语料库的构成原则,另有自己的三个构成原则:语料的连续性原则、用字的均匀性原则、语料的清晰性原则。② 柏莹、崔言(2019)基于留学生在考卷、课堂笔记、作业中书写的汉字建设了错别字数据库,对汉字书写偏误进行了考察、描写、分析。③ 其他成果此处不再一一例述。④

四、前期研究取得的成绩与存在的不足

(一)取得的成绩

综观目前字料库理论、实践及应用方面的研究成果可以看

---

① 戴媛媛.基于语料库统计的高级阶段非汉字文化圈学生作文正误字对比分析[J].世界汉语教学,2014(3):411-421.

② 王兰.留学生汉语错别字语料库的建立与研究——以昆明理工大学为例[J].现代妇女(下旬),2014(12).

③ 柏莹,崔言.基于字料库的"一带一路"国家留学生汉字书写分析[J].汉字文化,2019(16):1-3.

④ 另外,有学者从事基于字料库的壮字研究工作。比如高魏以"麽经字料库"为研究手段,对麽经方块壮字展开了比较全面的字形整理和比较深入的专题研究。字形整理包括研制方块壮字字料库和汇释麽经方块壮字,专题研究包括探讨方块壮字字料库研制方案、研究麽经方块壮字同形字、统计分析麽经方块壮字字量和探讨方块壮字字典编纂问题。见高魏.麽经方块壮字字形整理与专题研究[D].西南大学博士学位论文,2016.

出,字料库研究已经取得了令人可喜的成绩。在理论研究方面,学者对字料库的定义、与语料库的区别、建设要点、理论意义、实践价值等问题进行了初步探讨,并提出要建设字料库汉字学的设想。在实体建设方面,北京师范大学、渤海大学、华东师范大学均已开发了不同类型的字料库并投入使用,各种字料库也已颇具规模,为字料库建设奠定了良好的基础。在应用研究方面,学者借助语篇字料库对《人民日报》《尚书》《诗经》《春秋左氏传》《孟子》《礼记》、魏晋南北朝石刻用字、两岸基础教育用字及留学生错别字状况进行了专题研究,借助字书字料库对《说文》《篆隶万象名义》《宋本玉篇》《集韵》《类篇》《正字通》等字书中的汉字问题进行了深入研究,因为是基于字料库中的大量字料进行的实证研究,所得出的结论大多确乎不移,令人耳目一新,充分展现了基于字料库从事汉字整理及汉字学研究的巨大优势和无限潜力。

(二)存在的不足

其一,字料库本体理论研究还很不充分,直接相关的研究成果不仅数量少,而且所探讨的问题仍然不够细致深入,存在很多空白点,有很多宏观和微观的理论问题亟待解决,这些问题制约着字料库汉字学的健康发展。

其二,字料库要为汉字学及相关学科研究提供真实、全面、丰富、权威且已经过深加工的字料资源,但目前还没有一个具有如上功能、能公开使用并被学界广泛认可的字料库问世。即便是已经研发出的字料库,在框架设计、字料采集、保真程度、数据整合、属性标注、质量检验、汉字字际及字词关系整理、系统功能设计、整体使用效率、数据共享、自动化水平等方面,还不能完全满足大范围、深层次的汉字学研究要求,仍然需要在深入研究的基础上进一步调试和优化。另外,当前已建成的字料库存在开放度、共享度不高的问题,资源的社会利用率较低,不利于字料库建设和字料库汉字学研究工作的发展。

其三,基于字料库的汉字学研究成果还没有形成完整的体系,研究成果目前主要来源于三所高校,研究人员分布过于集中,而且研究成果的综合学术水平也有待于进一步提高。另外,研究成果对于字料库建设的反哺效应尚不太明显。

总之,当前的字料库理论研究、建构研究以及应用研究虽然已经取得了一定成绩,但整体来看,字料库研究仍然处在成长阶段,还不太成熟。关于字料库还有大量的理论及实践问题需要深入研究解决,这方面的任务仍然相当繁重和艰巨。如何提高字料库的建设质量和使用效率,多产出高质量的基于字料库的汉字学研究成果,是当前及今后一段时间内应该重点考虑解决的问题。

第三节　理论基础

本书研究的理论基础共有三种,分别是汉字构形学理论、字书编纂理论和语料库理论。现简要介绍如下:

一、汉字构形学理论

汉字构形学理论是 20 世纪 90 年代由北京师范大学王宁首倡的一种全新的汉字学理论,它给新时期的汉字学研究带来了翻天覆地的变化。经过 20 多年指导汉字构形系统描写研究的实践,汉字构形学理论框架和研究方法已经非常周密和科学化,是当前汉字研究和整理工作公认的指导理论之一。字书字料库处理的对象是汉字,汉字构形属性的描写及字际关系的判定是字书字料库的两个主要研究内容。因此，无论是在理论研究还是实体建构方面，汉字构形学理论都将会是最根本的理论基础。

二、字书编纂理论

字书字料库是将字书中的原始字料收集加工而建成的大型电子文字资源库。从第一本字书《尔雅》开始，我国汉语字书编纂取得了令人瞩目的成就，各种字书的总数不下上千种，它们在资料汇集整理、知识教育传播和文化传统传递等方面发挥了巨大作用。字书编纂需要理论指导。字书编纂理论涉及字书功能、字书类型、字书结构、编纂原理、编纂原则、编纂方法、形音义解析方法、排检方法等方面的内容。我国悠久的字书编纂历史积累了丰富的字书编纂理论。字书字料库所要处理的是字书中的真实字料，因此，字书编纂理论也是字书字料库建构和研究所必须依赖的理论，尤其是字料基本信息的标注工作，离开字书编纂理论将寸步难行。

三、语料库理论

语料库是指"为语言研究和应用而收集的，在计算机中存储的语言材料，由自然出现的书面语或口语的样本汇集而成，用来代表特定的语言或语言变体。经过科学选材和标注，具有适当规模的语料库能够反映和记录语言的实际使用情况。通过语料库能够观察和把握语言事实，分析和研究语言系统的规律。"①字料库是从语料库中类推出来的一个概念，二者具有天然的密切联系，完全可以视为一奶同胞。因此，语料库理论也是字料库理论

①语言学名词审定委员会.语言学名词[M].北京:商务印书馆,2011:184.

研究及实体构建的理论基础。诸如语料库的设计与构建、语料收集、语料平衡、语料标注、语料加工、信息抽取等方面的理论，字料库理论研究及实体建设都完全可以吸收和借鉴。

第四节　研究内容

本书研究内容分为理论篇、实践篇及应用篇三部分。其中，理论篇主要由绪论、字料库与字书字料库概说、字料库理论的提出及其价值、字料库汉字学概说等几部分内容组成。实践篇主要包括当前字料库与"类字料库"建设概况、字书字料库建设原则与目标、建设基本流程、数据库与软件设计、字料属性库建设、字书字料标注、字际关系系联、日常维护管理等几部分内容。应用篇主要分析字书字料库在字书疑难字考辨中的价值，并开展基于字书字料库的字书汉字层积流变状况及通用规范汉字8105字构形属性调查研究。

以上这三部分内容并非截然分开，而是有机统一、密不可分的一个整体。"理论不仅规范和引导人们'做什么'，而且规范和引导人们'不做什么'。"①对字书字料库理论的探讨是本书研究的基础，它不仅具有解释价值，对实践也具有指导价值。字书字料库实践则将把抽象的理论付诸实际，建设一个具有一定规模和较高学术性、实用性的字书字料库。理论探讨与实体建构的最终目的是为了应用。字书字料库应用将借助建设好的字书字料库开展汉字学研究，一方面可以证实或证伪汉字学理论，另一方面又可以发现并修正字书字料库自身存在的问题和不足，为字书字料

---

① 孙正聿．理论及其与实践的辩证关系[N]．光明日报，2009－11－24(11)．

库的进一步完善提供有效指导。因此,字料库理论研究、字料库
实践研究与字料库应用研究必须紧密联系起来。

第五节　研究方法

本书研究方法包括文献研究法、学科交叉法、定量与定性结
合法等三种：

一、文献研究法

文献研究法是根据一定的研究课题,通过阅读文献来获得全
面正确了解和掌握所要研究问题的一种方法。具体来说,本书研
究将通过广泛搜集、鉴别、整理和研究相关的前期文献资料,掌握
本书研究相关对象的前沿和进展,总结其成就与不足,形成文献
综述,以期进一步加深对汉字整理、语料库及字料库等方面学界
研究历史与现状的理性认识,进而确定本书研究的主要内容。

二、学科交叉法

学科交叉法是指运用多学科的理论、方法和成果对某一课题
从整体上进行综合研究的方法。本书研究主要涉及汉字学(语言
学)和中文信息处理(计算机科学)两个学科,其主要工作之一是
利用计算机数据库技术和软件开发技术来建设字书字料库系统,
以便为整理和研究字书汉字而服务,因此,本书研究必须借助两
个学科的专门知识与研究方法才能顺利开展工作。

三、定量与定性结合法

定量与定性结合是科学研究过程中经常采用的研究方法。

定性研究可以为定量研究提供理论依据，而定量研究的结果又可以支撑定性研究的观点。本书将对字料库、字书字料库以及字料库汉字学进行"质"的定性解释研究，对字料库建设、字料标注过程中的主要问题进行举例分析，并将利用字书字料库对若干个字书疑难字进行综合考辨，对《说文》等十五部字书中《糸部》收字状况以及《通用规范汉字表》8105 字的构形属性进行穷尽性统计调查，从而使我们对字书字料库本体与应用的认识进一步深入化、精确化。

第一章　字料库与字书字料库概说

为了对字料库与字书字料库有一个宏观的了解,本章将对字料库关涉到的基本概念、字料库与语料库的联系与区别、字料库的分类、字书文字研究的价值、字书字料库建设的必要性和可行性等内容予以简要介绍。

第一节　基本概念

本小节先对字料、字料库、字书、字书字料库等四个本书最主要的核心概念进行界定。

一、字料

字料(Chinese Character Form,CCF.),顾名思义,即文字材料。就笔者所知,作为汉字学的一个用语,"字料"是由王宁首次使用的。在谈到《说文解字》的权威性时,她说:"(《说文解字》)为汉语言文字学理论的探讨,提供了权威的字料。"①后来,在谈到语言文字工作者要善于用计算机进行研究时,她说:"可以预料,当信息时代不宜而来,计算机的普及浪潮首先冲击到中国的知识界

---

① 王宁.论章太炎、黄季刚的《说文》学[J].汉字文化,1990(4):34.

与教育界的时候,语言文字的研究仅仅局限在解释个别或局部语料、字料已经远远不够了。"①在《汉字构形学讲座》中,她又指出,"汉字本体的研究必须以形为中心……历代字书都不区分字形的历史层面,提供不出一批经过整理的系统字料,创建科学的汉字构形学便更加难以起步。"②虽然王宁没有明确界定"字料"的内涵,但通过其表述可以看出,她所谓的"字料",是指为汉字本体研究而收集整理的汉字形体材料,与语料相对。字料来源于实际使用中的文献文本,具有真实性和系统性。收集一定数量的字料,并对其进行整理和研究,是创建包括汉字构形学在内的科学汉字学理论体系的基础性工作,具有非常重要的学术研究价值。李运富进一步指出,文字学研究的本体是字料。汉字材料可以分为两大类,一是世代相传的以《说文解字》为代表的文献文字(又可分为字书文字和语篇文字),一是偶然发现(主要是地下出土)的以金文和甲骨文为代表的文物文字。③ 字料本身具有重要的资源性。

二、字料库

字料库,其最通俗的解释是指存放文字材料的仓库。而作为汉字学的一个学术概念,字料库(Chinese Character Form Database, CCFD.),是指"以文字的整理和文字学的研究为目标,按照语言学和文字学的原则,收集实际使用中能够代表特定文字或文

①王宁.计算机古籍字库的建立与汉字的理论研究[J].语言文字应用,1994 (1):59.

②王宁.汉字构形学讲座[M].上海:上海教育出版社,2002:15—16.

③李运富.章太炎黄侃先生的文字学研究[J].古汉语研究,2004(2):40.

字变体的真实出现过的文字书写形态,运用计算机技术建成的具有一定规模的大型电子文字资源库。字料库是在大规模真实文本的基础上生成的真实的文字书写形态的有序集合,是利用计算机对文字形体进行各种分类、统计、检索、综合、比较等研究的基础。"①字料库通过数据库方式将那些零散、碎片化的汉字形体资料整合起来,可以为当前的汉字整理研究提供大量真实可靠的资料,是学者从事汉字学研究工作值得信赖的一种全新工具。大规模的字料库集聚了大量保存着原始字形的文字信息,利用字料库不仅可以进行某一种文献或多种文献用字情况的研究,也可以从共时平面上考察汉字的使用情况,还可以从历时平面考察汉字的发展演变状况。②

三、字书

我国古代对于字典、词典没有严格的区分,一般笼统称之为"字书"。字书是汇集和解释汉字的形体、读音、意义及作用的工具书。其范围大体上包括:主形的"说文"系列、主音的"音韵"系列、主义的"雅书"系列及其他相关的音义类著作。③ 举其荦荦大者言之,"说文"系列字书包括《说文解字》《玉篇》《龙龛手镜》《类篇》《改并四声篇海》《新修玉篇》《字汇》《正字通》《康熙字典》《汉语大字典》《中华字海》《汉字海》等。"音韵"系列字书包括《切韵》

---

①李国英,周晓文.字料库建设的必要性与可行性[J].北京师范大学学报(社会科学版),2009(5):50.

②周晓文,李国英,王颖,毛承慈.BNUZLK 字料库系统的建构与应用[A].北京师范大学民俗典籍文字研究中心:民俗典籍文字研究(第十三辑)[C].北京:商务印书馆,2014(1):118.

③邢志宇.字书概念辨析.图书馆界[J].1987(2):44.

《广韵》《集韵》《五音集韵》《中原音韵》《洪武正韵》等。"雅书"系列字书包括《尔雅》《方言》《释名》《广雅》《埤雅》《通雅》等。音义类字书包括《经典释文》《玄应音义》《慧琳音义》《希麟音义》《可洪音义》等。

四、字书字料库

字书字料库（Chinese Character Form Database of Dictionary，CCFDDt.）是与语篇字料库（Chinese Character Form Database of Discourse，CCFDDc.）相对应的字料库两大类型之一，它专门收集和加工历代字书中的真实汉字字料，是在大规模历代字书文本基础上生成的真实的汉字刻写形态的有序集合，是利用计算机对字书汉字形体进行各种分类、统计、检索、综合和比较等研究的基础，它能为汉字学及其他相关学科研究提供高度结构化的字书汉字数据信息。字书字料库中的字料以传世文献中的字书为主要文本载体，以出土文献中的字书为辅助载体。

第二节　字料库与语料库的联系与区别

从 1959 年英国著名语言学家夸克（Randolph Quirk）宣布建立英语用法调查语料库，即 SEU（Survey of English Usage）语料库以来，语料库建设和研究已经走过了 60 多年的发展历程，取得了举世瞩目的成就。字料库是由语料库类推出来的一个概念，因此，字料库与语料库具有天然的密切联系。不过，正如我们不能将语言与文字等同起来一样，字料库与语料库也绝不能等同视之。下面予以具体分析。

一、字料库与语料库的联系

如上所述,字料库与语料库具有天然的密切联系。这种联系可以从理论、实践及应用三个角度进行分析。

从理论上来看,语料库与字料库的出现具有相似的背景,它们都是在当前信息科技飞速发展、多种学科交叉融合的大趋势下,为了满足日益增长的语言文字研究的实际需要而产生的。两者建设目标与原则基本一致,具体分类也大致相同。它们都以"真实性"作为自己的典型特征,都能够为语言文字学研究快速、准确、高效地提供大量真实用例和统计数据,方便对语言文字多维度、深层次的问题进行定量分析和定性解释,还能有效指导包括语言文字教学、字词典编纂、语言文字规范在内的多种语言文字应用工作,是当前及未来语言文字理论研究与实践应用不可或缺的利器。

从实践上来看,字料库与语料库的实体建设都需要在语言学理论指导下借助计算机数据库技术来完成,都要符合科学性、规模化、开放性、安全性等基本原则,都要设计专用程序来完成语料或字料的入库、加工、检索、导入导出以及数据库管理等工作。无论是语料还是字料都要按照研究目标进行不同程度的信息标注。汉语语料库标注对象是汉语语料,而汉语语料都是由汉字记录下来的,对汉语语料的标注当然不能忽视对汉字信息的标注,尤其是汉语学习者语料库更是如此。比如"全球汉语学习者语料库"的偏误标注就包括汉字偏误标注,具体又包括错字、别字、漏字、多字、繁体字、异体字、拼音字等内容,[①]这里面的错别字、繁体字、

---

① 崔希亮,张宝林.全球汉语学习者语料库建设方案[J].语言文字应用,2011(2):103.

异体字等信息也是字料库需要标注的内容。

　　字料库与语料库的联系不仅仅体现在理论和实践上,还体现在应用上。字料库提供的是真实字形以及汉字的构形与字际关系信息,字形所依托的语境是碎片化的。因此,有些研究工作(例如基于语篇字料库的社会用字情况的调查统计工作)就必须将字料库与语料库结合起来,单纯依靠字料库是无法对社会用字情况进行充分研究的。一些学者借助北京师范大学研发的《人民日报》字料库、十三经字料库(含《诗经》《尚书》《礼记》《左传》等)进行用字总量、字频、繁简字、新旧字形、异体字等相关情况的调查和统计,让我们对汉字的整体应用状态以及字料的规范程度有了更加深刻的认识。有学者已经明确指出,"字料库相对于语料库,其特点表现在真实保留了汉字使用时的字形信息,在研究汉字字形问题时具有语料库不可取代的作用。但是在调查汉字的量的相关信息(如常用字、高频字等)时,可以通过语料库进行。"①再比如对字书疑难字的考辨,除了使用字书字料库提取汉字形、音、义信息以及构件变异规律外,有时候还需要使用语料库中的语料提供相关线索,藉以进一步坐实考辨结果。在考辨《汉语大字典·竹部》疑字"篍"(引《改并四声篇海》音 diào,训为"竹名")时,我们从字书字料库中提取了《新修玉篇》《篇海类编》《名义》《玉篇》的书证材料,并且利用"俗书从句之字俗或讹从勺"的构件变异规律,认为"篍"是"篽"的俗写字形。邢准见"篍"字从钓,因改读"音钓",实不可从,今音当正为 gōu。但"篽"是哪种竹,从字书字料库中无法得知。"篽"与"簏"多连用,首见于《广雅·释艸》,训为"桃

──────────

① 侯佳利. 基于《人民日报》字料库的 20 世纪 60 年代用字调查及规范研究[D]. 北京师范大学硕士学位论文,2011:43.

支也"。我们借助语料库检得《山海经·西山经》："(磻冢之山)嚣
水出焉,北流注于汤水。其上多桃枝、钩端。"郭璞注:"钩端,桃枝
属。"再据郭郛《山海经注证》,桃枝、钩端都是竹名,二者现分别名
矮竹、刺竹。最终确认"箛簛"是"钩端"的涉义类化字。[①] 由此可
见,在汉字整理研究过程中,字料库与语料库必须密切结合起来,
两者之间的联系显而易见。

二、字料库与语料库的区别

关于字料库与语料库的区别,李国英师、周晓文已经进行了
初步分析并归结为四点:建设目的不同(语料库与字料库分别为
语言和文字的整理研究与应用服务)、建构原则不同(在字形处理
上,语料库与字料库分别采用"认同、替代"与"存真、系联、分类"
的原则)、所要求的"真实性"不同(语料库与字料库分别追求语言
的真实和文字形态的真实)、实现方法不同(语料库凭借现有编码
字符集实现文本数字化,字料库以字图方式储存原始字形,并通
过字图与编码字符的映射系等方式来实现文字原形的数字化处
理及数据研究)。[②]

除以上四点不同之外,字料库与语料库在具体分类上也存在
一些不同。文字是用来记录语言的符号系统。和语言不同,文字
没有在手和在口的区别。因此,语料库可以根据语料的表达形式
可以分为口语语料库和书面语语料库,字料库处理的只能是书面

---

① 柳建钰,罗薇.《汉语大字典》第二版疑难字考辨[J].宁夏大学学报(人文社
　会科学版),2014(5):11.
② 李国英,周晓文.字料库建设的必要性与可行性[J].北京师范大学学报(社
　会科学版),2009(5):50—51.

语材料,没有"口语字料库"这种说法。

　　字料库与语料库在标注方式与内容方面存在的差异更为明显。在汉语语料库建设过程中,首先要进行语料采集(字符集外的汉字一般留空处理或者使用自造字),其次是对中文文本进行自动分词,自动分词是建设高质量语料库的前提。接下来是对语料库中的语料进行词性标注、句法标注、语义(包括词义、句义和篇章义)标注。其中,词性标注工作又是后两者的前提和基础。词性标注需要按照词性标注规范进行。目前,汉语语料库词性标注已经制订了多种不同规范。其中,《信息处理用现代汉语词类标记规范》设置了 33 种词类标记代码,《山西大学词类标记集规范》设计了 59 种代码,《北京大学语料库加工规范》则设计了 106 种代码。[①] 三者基本词类代码大致相似,但扩充代码设计粗细度有很大不同。语料库中的语料标注结果一般采用文本文件或 xml 文件格式存储,用"/＋代码"的格式显示。比如:"字料库可以从不同角度划分出不同的类型。"这个句子可以标注为"字料库/nz 可以/vu 从/p 不同/a 角度/n 划分/v 出/vd 不同/a 的/u 类型/n。/w"

　　而字料库中字料的标注主要包括基本属性信息标注(基础)、汉字构形信息标注(核心)、汉字字际关系信息标注(重点)等 3 个方面 140 多种属性(这些属性值均设置为字段。详见第八章相关介绍),这与语料标注主要针对词语单位、词性、句法、语义、语体、篇章结构等存在很大差异。字料库中的字料标注结果直接使用数据库属性值的方式存储,所有结果均集成在一个数据库中,在

①郑家恒,张虎,谭红叶,钱揖丽,卢娇丽. 智能信息处理——汉语语料库加工技术及应用[M]. 北京:科学出版社,2010:123－129.

录入及检索界面可以直接显示标注结果。

总之,字料库与语料库之间既有联系,又相互独立,二者建设的具体目标、原则等存在不同,具体分类与标注体系也不一样,绝不能等同视之。那种试图用语料库框架来包含字料库的想法是完全不可取的。

第三节　字料库的分类

众所周知,分类是认识事物时行之有效、简便易行的一种科学方法。字料库可以从不同角度划分出不同的类型。

如果从字料存在的形式着眼,字料库可以分为语篇汉字字料库和字书汉字字料库两种(可简称为"语篇字料库"和"字书字料库")。语篇字料库是在大规模语篇文本基础上生成的真实的汉字刻写形态的有序集合,是利用计算机对语篇汉字形体进行各种分类、统计、检索、综合和比较等研究的基础,它能为汉字学及其他相关学科研究提供高度结构化的汉字数据信息。

如果从字料的实现方式着眼,字料库可以分为手写汉字字料库和版刻汉字字料库。广义的手写汉字包括甲骨文、金文、碑刻文字等在内的所有非雕版印刷汉字,而狭义的手写汉字只包括用手执笔撰写而成的简帛及纸本文字。据统计,仅手写纸本文献就有 10 亿多字。[①] 版刻汉字是指唐宋以后随着雕版印刷技术出现

---

① 国家新闻出版重大科技工程"中华字库"子项目"手写纸本文献用字的搜集与整理"项目所要处理的手写纸本文献包括吐鲁番文书、中国国家图书馆藏敦煌文献、俄藏敦煌文献、英藏敦煌文献、法藏敦煌文献、散藏敦煌文献、唐五代写本辞书、黑水城文献、宋元以来契约文书、明清档案等 16 种。

而逐渐产生的一种新字料形式。宋元以来，手写汉字文献逐渐让位于版刻汉字文献，后者成为传世文献的主体。手写汉字和版刻汉字数量浩繁，而且各具特色，都是能够体现汉字实际面貌的字料，完全可以通过建设手写汉字字料库和版刻汉字字料库（包括各种细分字料库）来整理和研究汉字。

如果从字料的书体风格着眼，字料库可以分为甲骨文字料库、金文字料库、战国文字字料库、小篆字料库、隶书字料库、楷书字料库、行书字料库、草书字料库等。考虑到一些汉字的书体存在兼类现象，我们还可以进一步细分出秦隶字料库、汉隶字料库、行楷字料库、行草字料库等等。

如果从字料的载体着眼，字料库可以分为石玉文字字料库、甲骨文字字料库、金属文字字料库、简牍文字字料库、纸质文字字料库等等。① 载体对于汉字形体的变化影响非常显著，载体不同，汉字形体也会发生或大或小的变化。

如果从字料的时代着眼，字料库可以分为商代汉字字料库、两周汉字字料库、战国文字字料库、两汉汉字字料库、魏晋南北朝汉字字料库、隋唐五代汉字字料库、宋辽金汉字字料库、元明清汉字字料库等等。基本上每个朝代的汉字字料都可以建设相对应的字料库。

如果从所收字料的类型是否一致上着眼，我们可以将字料库分为同质字料库和异质字料库。如果字料库所收录的汉字字

① 梁春胜在谈到近代汉字的研究资料时认为，根据文字资料载体的不同，近代汉字资料可以分为简帛、石刻、写本、刻本四类。详见：梁春胜.“近代汉字学”刍议[A].河北大学传世字书与出土文字研究中心：近代汉字研究（第一辑）[C].保定：河北大学出版社，2018：193.

料都是同一类型的,这些字料库就是同质型的。比如甲骨文字料库所收录的都是刻写在甲骨上的殷商西周文字,字体风格完全相同,线条的具体实现大同小异。反之,由不是同一类型的字料所汇集而成的字料库就是异质型的。比如两汉文字字料库,既有早期隶书、成熟隶书,还有小篆、行书、草书等不同书体,字体状况比较复杂,书体风格不拘一格,可以认为它是异质型字料库。

如果从字料通行范围着眼,字料库可以分为官方文字字料库与民间文字字料库。① 官方文字字料库所收录的字料既包括历代官修(含类官修)字书中的字头,比如《说文解字》《玉篇》《字汇》《康熙字典》等等,也包括政府所立石经或颁布的字形规范中的字形,比如汉熹平石经、曹魏正始石经、唐开成石经、清十三经石经中的文字,又如《五经文字》《九经字样》所收录的正字、通字部分

---

① 陈梦家认为:"凡作者是官吏或一切有铭文的器物和文书是王室宗庙或官府所有所用所造的,其上的文字就是官书……凡作者是平民或一切器物和文书是平民所有所用所造的,其上的文字就是民书……官书和民书是有分别的,但不是全体不同,相同的还是很多。并且官书可以再分为高低两级,低级官书介乎官民之间,是较近民书的。"详见:陈梦家.中国文字学[M].北京:中华书局,2006:132-133。王宁认为:"汉字从社会应用的性能来说,可以分为个人书写(俗用)汉字、社会通用汉字和权威(科学)规范汉字这三个层面。个人书写汉字是一个比较驳杂、书写形式随意性很强的字符群,其中相当一部分实用频度很低,在流传中的淘汰率很高。而个人书写汉字能够进入社会流通汉字的,大部分是因为合理性较强,能在约定俗成过程中为多数使用者接受,少部分虽在合理性上稍有逊色,但因著名书法家或官方所定典籍中被使用而巩固了地位,这部分字便成为权威规范汉字的基础。"详见:王宁.计算机古籍字库的建立与汉字的理论研究[J].语言文字应用,1994(1):55。二人观点大同小异。

等。民间文字字料库所收录的字料包括各种民间俗文本文献中的用字，比如历代私立碑刻造像文献、吐鲁番文书、敦煌写卷、黑水城文献、坊刻日用杂书、宋元以来契约文书、宋元话本、明清通俗白话小说文献、明清档案等等，里面有大量与当时官方文字字形特点不同的民间用字。

如果从应用层面着眼，字料库可以分为通用字料库和专用字料库。通用字料库所收集的字料具有广泛代表性和平衡性，各种时代、书体、存在形式、通行范围的汉字字料都应该具备，能够充分反映汉字使用的实际状况，可以用来描写汉字的整体面貌。而专用字料库是出于某种特定研究目的而搜集某一特定领域或类型的字料建立的，可以用来分析该领域或该类型字料的个性特点与基本规律。按照当前语料库发展的趋势来看①，以后字料库也将向着超大型化和专业化两个方向发展。因此，大型通用字料库和小型专用字料库都具有广阔的发展前景。

如果从字料使用民族或国别着眼，字料库可以分为汉字字料库、和字字料库、喃字字料库、壮字字料库等。和字、喃字、壮字都属于汉字系文字，它们与汉字的联系非常紧密。即使是汉字字料库，从地域角度着眼，也可以进一步分类。比如战国时期各国文字可以分别建设秦文字字料库、楚文字字料库、燕文字字料库等等。对于现代汉字，依地域可以分别建设大陆地区汉字字料库、台湾地区汉字字料库、港澳地区汉字字料库等等。各种字料库之间可以进行平行对比研究。

如果从字料性质着眼，字料库可以分为规范文本汉字字料库和学习者汉字字料库。规范文本汉字字料库收录的是以国家法

---

① 李文中. 语料库语言学与中国外语教学[J]. 现代外语，2010(4):424—425.

令形式发布的社会用字规范文本中的字料，这些字料具有规范性、权威性，比如唐开成石经字料库、通用规范汉字字料库等均属于此类。学习者汉字字料库收录的是各种类型和层次的学生（包括中国学生和外国留学生，初学者和熟练使用者）在汉字学习过程中产出的汉字书写文本中的字料，这些字料可能符合规范，也可能不符合规范，存在异体字、错字或别字，但它们都是学习者在学习汉字过程中产生的真实字形。比如基础教育阶段学生手写汉字字料库、留学生错别字字料库即属于此类。在"数据驱动学习"基本思想的指导下，通过对这些字料进行描写、分析和解释，尤其是对汉字书写过程中产生的各种错误现象进行诊断与分析，预测潜在的学习困难，可藉以指导当前的汉字教学与汉字书写及应用工作，有效提高各类型和层次汉字教学的效果和质量。

如果从字料加工程度着眼，字料库可以分为生字料库和熟字料库两类。生字料库是指未经过任何加工和标注的字料库。熟字料库是指已经对字料进行词典学、汉字学等学科属性标注的字料库，学者可以从中挖掘和提取丰富的汉字学资源信息。构建大规模的熟字料库是字料库汉字学发展的一个重要基础。

总之，字料库可以根据不同的着眼点划分为不同的类型，不同类型的字料库均有自己独特的价值，可以满足某些方面的研究需要。我们可以根据研究类型与研究目的建设符合特定研究要求的字料库。

第四节　字书文字研究的价值

汉字研究的材料根据其存现环境可以分为语篇文字和字书

文字两种。① 在整理和研究汉字的具体工作中,二者犹如车之两轮、鸟之两翼,不可偏废,具有同等重要的地位。

目前可见的汉文语篇文献(含传世文献与出土文献)总量不下十万种,②这笔汉字研究资料数量庞大,利用价值首屈一指。语篇文献中的文字是处于使用状态的,③它处在文本的具体上下文中,是未经整理自然状态下的汉字,是历代字书收字释义的主要依据之一。从汉字搜集与整理的本来意义而言,汉字搜集、整理工作的对象应该是语篇文献中实际使用过的真实的汉字。

与语篇文字相反,字书文字是处于贮存状态的,它被整理者从文本的具体上下文中抽离出来,是经过人为整理非自然状态下的汉字。无论古代还是现代,学者对语篇文字整理研究结果的表达,最典型的方式是将其按一定原则类聚编纂成字书(也有部分散见于笔记或相关论著中)。历代所编字书以不同方式收集并整理了几千年来散见于不同语篇文献中的汉字资料,然后按照一定的体例将这些汉字编排在一起予以析形、注音、释义和举例,它们在人们认知汉字、阅读典籍、摄取知识、传承文化等诸多方面做出

---

① 李运富在《章太炎黄侃先生的文字学研究》一文中指出:"汉字材料可以分为两大类,一是世代相传的以《说文解字》为代表的文献文字(又可分为字书文字和语篇文字),一是偶然发现(主要是地下出土)的以金文和甲骨文为代表的文物文字。"详见:李运富.汉字汉语论稿[M].北京:学苑出版社,2008:224.考虑到后者也包含字书文字和语篇文字,我们对上述分类进行了适当调整。

② 项楚、张子开认为:现存古典文献的数量可能在十六万种(不包括各种古代档案)以上。详见:项楚、张子开.古典文献学[M].重庆:重庆大学出版社,2010:112.

③ 语篇是人类交际的产物,是语言交际的最基本单位,它是有声话语与有形篇章的总称。我们这里所说的语篇实际上仅包括有形篇章。

的贡献无论怎么估计都不过分。

　　历代所编纂的字书,其种类虽然繁多,但总数是有限的,因此,字书字料具有相对封闭性,非常有利于开展基于字书字料库的穷尽性研究工作。更重要的是,字书文字除了具有形体信息之外,往往还具有读音、释义、结构、理据、正俗、本借、分类、排序等多方面的信息,这些重要的信息是历代学者对语篇文字研究整理的结晶,反映了他们对汉字形音义的理性认识,具有较高的科学性、系统性和实用性,是全面整理历史汉字不可或缺的重要基础。在对历史汉字进行全面整理的时候,对字书文字进行整理,不仅是必要的,而且是必须的,是不能用真实文本中处于使用状态的语篇文字的整理来替代的。从全面整理历史汉字的程序来看,先整理字书文献中处于储存状态的汉字,再搜集和整理语篇文献中处于使用状态的汉字是最为理想的技术路线。[①]

第五节　字书字料库建设的必要性与可行性

　　前文已经说过,字书文字研究具有巨大的价值,那么是否一定要建设字书字料库呢? 即使决定建设字书字料库,是否能够顺利完成整个建设工作呢? 这些是字书字料库在建设之初要首先考虑清楚的问题。也就是说,我们首先要做好必要性及可行性分析,确定所要建设的字书字料库是否必要及可行。只有最终得出了明确的肯定性答案,字书字料库的建设工作才可以继续推进。

---

①柳建钰.《类篇》新收字考辨与研究·李国英序[M].沈阳:辽宁大学出版社,2011:1—2.

一、字书字料库建设的必要性

建设字书字料库的决定不是我们心血来潮、仅凭感觉产生的，而是经过谨慎研判、充分论证之后所做出的。我们认为，字书字料库建设工作具有充分的必要性。下面从三个角度进行分析。

（一）当前字书汉字整理研究工作的迫切需要

汉字的整理，目的是为了揭示汉字系统的条理性和有序性，为汉字研究和规范奠定坚实的基础。[①] 当前字书汉字整理研究工作存在一些不容忽视的问题，比如研究观念滞后、研究手段老化、研究资料海量化与碎片化的矛盾等等，这些问题严重制约着当前字书汉字整理与汉字学研究的进程。汉字学界迫切需要一种全新的工具，为字书汉字整理与汉字学研究搭建一个具有科学性、综合性的数字化平台，提供具有代表性、大规模、高度结构化的字书汉字字料，方便学者突破个人认知范围和资料获取能力的最大限度，将海量字料信息所蕴涵的显性和隐性汉字学信息按照研究需要抽取出来，从而提高实证研究结论的创新性、科学性和可靠性。字书字料库的建设将为基于字料库的文字学研究提供强有力支持，这将有效增强汉字整理与汉字学研究成果的科学性。

（二）推动汉字学研究信息化的内在要求

当前，随着整个社会信息化、大数据化进程的不断加快，学术

---

① 李国英，周晓文.汉字整理工作的现状与任务[J].云南师范大学学报（哲学社会科学版）.2008(3):8.

研究的信息化、大数据化已经成为不可逆转的大趋势。信息化、大数据化的飞速发展对汉字整理与汉字学研究工作提出了更高的要求,这项工作必须搭上信息化、大数据化这趟"高铁",才能在信息化大道上畅行无阻。但是,"我国对作为信息载体的汉字基于数字化处理的系统整理不够……由于缺乏字际关系的关联性整理和字词关系的关联性整理,使得基于汉字的信息检索存在信息缺失,又存在命中率不高的问题。基于汉字的信息挖掘和知识挖掘也很难推进。"①因此,字书字料库的建设,是汉字整理研究信息化、大数据化的必然选择。通过以字书字料库中的大规模字料数据为中心和出发点,凭借科学的统计方法,对字料数据进行充分地观察、分析、描写和概括,从中归纳抽绎出科学的汉字学理论,这将推动当前的汉字研究工作发生根本性变化。字书字料库的建设与应用,将会成为推动当前及未来汉字整理与汉字学研究深入健康发展的主要推动力。更重要的是,字书字料库的建设与应用还将促使我们不断拓展新思路,激活新思维,思考新问题,在推动汉字学研究信息化的事业中做出更大贡献,具有很强的可行性和挑战性。

（三）字料库汉字学与语料库语言学并驾齐驱的必然选择

语言和文字是人类社会信息最常用、最重要的两种载体,对语言文字的研究是当前信息科学研究最关键、最核心的问题。要推动信息科学的快速发展,首先必须推动语言文字学的快速发展。在此背景下,语料库语言学应运而生。随着各种类型语

①李国英,周晓文.汉字整理工作的现状与任务[J].云南师范大学学报（哲学社会科学版）.2008(3):12.

料库的建设和语料库应用领域的不断拓宽,语料库语言学成为语言学分支学科中发展最快的一个,它掀起了一场前所未见的革命,几乎所有的语言研究与应用领域都受到了语料库语言学的影响,大量崭新的研究成果相继问世,蔚为大观。语料库语言学的蓬勃发展以及它在理论研究与应用研究诸多方面所取得的丰硕成果引起了学者的广泛重视。相较而言,字料库汉字学目前整体上还处在成长阶段,学界对其关注度不够,研究成果尚不多见,不少核心问题都还需要继续深入研究。字料库汉字学要想与语料库语言学并驾齐驱,共同为信息科学的健康快速发展贡献力量,就必须要抓住信息时代、大数据时代难得的发展机遇,建设以汉字整理和汉字学研究为核心目标的大型电子汉字资源库——汉字字料库,而且语篇字料库与字书字料库缺一不可。

二、字书字料库建设的可行性

我们认为,字书字料库建设在物质基础、技术支持及理论指导等方面均具有充分的可行性。

(一)我国历代学者编纂出了大量不同类型的字书

编写字书在我国具有悠久的传统,即使从《尔雅》算起来,也已经有 2200 多年历史了。因为字书在知识传承、文化传播等方面扮演着极为重要的角色,历朝历代的中央政府和众多专家学者一直非常重视字书编纂工作,所以 2200 多年来,我国编纂的字书不仅数量庞大,而且品种繁多齐备,为字书字料库建设打下了坚

实的文本物质基础。① 这些字书反映了在存储状态下的汉字的真
实样貌,为字书汉字形体发展演变历史的描写与考察提供了大量
一手材料。由于条件限制,以前不少字书因寓目不易而鲜有为人
所知者。随着国内外相关机构对汉文古籍普查登记工作的广泛
开展,大量原先被深藏在图书馆、博物馆与其他藏书机构或个人
手中的珍稀孤罕字书得以重见天日,借助扫描技术,这些字书能
够以电子图书形式广为传播,为字书字料库字料的获取提供了非
常便利的条件。

（二）当前强大的计算机技术支持

当今计算机技术的飞速发展,为字书字料库的建设与研究提
供了强有力的技术支持。计算机软件开发与数据库技术的飞速
发展,软硬件设施的不断更新,大型高速服务器的不断推出,网络
技术的不断突破,TB 级容量存储介质的普及,如此等等,都为字
书字料库的建设提供了基础保障。包括图像扫描、汉字识别、字
图切分、自动标注等在内的各种辅助工具的开发使得字书字料库
字料的收集、存储和加工变得更加容易和方便,研发出一套具有
科学性、代表性和规模化的字书字料库不再是可望而不可即的目
标。计算机具有强大的检索、统计和处理字书字料信息的能力,
它允许用户能够更快捷地获取全部相关字料信息,这使得字书字
料分析更加便捷、完整和可靠,穷尽性研究不再是令人望而却步
的难题,数据关联分析也变得更加顺畅。总之,当前强大的计算

---

① 据不完全统计,新闻出版重大科技工程项目"中华字库工程"第 11 包"版刻
　楷体字书文字整理"项目组目前搜集到的版刻楷体字书目近 9000 条,已
　经加工过的字书共 717 种。如果计算不同版本,则共计 1108 种。

机技术是字书字料库建设的有力保障,字书字料库的建设与应用在先进的计算机软硬件技术加持下必定会获得长足发展。

(三)有汉字学理论及语料库理论的指导

一方面,字书字料库的建设要接受语言学、汉字学和辞书学理论的指导,这是由字书字料库的性质决定的。目前,无论是语言学、汉字学还是辞书学理论,都已经相当成熟和发达。以汉字构形学理论为例,经过近 30 年的不断探索和创新,现在已经取得了令人瞩目的成就,不仅有明确的研究对象与范围,有系统化的理论和术语系统,还有适用于古今各种体制的汉字结构分析、系统描写的普遍原理和规范化、科学化、操作性强的方法,完全可以用来指导字书字料库建设实践。另一方面,字料库与语料库有天然联系,语料库与语料库语言学理论对字书字料库的建设也具有借鉴和指导作用。语料库建设过程中所涉及到的语料处理与加工、系统架构与检索平台建设、语料库的应用研究等一系列引人深思的问题,都具有很重要的借鉴价值。字料库建设可以借鉴语料库建设取得的有益经验,加快建设工作进程,提高建设工作的科学化、规范化和先进性水平。

总之,建设字书字料库是我们对当前汉字整理研究过程中所存在问题进行反思后所做出的理性选择,也是推动字料库汉字学研究和汉字整理与研究工作深入、高效开展的必然选择。字书字料库录入检索平台和各种辅助工具的不断研发和逐步成熟,将为字书字料库的广泛应用提供有利条件,并将在字书汉字整理、汉字学研究、汉字教学以及字辞书编撰等多个领域的深度信息化和大数据化改造过程中起到不可替代的催化作用。

第二章　字料库理论的提出及其价值①

任何一种理论的提出都有其特定的时代背景和学科背景,同时,任何一种理论都有其独特的理论价值、实践价值和方法论价值。探讨字料库理论提出的背景及其价值,不仅有助于字料库理论地位的确立,而且有助于字料库理论体系的完善,具有重要的理论意义和现实意义。

第一节　字料库理论提出的背景

我们认为,汉字字料库理论的形成,是在当前多学科交叉综合研究方法日益受到学界重视的历史条件下,在汉字整理研究的实践过程中,在总结历代及当前汉字整理研究的经验教训的基础上,通过借鉴语料库理论及语料库语言学成功发展的宝贵经验,逐步形成和发展起来的。下面分三部分进行阐释。

一、学科交叉研究方法的广泛应用

20 世纪下半叶以来,在科学研究领域出现了各类交叉学科逐

①作为阶段性成果,本章主要内容曾以《试论汉字字料库理论的提出背景及其价值》为题发表在《渤海大学学报》(哲学社会科学版)2017 年第 1 期上。此处又做了一些修改和完善。

渐兴起和广泛应用的趋势,多学科交叉综合研究方法日益受到学界重视,交叉学科已经成为当今科学研究的前沿领域,学科交叉业已成为学科发展的主要推力之一。之所以如此,是因为"随着学科的不断发展,在学科的边缘甚至内部地带存在着单一学科不能解决的复杂问题,对这些问题的认识和研究能力,需要借助相邻的学科,这种由科学本身自生出的动力促进了学科的交叉。"①"交叉学科研究正在成为科学发展的主流,不仅活跃研究者的思维,开阔科学研究的视野,同时也大大推动着科学技术的发展。"②在这种趋势推动下,仅在语言学领域,就出现了社会语言学、数理语言学、工程语言学、心理语言学、法律语言学、文化语言学、统计语言学、网络语言学、哲学语义学、语言经济学、生态语言学等多种崭新的学科,而且这些新学科都已经分别取得了长足的发展。

　　与之相类似,汉字字料库理论也是在这种多学科交叉理念的直接影响下产生的。汉字字料库是汉字学与信息科学相互结合、彼此渗透的产物,符合当前学科发展交叉集成的必然趋势,它为汉字学开辟了一片全新的研究领域,也提供了一种全新的研究思路。可以说,汉字学与信息科学的交叉,是在遵循科学规律的基础上,对学科交叉综合研究方法的一种新的尝试。它不仅能够促使汉字研究者突破传统思维定式,启迪他们的思维方式向着综合性、创造性和开放性转变,还能够极大地延伸汉字研究的前沿领域,拓宽所涉学科知识的广度,这有利于突破单一学科的局限性,进一步填补汉字学与信息科学之间的鸿沟,推动汉字学研究向更

①郑晓瑛.交叉学科的重要性及其发展[J].北京大学学报(哲学社会科学版),2007(3):144.
②冯一潇.诺贝尔奖为何青睐交叉学科[N].科学时报,2010-2-2(A3).

深层次和更高水平发展,因此具有令人瞩目的优越性。汉字字料库的建设与研究势必会成为现阶段及未来汉字学研究的一大前沿研究领域。

二、当前汉字整理研究工作的客观要求

汉字整理研究工作伴随着汉字的产生而产生,历代学者在汉字整理研究方面已经取得了辉煌的成就,积累了很多值得在今后工作中借鉴的宝贵经验。近三十年来的汉字整理及汉字学理论研究工作,无论内容上,还是方法上,都出现了不同于以往的一些崭新变化。

就汉字整理研究的内容而言,前辈学者对它的探讨经历了一个逐步发展的过程。自从唐兰明确提出"文字的主体是形体"[①]以及"文字学本来就是字形学"[②]的观点后,汉字学研究步入了一个新天地。20世纪末,王宁提出了汉字构形学理论,强调汉字的本体是字形,字义、字音来源于汉语。对各历史阶段汉字构形系统进行科学的调查、描写和比较,是汉字整理研究工作顺利开展和科学汉字学理论体系真正建立的必要条件。

与此同时,在汉字整理研究的方法上,学者对它的选择应用也有比较明显的变化过程。王凤阳曾经指出,"传统的文字学的研究,多半是单个地、静止地、孤立地去解剖、分析汉字,很少顾及到汉字的'量'。这种形而上学研究方法禁锢了汉字研究的领域,限制了研究者的视野,使汉字史上的许多现象得不到合理的、规律性的解释。""有数量的文字研究才是有血有肉的,立体的文字

[①]唐兰.古文字学导论(增订本)[M].济南:齐鲁书社,1981:135.
[②]唐兰.中国文字学[M].上海:上海古籍出版社,2001:7.

研究。"①传统的汉字整理研究方法如果不进行有效更新,将会阻碍这项工作的深入开展。汉字整理研究工作迫切需要依据新理论,借助新工具,采用新方法。

王凤阳利用定量研究法,对汉字的使用频率进行了研究,尝试着从历史上考察汉字应用量给汉字及汉字的体系变化带来的影响。在汉字构形学理论指导下,北师大一批博士使用定性研究与定量研究相结合的方法,"把计算机数据库技术引进汉字研究中,利用数据库技术,高速度、高质量地完成了繁冗的构形分析和各种统计工作。"②这些工作取得了很多让人耳目一新的结论。随着研究领域的不断深入和扩展,研究成果也逐渐丰富。与此同时,大陆及台湾地区相继出现了一些规模不等的"类字料库",比如华东师范大学中国文字研究与应用中心建有古文字、今文字及历代字书资源库,台湾地区有《异体字字典》和"汉字构形数据库"。国外的汉字字形资料库,如日本京都大学人文科学研究所"石刻拓本资料库",规模都比较大。这些对汉字整理及汉字学理论进行探讨所得到的理论成果和实践经验,为字料库理论的形成提供了正面经验,奠定了比较坚实的基础。

不过,由于此前汉字整理研究与计算机信息技术结合并不十分紧密,更重要的是,由于缺乏经过精细标注的大规模字料库做支持,相当一批研究结论基于研究者的个人学术经验和小范围数据调查,汉字整理研究方面还存在不少问题,即使是已经得出的

---

①王凤阳.汉字学[M].长春:吉林文史出版社,1989:604.

②陈淑梅.基于数据库的汉字构形学研究[A].盛玉麒:信息网络时代中日韩语文现代化国际学术研讨会论文集[C].香港:香港文化教育出版社,2000:241.

结论也还有进一步充实完善的必要，甚至有完全颠覆的可能，这从学者发表的大量针对疑难字（尤其是古文字）考释成果的重考商榷类文章即可见一斑。这些在探索过程中产生的失误和存在的不足，为字料库理论的诞生提供了有反思价值的经验和教训，也是字料库实体建构和字料库理论形成的重要契机。汉字整理研究工作向更大规模、更高标准、更深层次推进的历史使命，呼唤着汉字字料库理论的产生。

三、语料库理论及语料库语言学的直接影响

如前所述，在当前信息社会，很多人文社会科学学科都开始主动与信息科学接轨，并取得了很多令人称道的成果。语料库的出现及语料库语言学的创立和蓬勃发展，正是这方面的一个成功典范。"有了语料库，人们可以通过计算机来研究语言，利用语料库所反映出来的语言事实对语言的某个方面进行研究，并提出新的观点或理论。"[①]

传统的语言学研究往往呈现出封闭、静态、平面的特征，其研究方法主要是基于规则的分析方法，即理性主义的方法，"这种方法具有较强的概括性，也比较容易推广到一些尚未涉及的领域。但是，基于规则的方法所描述的语言知识的颗粒度太大，难以处理复杂的、不规则的信息，特别是当规则数目增多时，很难将规则全面地覆盖某个领域的各种语言现象。"[②]随着信息科学的发展，人们建设了各种类型的语料库，越来越多的学者采用基于大规模

---

①冯志伟.计算语言学基础[M].北京：商务印书馆，2001：3.

②郑家恒，张虎，谭红叶，钱揖丽，卢娇丽.智能信息处理——汉语语料库加工技术及应用[M].北京：科学出版社，2010：45.

真实文本语料库的分析方法,即实证主义的方法来研究语言学问题。由于基于统计的经验主义方法"具有很好的一致性和很高的覆盖率,并且可以将一些不确定的知识定量化",①具有相当的优越性,语料库语言学随之大为兴盛起来,并逐渐成为当前语言学研究的一个主流和基本研究范式之一,推动着语言学研究更快更好地向前发展。"在汉语研究方面,例如各种语法、词法以及词语属性库的建立;分词规范的制定、词的频度的统计、汉语总词表的制定、切分歧义与标注歧义研究、词类体系及词类标记集、词典的开发、语料库的开发以及句法的研究、语义的研究等等,都取得了重要的成果。"②可以说,当前几乎所有语言学研究领域都能感受到语料库语言学的巨大影响。

　　字料库理论是在总结和借鉴语料库及语料库语言学研究经验基础上形成的。首先,单从基本术语上讲,李国英师、周晓文就已经明确指出,"字料库是从语料库延伸出来的一个概念。"③其次,大量的研究实践表明,语言学只有借助语料库这个有力的工具,才能实现脱胎换骨,获得突飞猛进式的发展。同理,要想让汉字整理以及汉字学理论研究取得更高层次的发展,势必要借助先进的信息技术工具,这就必须把汉字学与信息科学有机结合起来。因为"字料库所提供的实验方法,有助于研究者根据文字使

①周强.规则和统计相结合的汉语词类标注方法[J].中文信息学报,1995
　　(3):5.
②陈淑梅.基于数据库的汉字构形学研究[A].盛玉麒:信息网络时代中日韩
　　语文现代化国际学术研讨会论文集[C].香港:香港文化教育出版社,
　　2000:241.
③李国英,周晓文.字料库建设的必要性与可行性[J].北京师范大学学报(社
　　会科学版),2009(5):50.

用中的客观现象,提炼、归纳文字使用、发展规律,这种结论同样
具有可观测性和可验证性。"①可以说,字料库理论是在当前信息
社会高速发展的社会历史条件下,顺应时代的要求而逐渐发展起
来的一种崭新的理论。它的提出,一方面说明字料库理论的产生
具有历史的必然性,另一方面也从侧面反映了当前语料库理论及
语料库语言学研究工作的巨大成功。当然,尽管字料库理论是在
语料库理论直接影响下产生的,但文字和语言毕竟是两种不同的
符号系统,简单套用语料库和语料库语言学的研究模式,一定会
产生水土不服的现象,这个问题在字料库建设及字料库理论研究
实践过程中应该受到高度重视。

第二节　汉字字料库理论提出的主观条件

　　汉字字料库理论的提出,也是学者长期探索与实践的必然结
果。真正的学术理论是建立在对研究对象长期观察和深入思考
基础上的。只有对历代及当前汉字整理研究成绩及不足有深刻
地把握和准确地判断,才能在当前汉字整理研究过程中进行大胆
的理论创新。毫无疑问,学者个人的研究经历及研究素养在此过
程中会发挥非常重要的作用。

　　李国英师是字料库理论的提出者之一。他近年来一直重点
从事全汉字的系统整理与汉字规范研究。承担新闻出版总署重
大科技工程项目——"中华字库"工程第 11 包"版刻楷体字书文
字整理"、国家社科规划重点项目"56000 汉字楷书字形的整理"、

---

① 李国英,周晓文.字料库建设的必要性与可行性[J].北京师范大学学报(社
　会科学版),2009(5):50.

国家语委"十五"科研重点项目"宋体、仿宋体、楷体、黑体字形规范"等多个国家级项目。另一位提出者是周晓文。她主攻中文信息处理,主持国家社科基金重大项目"基于资料库的古籍计算机辅助版本校勘和编撰系统研究"、教育部人文社会科学研究"十五"规划项目"甲骨文计算机字库与编码研究",是"版刻楷体字书文字整理"项目的技术负责人。

　　李国英师曾经指出,"信息化时代是以字处理的数字化为前提,汉语信息的处理依赖于汉字的数字化。没有汉字的数字化就没有汉语的信息化,汉字及其衍生物的数字化是一切汉语信息数字化的基础。"①基于此种认识,他们密切关注当前汉字学及中文信息处理的发展状况,积极参与国际标准化组织表意文字工作组(ISO/IECJTC1/SC2/WG2/IRG)的工作,李国英师还担任 IRG 古汉字编码专家组组长,对在信息时代为何要以及如何去借助数据库整理研究历史汉字有着非常深刻的理性认识。针对当前汉字整理研究工作中出现的问题,在对汉字整理历史经验及汉字学与信息技术紧密结合进行科学总结的基础上,他们从理论及实践两个方面对汉字字料库进行了卓有成效地尝试,创造性地、比较系统地论述了汉字字料库理论的一些基本内容,对大数据时代的汉字整理研究工作应该如何进行做出了积极回应。可以说,汉字字料库理论的提出,是两位学者对汉字整理研究工作进行长期探索与前瞻性研究的必然结果。

---

① 李国英.汉字整理工作的现状与发展趋势[Z].北京师范大学"全国汉语言文字学高级研讨班",2010.

第三节　汉字字料库理论的主要价值

　　作为一种崭新的学科交叉理论,汉字字料库理论将为当前及未来的汉字整理与汉字学研究工作提供一个强大的理论武器。它不仅为汉字整理与汉字学研究开辟了更加广阔的空间,也为增强汉字整理研究成果的科学性和普适性提供了重要的保障,还为信息时代"大数据"背景下有效推进汉字整理与汉字学研究工作提供了强大的动力,具有十分重要的理论价值和实践意义。

一、对科学汉字学理论体系的丰富和发展

　　汉字学理论体系是一个相对比较复杂的系统,就其主要组成部分来说,可以分为汉字性质理论、汉字起源理论、汉字造字理论、汉字构形及其发展史理论、汉字形体发展演变理论、汉字字词际关系理论、汉字改革与规范理论、汉字应用理论、汉字考释理论等若干方面。这些理论从属于一个体系,组成了一个有机统一的整体,共同支撑起了汉字学理论体系这座大厦。不过,需要指出的是,任何理论体系的形成都不可能一蹴而就,其本身也不可能十全十美,都需要在新的实践的基础上不断更新和完善。对理论体系的这种更新和完善工作在科学研究过程中具有举足轻重的地位。"根据以往的语言研究实践,总结前辈语言研究的经验教训,语言研究要深入,语言学要发展,当然需要多方面的支持,但是主要有赖于两个方面:一是要不断挖掘和发现新的语言事实。这是基础,是永恒的研究课题。二是要不断更新和完善语言研究的理论与方法,以不断推进语言研究的发展。这是一个学科得以

建立和发展的关键。"①汉字学理论体系也不例外。我们认为,汉字学理论体系一直都是一个不断发展的具有开放性的理论体系,它也必然会随着时间的推移和汉字整理研究实践的深入开展而不断更新和完善。

作为汉字学理论体系中的新成员,汉字字料库理论的提出,不仅标志着汉字整理研究及汉字学研究实践已经迈上了一个新台阶,也标志着汉字学理论创新工作又取得了重要的成果。"源于实践的理论,并不仅仅是对实践经验的概括和总结,更重要的是对实践活动、实践经验和实践成果的批判性反思、规范性矫正和理想性引导。这就是理论对实践的超越。"②深入研究和探讨这一崭新的汉字学理论,除了能够完善汉字字料库理论本身之外,还能够促使学者重新认识已有的汉字学理论,提高他们对已有汉字学理论的自觉扬弃能力和全新的汉字学理论的创建能力。信息时代、大数据时代的汉字学理论的证实、证伪及归纳总结尤其需要字料库提供的大量字料来做数据支持。利用字料库的检索及其他辅助功能,学者可以轻松检索到关于某种汉字现象的大量字料信息,这一方面可以检验前期由个人内省而得到的汉字学理论,从而对这些理论进行验证和修正;另一方面也可以基于这些信息归纳总结出新的汉字学理论。汉字字料库理论将会使学者的视野更加开阔,证实及证伪能力也会更加强大。这对于当前努力拓宽汉字整理与汉字学研究工作的新空间,不断丰富和发展科学汉字学理论体系,确立汉字学学科在信息时代学术体系中的合

①陆俭明.汉语语法语义研究新探索(2000—2010演讲集)[M].北京:商务印书馆,2010:37.
②孙正聿.理论及其与实践的辩证关系[N].光明日报,2009—11—24(11).

理地位,都具有十分重要的理论价值和现实意义。

二、有效指导当前及未来的汉字整理研究实践工作

理论来源于实践而高于实践,它反过来又可以指导实践。在近20年的汉字整理研究实践中,产生了不少新的汉字学理论,这其中,又以汉字构形学理论最为典型。在汉字构形学理论的指导下,一批学者开始从各个历史时期用汉字书写的文献材料中(比如甲骨文、金文、碑刻隶书、隋唐五代碑刻楷书、宋代雕版楷书、明清民间手写与宫廷文字等)穷尽性地搜集字料,并在字样、字式及字种归纳的基础上,将定量与定性相结合,对其构形系统进行了细致地描写,总结出了汉字构形在各历史阶段的主要特点和发展演变规律。汉字构形学理论在实践上之所以能够取得巨大成功,关键在于其"基于真实文本做研究"的方法及操作程序具有科学性。但学者在研究过程中也还存在一些有待改进的地方。最明显的不足比如,字样提取工作没有完全实现自动化,字样、字式及字种归纳依然借助 EXCEL 程序,字头属性数据整合度低,构形分析数据更新及查询效率偏低等等。在疑难俗字考释方面,目前也存在不少问题,比如考释方法偏重于字书信息的人工对比,考释依据略显不足,许多汉字资料还没有很好地发掘与利用,一部分考释结论失之武断。再比如当前的汉字字频统计工作,也存在基于语料库统计字频造成字频统计结果失真、统计缺乏统一而明确的统计单位、统计结果不科学等问题。[①]

我们认为,这些问题的有效解决,需要借助新理论,使用新工

①李国英,周晓文.汉字字频统计方法的改进[J].北京师范大学学报(社会科学版).2011(6):45.

具。汉字字料库是不二选择,它提供了一个较好的机会来解决如
上困扰汉字学界的几个难题。经过深入规范标注的汉字字料库
能为汉字学研究提供真实、海量、高效的第一手数据,为学者进行
汉字事实的描写和挖掘工作提供了一个信息化的平台。利用汉
字字料库进行汉字整理研究工作,能够在很大程度上避免目前所
存在的诸多弊端,学者可以方便快捷地从字料库中提取任何所需
要的信息,这就能够大幅度提高汉字数据整理分析的整体效率,
在很大程度上提高学者的有限理性,提升学者对汉字事实的认知
能力与对所研究内容的宏观把握和微观分析能力,从而使得汉字
整理研究工作收到事半功倍的效果。

三、蕴涵着一种全新的、科学程度更高的汉字整理研究方法和思路

汉字字料库是一个由大规模真实出现过的汉字样本构成的、
经过学者多角度、深层次标注过的、可供汉字研究与分析描写的
汉字资源库,它为汉字整理研究提供了一种全新的方法和思路。
如前所述,以往的汉字整理研究取得了辉煌的成就,积累了一整
套可行的方法和操作步骤,其中很多方法现在看来仍然具有指导
意义。比如,汉字学界在汉字整理研究工作中一直继承发扬着
"重事实、讲根据"这一优良传统,重视和强调对第一手材料的积
累,重视对个人研究经验的总结,善于作经验论证式研究等等。
但在具体研究过程中,尤其是面对全汉字整理这一任务时,传统
的研究方法往往显得捉襟见肘,难胜重任。以汉字的整理与规范
研究为例,"以往的汉字规范研究大多是运用相关的文字学知识,
结合字典、辞典,对与规范相关的字、词表本身以及由其引发的理
论问题进行探讨,而缺少对现实基础的测查和研究,没有充足、准

确的原始材料支撑。"①用这种方法得出的结论,虽然不能说完全不具有客观性和科学性,但实际上其客观性和科学性在一定程度上是受到限制的。

相较而言,利用汉字字料库整理研究汉字,在研究方法和效率方面无疑都具有明显的优越性。邢福义在探讨现代汉语语法研究时提出了"三个充分"说,即观察充分、描写充分、解释充分。②这三个要求同样适用于汉字学研究。一种科学的理论需要在观察、描述和解释三个方面都具有相当的充分性。而运用字料库进行汉字整理及汉字学研究则开辟了一条实现这三个充分性的全新道路。对汉字事实的考察和描写是汉字整理研究工作永恒而且首要的课题,而科学的目的就是为了解释。对汉字事实的考察和描写不客观、不清楚、不彻底,会直接影响对汉字规律的解释,科学的汉字整理与汉字学研究也就无从谈起。汉字字料库中的数据具有真实性、系统性、规模化和实证性,为我们充分观察、充分描写和充分解释提供了可能。通过对汉字字料库所提供的大规模的汉字事实进行定性定量的描写和概括,可以有效降低学者只凭个别例子(包括实际用例和自造用例)支撑就匆忙进行解释并得出结论等弊端发生的概率,汉字整理与汉字学研究结论的准确性和可靠性才能得到根本保证。而另一方面,汉字字料库中数据的规模化、标准化和高度集成性,又能在很大程度上提高学者处理海量数据时的效率,这是因为计算机数据库在海量数据的加

---

① 李国英,周晓文.字料库建设的必要性与可行性[J].北京师范大学学报(社会科学版),2009(5):49.

② 邢福义.现代汉语语法研究的三个"充分"[J].湖北大学学报(哲学社会科学版),1991(6):61-69.

工、储存、归类、检索、对比等方面具有无可置疑的天然优势，传统的卡片，现代化的 EXCEL 工具，甚至是目前可用的各种"类字料库"等在研究效率上都无法与其相提并论。

总之，一切具有划时代意义的理论都是在一定时代条件下为了适应客观需要而产生和发展起来的。语言学理论亦不能例外，特别是那些能够引起语言文字学研究深刻变革的重大理论，其产生和发展更是时代的需要。字料库理论的形成，有其深厚的客观基础和主观条件。汉字字料库理论的形成，是在当前多学科交叉综合研究方法日益受到学界重视的历史条件下，在汉字整理研究的实践过程中，在总结历代及当前汉字整理研究的经验教训的基础上，通过借鉴语料库理论及语料库语言学成功发展的宝贵经验，逐步形成和发展起来的，同时也是学者对汉字整理研究工作进行长期探索与实践的必然结果。汉字字料库理论具有鲜明的创新性，它不仅丰富了汉字学理论体系，是对学科交叉综合研究方法的一种新尝试，还可以用来指导当前的汉字整理研究实践，在汉字学研究方法论上也将产生重要的影响。我们希望能有越来越多的从事汉字学研究的人认识到字料库理论的重要价值及其巨大发展潜力。

第三章　字料库汉字学概说①

　　字料库汉字学，一门崭新的边缘性交叉学科，即将伴随着汉字字料库理论的提出与发展以及各种类型字料库实体的建构成长起来。一般来说，一门新学科的建立，至少应该满足以下三方面的要求：有明确的研究对象与范围；有学科的代表人物和高水平的学术专著；有规范化、系统化、科学化的研究方法。根据以上标准和学界已有成果综合考量，我们认为，字料库汉字学目前已经起步，尚处于成长阶段。从李国英师、周晓文（2009）首次提出"字料库"的概念并明确定义至今，已经有二十多篇与汉字字料库和字料库汉字学直接相关的理论研究成果问世，一些科研单位和学者也早就开始进行汉字字料库（或"类字料库"）建构的实践探索，但字料库汉字学直接关涉到的很多基本问题，比如字料库汉

---

① 作为阶段性成果，本章主要内容曾以《字料库汉字学初探》为题发表在《语言文字应用》2017 年第 2 期上。此处又做了一些修改和完善。关于这门新学科的名称，学界又有"数据库汉字学"（王平 2013）、"数据库文字学"（刘志基 2019）的说法。我们认为，学科名称应该要能准确概括该学科的主要内容。数据库是按照数据结构来组织、存储和管理数据的建立在计算机存储设备上的仓库的总称，字料库只是其中的比较特殊的一种。而且我们所要研究的是汉字，而非古今中外所有种类的文字。因此，就本书所要研究的内容看来，"字料库汉字学"这一名称是名副其实的。

字学的学科定义、学科性质、建立背景及条件、学理依据、学科地位、与相关学科的关系、研究的理论及现实意义、概念系统、内部分类、研究对象与主要研究内容、研究原则与方法、研究步骤、重点和难点、可能遇到的瓶颈问题、发展趋势、字料库汉字学的应用以及与汉字字料库实体建构相关的一系列问题，仍然缺乏系统深入地研究。

本章拟先对字料库汉字学的学科定义、研究领域、学科性质、主要研究内容、研究方法、研究步骤、学科地位等几个关键问题进行初步探讨，以便为后续的深入研究打下基础，并藉以引起更多学者对字料库汉字学的高度重视，推动这一新兴学科的研究向纵深发展。

第一节　字料库汉字学的
学科定义及研究领域

一门新学科的建立，首先需要有明确的定义。我们认为，字料库汉字学是以真实文本中出现的汉字字料为界定和描述汉字现象的起点，通过字料的采集、存储、标注、检索和统计分析，用来提出全新的汉字学理论或验证、修正已有汉字学理论，并对字料库如何应用于汉字教学与中文信息处理及其他相关学科进行研究的一门交叉学科。

这一定义的确立受到了梁茂成"语料库语言学四大领域论"的直接启发。自20世纪60年代崭露头角以来，语料库语言学已经给当代语言学研究带来了翻天覆地的变化。一般认为，语料库语言学的研究范式分为两种："基于语料库"的研究、"语料库驱动"的研究。① 梁茂成从多个角度对这两种范式进行了离析,并创造性地将语料库语言学所涉及的领域划分为四个:"语料库驱动"的语言学研究(处于核心圈)、"基于语料库"的语言学研究(处于核心圈外围)、将语料库应用于语言教学的应用语料库语言学研究(处于第三圈)以及语料库在语言学外围学科中的应用研究(处于最外层)。② 这种分法,对于字料库汉字学无疑具有非常重要的理论指导意义。我们尝试借鉴梁茂成的分法,也将字料库汉字学的研究领域概括为四个部分:

处于核心圈的是"字料库驱动"的汉字学研究。这类研究对字料库的依赖程度最高,它以字料库作为出发点和唯一的观察对象,以新理念和新方法对与汉字直接或间接相关的各类现象进行界定和描述,用来揭示汉字创制、发展和演变的深层次规律,并试图提出全新的汉字学理论观点。其核心工作是汉字构形属性及构形关系的描写。由于它排斥任何理论预设,所以字料库中的字料只能以元数据形态存在,除来源、形态等客观属性外,其他属性均不能按照已有的汉字学理论进行标注。

处于核心圈之外的是"基于字料库"的汉字学研究。它主要是利用字料库对已有的汉字学理论或假设进行再探索,目的在于验证或修正已有的汉字学理论。在此过程中,字料库被视为一种可靠而非唯一的研究资源和工具。由于它不排斥其他理论预设,

①前一种范式似乎可以称之为"语料库语言"学,而后一种范式则可以称之为"语料库"语言学。

②梁茂成.语料库语言学研究的两种范式:渊源、分歧及前景[J].外语教学与研究,2012(3);梁茂成.语料库、平义原则和美国法律中的诉讼证据[J].语料库语言学,2014(1):25—26.

所以字料的各种属性需要预先根据已有的汉字学理论进行尽可能科学详实的标注。

处于第三圈的是应用字料库汉字学研究。理论的价值只有通过实践才能体现出来。汉字教学和中文信息处理是当前汉字学最重要的两个应用领域。应用字料库汉字学研究主要是把字料库及字料库汉字学理论与各层次、各类型的汉字教学结合起来，与当前中文信息处理的迫切需求结合起来，利用字料库汉字学理论和字料库所提供的字料来解决汉字教学和中文信息处理过程中遇到的各种实际问题，提高教学和信息处理的效率。

处于最外层的是字料库在其他学科领域中的应用研究，比如训诂学、音韵学、词汇学、辞书学、书法学、古籍整理、字体设计等等。这类跨学科研究完全不排斥已有理论的指导，而且字料库所提供的字料也只被视为一种辅助性资源，学者可以从字料库中提取研究所需要的各种字料资源，以便加快研究进度，提高研究效度。

字料库汉字学是以字料库中的字料为基础开展研究的一门学科，以上四个层次的研究，前两者属于理论研究，后两者属于应用研究。无论是理论研究还是应用研究，都必须秉承"用数据说话"的研究理念，都要依托汉字字料库这一便捷高效的平台，以真实文本中出现的字料为界定和描述汉字现象的起点。不过，从内到外每个层次对于字料和字料库的依赖程度依次递减，对于已有汉字学理论的依赖程度依次递增。

按照这种"四大领域论"的分法，字料库汉字学的研究领域能被较好地整合起来。这样做，既可以凸显字料库汉字学研究对象的地位，又可以调解"字料库驱动"与"基于字料库"两种研究范式之间的矛盾，还能拓宽字料库汉字学的研究范围和应用领域，对于推动尚处于成长状态的字料库汉字学健康快速发展具有重要的作用。

第二节　字料库汉字学的学科性质

一、字料库汉字学具有社会科学和自然科学双重属性

一门学科的性质主要是根据其研究对象来确定的。字料库汉字学以"字料库中的字料"为基本研究对象，因此，这门新学科必然兼有社会科学和自然科学双重性质。

之所以说这门学科具有社会科学的性质，主要因为真实文本中的汉字字料是字料库汉字学研究的基本对象。众所周知，作为整个社会文化体系的有机组成部分，文字是人类社会发展到一定阶段的产物，是一种依存于社会的文化现象，具有鲜明的社会属性。文字会随着社会的发展而产生相应的变化。王凤阳认为，"文字的发展变化受社会诸因素的制约，尤其是受社会关于书面记录和交际的需求量和文字承载量的制约，这是文字发展的一个普遍的规律。"[①]汉字是一种典型的文字形态，自然也必须把社会属性作为其根本属性。以汉字字料作为研究对象的字料库汉字学也必然具有社会科学属性。

之所以说这门学科具有自然科学的性质，主要是因为其研究对象来源于"字料库"。从本质上来说，汉字字料库是一种依靠计算机手段建设而成的数据库，其建设过程可以划分为规划阶段、需求分析阶段、设计阶段、实现阶段、字料采集阶段、字料标注阶段、使用及维护阶段等七个阶段。这其中每一阶段的工作都与计算机数据库和软件开发技术直接相关。此外，字料检

---

① 王凤阳.汉字学[M].长春:吉林文史出版社,1989:24.

索、对比、统计、筛选、导入、导出等主要功能的研制开发除了需要汉字学知识外,还需要借助软件编程技术才能完成。字料库的建设要以符合规范化、自动化、网络化、智能化及多功能化要求为终极目标。这一目标的实现,离开计算机数据库和软件开发技术,是根本无法想象的。因此,字料库汉字学又具有显著的自然科学属性。

在汉字字料库中,字料居于绝对核心的位置,是字料库汉字学研究最重要的内容,数据库只是字料的载体,因此,相比于自然科学属性,社会科学属性应该是字料库汉字学的主要属性。

二、字料库汉字学具有理论科学和应用科学双重属性

一门学科的性质还可以从它侧重于理论研究还是应用研究这个维度来确定。字料库汉字学既重视理论的总结概括,又重视理论在实践中的应用,它具有理论科学和应用科学双重属性。

字料库汉字学的研究领域主要分为两大类,一类是理论性很强的"字料库驱动"及"基于字料库"的汉字学研究,它对汉字字料库本体、字料库汉字学以及汉字学理论进行充分、深入地跨学科研究,重在通过字料库中提供的大规模字料来揭示汉字的本质,探索汉字发展演变的基本规律;另一类是在汉字教学和中文信息处理领域的应用字料库汉字学研究以及跨学科中的字料库应用研究。它要对汉字字料库及字料库汉字学在诸多应用领域中遇到的具体问题进行分析研究,创造性地解决这些问题,具有很强的目的性和可操作性。"字料库驱动"及"基于字料库"的汉字学研究可以为字料库汉字学的应用研究提供理论指导,而字料库汉字学的应用研究不仅能为理论的运用开辟广阔的领域,还能促进理论的进一步丰富和完善。这两类研究

领域共同支撑起了字料库汉字学的大厦,二者应该良性互动,协调发展。

总而言之,字料库汉字学需要同时使用汉字学和信息科学两方面的知识与技术,是一门特色鲜明的具有综合属性的交叉学科,它既具有社会科学属性,也具有自然科学属性,而社会科学属性是其主要属性。字料库汉字学又具备理论科学和应用科学双重属性,在具体研究过程中,这两种属性应该同样得到重视,否则会使字料库汉字学的研究缺乏后劲,不利于字料库汉字学各研究领域的均衡、充分发展。

第三节　字料库汉字学研究的主要内容

任何学科都是因为要解决某些专门的重要问题而产生的,所以说,要创建一门新的学科,首先必须有足够多的值得独立考察研究的新问题。这些问题,构成了新学科研究的主要内容。作为一门独立学科的字料库汉字学,其研究内容主要是在汉字学及相关领域中与研发和应用字料库直接或间接相关的各种理论和实践问题。具体来说,包括但不限于如下三方面主要内容:字料库本体研究及实体建构、基于字料库的汉字属性与汉字整理研究、字料库汉字学应用研究。下面分述之。

一、字料库本体研究及实体建构

这是字料库汉字学研究的基础性内容。对字料库本身研究不系统、不透彻,没有大量具有一定规模的类型丰富的字料库作为基础,字料库汉字学的研究就是无源之水,无本之木。因此,字料库本体研究及实体建构应该被摆在整个研究的首要位置,而且二者应该

互相促进,不可偏废。它主要考虑以下五个方面的问题:

(1)字料库的设计和开发:主要考虑字料库的建设目的、主要功能、具体类型、建设规模、开发工作所需资源、开发成本、开发进度、质量监控、可扩展性等等。

(2)字料的采集:主要考虑文本版本信息、元数据采集、样本采集、字料获取方式、图文数据格式、字符集编码设定、字料分类及选取原则、各类入库字料的代表性等等。

(3)字料的标注:包括字料属性库的建设、标注原则、标注方案、标注内容(包括公用信息、基本属性信息、汉字构形信息、字际关系信息等等)、标注规范、标注方式、标注深度、标注质量检验等等。

(4)字料库系统的建设:包括数据加工与维护(字料切图、识别、校对、存储形式、索引、系联、导入导出、修改、删除、备份与恢复等)、字料自动加工(属性自动标注、标注质量的检验)、用户功能(检索、筛选、统计、对比、打印、权限管理等)、基于网络的字料库管理与应用平台。

(5)自动、辅助软件开发:研究和开发处理字料的算法和自动、半自动软件工具,用以解决字料库建设及字料库汉字学研究各领域中的问题。比如批量切图、字料的计算机图形描述、字料自动批量比对、机器自动标注、标注结果图形化展示、不同类型字料库的对接等等。

以上五方面的内容,目前都还缺乏非常深入系统的研究。字料库是从语料库类推出来的一个概念。语料库的发展势头可以说相当迅猛,有学者把研究者在"前电子时代"经手工采集的语料集合称为"语料库1.0",并认为语料库现在已经发展到了4.0——多

模态语料库。① 语料库的发展过程积累了非常宝贵的经验，值得
字料库开发研究去借鉴。与此同时，因为语言和文字是两种不同
的符号系统，字料库与语料库在建设目标、所能提供的功能以及
数据的存储、管理模式等方面均不相同，②所以，必须考虑字料库
建设与研究的特殊性，简单套用语料库实体建构的模式，一定会
产生水土不服的现象。

二、基于字料库的汉字属性与汉字整理研究

这是字料库汉字学研究的主要内容。其范围包括但不限于
以下九个方面：

(1)汉字字样属性描写与研究。③ 字样是指在同一种形制下，
记录同一个词，构形构意相同、写法也相同的字。它是汉字认同
别异的基础单位。④ 汉字字样属性包括书写单位(线条或笔画)、
书写方法、书写风格、字体类型、字形变体等等。在字料库所提供
的大量真实字料基础上，我们可以对汉字书写单位、书写方法及
字体类型的历史变迁进行细致地描写和充分地解释，也可以对各
阶段汉字字样的书写风格进行横向和纵向的比较研究，还可以对

---

① 黄立鹤. 语料库 4.0：多模态语料库建设及其应用[J]. 解放军外国语学院
　学报,2015(3):1.
② 李国英,周晓文. 字料库建设的必要性与可行性[J]. 北京师范大学学报(社
　会科学版),2009(5):50—51.
③ 李运富认为汉字具有形体、结构、职用三个方面的本体属性。对汉字的研
　究可以从外部形态(字样)、内部结构(字构)和记录职能(字用)三个平面入
　手。详见:李运富."汉字学三平面理论"申论[J]. 北京师范大学学报(社会
　科学版),2016(3):52—62.
④ 王宁. 汉字构形学导论[M]. 北京:商务印书馆,2015:150—151.

字样的书写规律和变异规律进行实证性研究。

（2）汉字构形属性描写与研究。字形是汉字的本体，汉字构形属性的描写与研究是汉字学的核心内容。利用数据库技术，将不同时代、不同地域、不同载体、不同使用范围的汉字字形予以类聚，设置各种属性字段，建设可以满足汉字构形属性描写与研究的字料库。通过分析单字的构形单位、构件类别、构形理据、组合模式等构形属性信息，从无限多的千姿百态的具体汉字字料中归纳出汉字构形应该遵循的普遍规律，进而揭示汉字构形系统的基本特征，并可藉此验证历代主要构形模式学说的科学程度，进一步发展和完善汉字构形学理论体系。

（3）汉字构形系统对比研究。汉字构形系统是一个不断发展变化着的动态系统，仅对其作宏观、静态的观察分析，难以对汉字构形系统反映出的各种复杂现象做出科学合理的解释。依据汉字字料库，在对各历史时期不同书体的汉字构形系统进行调查描写的基础上，弄清楚汉字构形系统从古到今发展演变的基本面貌，并开展古今汉字构形系统内部及各系统之间的比较研究，探究汉字构形系统演变的主要规律和发展趋势，是字料库汉字学研究的主要课题之一。

（4）汉字书写属性研究。汉字书写属性包括运笔和结体两大方面，其内部又包括笔数、笔形、笔顺、平面图式等小类。字是写出来的，书写会对汉字形体结构产生直接的影响。"汉字书写者对于字形简便、有别和美观的追求及书写时有意无意的'变异'，都是导致汉字形体变化的重要因素，而汉字形体变化往往又导致汉字结构模式的改变。"[1]因此，对汉字书写属性的描写，无疑具有

---

[1]张素凤.谈书写对古汉字结构的影响[J].兰州学刊，2013（9）：180.

重要的研究价值。字料库能够提供规模化、系统化的真实文本中出现的字料,这些字料是研究汉字书写属性的可靠材料,可以用来描写和解释不同书写者所写下的字料的个体差异和总体特征,能够让基于字料库对书写风格的描写和解释更加客观和深入。

(5)汉字字用属性研究。汉字字用属性包括字义信息(本义/引申义/假借义)、字音信息(古音、今音、正音、又音等)、字频信息以及字词及字际关系信息。通过字料库中的汉字音义信息处理平台,系统整理汉字音义信息,梳理汉字音义发展演变的基本脉络和规律,可以不断丰富与发展汉字音义理论。另外,通过调查统计各历史时期汉字使用的频度,区分出汉字的通用等级,描写汉字使用频度在不同历史时期、不同应用领域的变化情况,找出其变化的主要特征和内在规律,可以为当前的汉字字频研究和汉字规范研究提供参考资料。对字词及字际关系信息的调查描写,建设汉字字词、字际关系巨系统,对于疑难字词的考释、全汉字的整理研究、字典辞书的编撰修订以及古文献的训释工作都具有重要意义。

(6)全汉字整理与统计研究。汉字整理与规范是保护汉字资源的一种重要手段。彻底整理从古到今记录汉语语词所创造的、所书写的汉字形体资料,按照字形单位原则和构造功能原则,[①]统计各种书体(载体)系统所包含的字样、字位及字种数量,考辨疑难俗字,总结汉字构形和书写变异规律,沟通字际关系,归纳整理异写字、异构字,确定字位主形及字种正字,优选出传统汉字的规范形体,最终完成历时汉字字料"树结构"的建构工作。

(7)语篇汉字与字书汉字比较研究。汉字字料库中采录的字

---

① 李运富.汉字汉语论稿[M].北京:学苑出版社,2008:65—69.

料根据其原始存现环境可以分为语篇文字和字书文字两种,它们分别来源于使用领域和贮存领域,都是全汉字整理不可或缺的重要资源。两者之间既密切关联,又各有特点,其异同之处的描写和归纳工作需要借助大规模字料库才能更好地完成。

(8)字书汉字断代研究。依托字书字料库开展有关字书所贮存历史汉字的时间层次的调查研究,把字书所收汉字形体的来龙去脉考察清楚,考察这些字在历代字书中层积和流变的真实状况,离析出转收字、新收字、形体变异字,确定它们在整个汉字系统中所处的位置,以便全面认识各历史时期汉字的基本面貌,为历时汉字的系统整理、当今汉字的科学规范、大型字辞书的编修完善等提供一手材料。

(9)中外汉字比较研究。调查汉字文化圈内朝鲜、韩国、日本、越南等国家汉字的创制、使用及流变情况,比较几种汉字在造字、书写演变方面的异同,梳理汉字向汉字文化圈内其他国家传播、渗透和发展演变的基本脉络,进而探究民族文化与心理因素在汉字创制使用过程中所发挥的重要的内化作用。另外,历史上汉字也对国内其他少数民族文字的创制产生过重要影响,比如古彝文、古壮字、西夏文、契丹文、女真文、水书、女书等等,都是直接或间接受汉字影响而创制的。① 通过建设汉字字料库和我国少数民族或其他国家表意文字字料库,开展基于字料库的比较文字学研究,对于汉字传播史以及表意文字之间的比较研究都具有重要的价值。

---

① 陆锡兴.汉字传播史[M].北京:语文出版社,2002:前言.

三、字料库汉字学应用研究

字料库汉字学是一门实践性、应用性很强的学科,脱离了应用,就理论而谈理论,会使它失去进一步发展的基础和动力。可以说,应用研究是字料库汉字学研究内容中最接地气的部分。它大致包括以下五种:

(1)各层次汉字教学研究。字料库及字料库理论可以应用于包括义务教育阶段汉字教学、高中及大学阶段汉字教学、对外汉字教学、书法教学等在内的汉字教学实践,从而有效促进汉字理论研究与汉字教学实践良性互动,在提高汉字教学整体水平与质量的同时,促进应用字料库汉字学理论的进一步发展。这方面已经有学者进行了卓有成效的尝试。比如北京语言大学建设的"外国学生错字别字数据库"已经在促进汉字理论研究与汉字教学实践良性互动、提高对外汉字教学水平与质量方面发挥了重要作用。[①]

(2)全汉字 UNICODE 编码研究。UNICODE 是一种国际标准编码,能够实现跨语种、跨平台的应用,目前最新的 13.0 版收录的汉字达九万多个,但仍然有很多真实文本中出现过的缺字亟待补充。通过从字料库中提取、整理并向国际标准化组织提交未收录字形资料,与相关国家及组织通力协作,可以分批次完成全汉字的 UNICODE 编码工作。于 2011 年启动的"中华字库"工程是一种超大型的字料库工程。它以文字学深入研究为基础,拟将

[①] 北京语言大学"外国学生错字别字数据库"课题组."外国学生错字别字数据库"的建立与基于数据库的汉字教学研究[J].语言教学与研究,2006(4):1—7.

真实文本中所有出现过的汉字形体和少数民族文字形体汇聚起来，并制作满足各种应用需求的字体字符库。这一工程无疑会在全汉字 UNICODE 编码研究过程中发挥非常重要的作用。

（3）字典编纂研究。以往字典的编纂，无论是字头的设立、字形的优选，还是音义的归纳、书证例证的选取，基本上都要靠人工完成，诸如字头漏收重收、字形转写错误、音义漏收或误置、书证例证缺失或时间靠后等问题，在这种条件下是无法避免的。利用字料库提供的海量资源，很多工作可以交由计算机完成，后期予以人工干预即可，可以有效提高字典编纂的效率，大幅度提升字典的品质。字料库将成为未来字典编纂最基本、最可靠的资源。

（4）字体设计与制作。当前计算机字体种类繁多，包括宋体、楷体、仿宋体、黑体等等，整体看来规范程度较高，但字形风格比较死板。一些组织和个人开始依据古籍字形设计制作中文复刻字体。比如国内方正电子开发的方正清刻本悦宋体、方正金陵体、方正萤雪体以及文悦科技开发的康熙字典体、文悦古体仿宋、仪凤写经体、隶辨隶书体、古典明朝体等，日本"欣喜堂"也设计了包括麻沙体、志安体、嘉兴体、毛晋体、聚珍体等在内的 24 套高质量古籍字体，①这些字体设计与制作的基础是需要有大批量、成系统的古籍手写或印刷字形，而字料库正好能够提供这种基础性资源，如果能够很好地利用这些汉字字料图片，无疑会拓宽字体设计和制作的选材范围，提高字体设计制作的速度和效率，满足艺术设计的迫切需求，而且还能缩短在古籍艺术字形设计和制作领域国内与国外的差距。

---

① 日本欣喜堂汉字书体二十四史，http://www.kinkido.net/Chinese/Chinese.html.

其他比如字料库汉字学与语料库语言学对比研究、古今社会用字规范及现代用字标准制订研究、汉字字形发展史研究、古籍文献数字化处理及校勘整理研究等等，都是字料库汉字学能够直接关涉到的研究内容。可以说，字料库汉字学的研究拥有一片十分广阔的天地。

需要特别强调的是，字料库汉字学建立在字料库所提供的大量真实字料基础上，无论是字料库本体研究及实体建构，还是基于字料库的汉字属性与汉字整理研究，或者字料库汉字学应用研究，都离不开对字料的充分考察与描写。不过，"从科学研究的角度说，无论哪个学科，对事实的考察和挖掘固然重要，但它毕竟只是研究的基础，还未达到真正意义上的科学研究。真正意义上的科学研究，必须对考察、挖掘所得的事实及其观察到的内在规律做出科学的解释，并进一步从中总结出具有解释力的原则，升华为理论，能用这些原则、理论来解释更多的事实，从而使学科得以自立，得以发展。"①所以，我们必须对考察、描写所得的字料事实及其规律做出科学的解释，并进一步从中总结出具有普遍解释力的原则，升华为汉字学理论，能用这些原则和理论来解释更复杂多样的汉字现象，更好地指导当前及未来的汉字整理与汉字学及相关学科的研究工作，这才是真正意义上有价值的字料库汉字学研究。

第四节　字料库汉字学的研究方法

任何学科的研究都离不开特定方法的支撑。没有研究方法，

---

① 陆俭明.汉语语法研究中理论方法的更新与发展[J].汉语学习,2010(1):3—10.

一门学科的研究就算不上是真正的研究。作为一门新兴学科,字料库汉字学也有其研究方法,主要包括以下五个:字料库驱动和基于字料库的研究方法、定性与定量相结合的方法、共时与历时相结合的方法、实证与内省相结合的方法、学科知识综合交叉的方法。① 具体分析如下:

一、字料库驱动和基于字料库的研究方法

如前所述,"字料库驱动"的研究方法是自下而上的归纳方法,它依托的是生字料库,生字料库是这种研究形成科学假设的唯一源泉。我们通过充分观察、合理统计和全面分析从生字料库中提取出来的字料信息,对这些字料信息所反映出的汉字现象进行充分描写,藉此构建全新的汉字学理论来对这些汉字现象进行充分解释。"基于字料库"的研究方法是自上而下的演绎方法,它依托的是熟字料库,不反对字料库标注和理论预设。我们先要根据已有的汉字学理论、个人经验等提出问题或假设,接着从熟字料库里检索、类聚、描写和统计字料信息,最终实现对现有汉字学理论或假设进行验证或修正的目标。字料库驱动和基于字料库的方法其要求和难度均不一样,应该根据研究的实际情况进行融

---

① 王平将数据库汉字学的研究方法概括为数据、分析和理论,并且认为数据库汉字学研究方法具有以下独特性:以出土文献字料及其使用情况作为汉字的研究对象,因而具有实证性;以传世字书中保存的汉字形音义内容作为验证汉字发展演变及其使用规律的条件,因而具有可靠性;以数据分析方法,作为汉字定量定性分析的依据,因而具有准确性。详见:王平. 数据库汉字学刍议——以魏晋南北朝石刻用字数据库与断代汉字发展史研究为例[A]. 华东师范大学中国文字研究与应用中心:中国文字研究(第十七辑)[C],上海:上海人民出版社,2013(1):160.

合汇通,才能够对复杂的汉字现象进行深入广泛的描写和解释,并创建全新的汉字学理论。

二、定性与定量相结合的方法

定量与定性结合是科学研究过程中经常采用的研究方法,也是字料库方法的基本特点之一。字料库汉字学中的定量是依据一定的理论与经验对字料库中收录的字料进行宏观层面"量"的分析,它对字料的研究以演绎为主,我们要事先建立假设并设置具有因果关系的各种字段变量,然后使用字料库所提供的查询、对比等各种功能对这些字段变量进行调查分析,从而验证我们预定的假设。字料库汉字学中的定性是依据一定的理论与经验对字料库中收录的字料进行微观层面"质"的分析,它对字料的研究以归纳为主,试图在此基础上建立假设或形成理论,帮助我们对定量研究所发现的汉字发展变化规律及其原因进行整体性分析,以便更加深入全面地认识汉字现象的本质。在实际研究过程中,定量与定性方法各有优长,最好能互相结合。

三、共时与历时相结合的方法

在漫长的历史发展进程中,汉字字形与字体都发生了许多变化,汉字构形演变发展的具体规律隐含在大量的不同时代的具体汉字形体当中。对它们的考察,既不能忽视对历时的整个过程的分析,也不能忽视对共时的某个阶段的分析。历时字料库中所存储的字料信息属于不同历史阶段所产生的汉字字形,即使是共时字料库,其字料信息的描写与解释仍然无法彻底摆脱历时角度的考察和分析。为了能够对历时积累下来的汉字现象进行全面深入的描写和解释,我们需要将静态的共时描写与动态的历时分析有机结合起来,在共时平面的研究中进行历时层面的关照,全面关注汉字的整体结构和系统。

四、实证与内省相结合的方法

从本质上来看,语言学是一门实证科学。利用字料库开展汉字研究,同样也属于归纳性、实证性的研究。不过,实证研究并不能完全取代学者的内省。① 在对字料库中所提供的大量真实字料进行充分观察、描写与解释的基础上,可以比较科学准确地揭示汉字发展演变的内在规律。但字料库所能提供的字料终究是有限的,如果只重视字料的搜集与罗列而忽视学者个人内省,字料库汉字学研究的道路就会越走越狭窄。因为如果缺少了内省方法的介入和学者的主观能动分析,对汉字现象进行定量或定性分析就无从谈起,自然也无法得出有价值的结论。因此,在字料库汉字学研究过程中,必须将实证与内省有机结合起来,既要把字料库作为研究基础,充分发挥其在客观反映汉字实际情况、有效检验汉字学假设方面的价值,又要积极调动学者的主动认知能力和观察、思辨能力,通过必要和恰当的内省,从纷繁复杂的汉字现象中寻找规律,对假设加以检验或修正。唯有如此,才能够更为客观、准确地总结和把握汉字内在规律,构建汉字学相关理论。

----

①英国著名语料库语言学家 Sinclair 认为,"如果你熟知自己所观察的语言,就无从逃避直觉。哪怕研究者想直接观察语料,如果不使用直觉,也几乎是不可能的。"他反对的不是直觉,而是纯粹依赖直觉创建的理论和模型,因为这些理论和模型很难充分描述和解释自然的语言现象。转引自:李文中.语料库标记与标注:以中国英语语料库为例[J].外语教学与研究,2012(3):342.

五、学科知识综合交叉的方法

学科交叉方法的使用有利于拓宽学术视野,启迪创新思维,推动学科快速发展。字料库汉字学是一门特色鲜明的交叉学科,必须利用学科知识交叉的方法开展相关研究工作。具体来说,字料库及各种辅助工具的设计和开发需要借助计算机数据库技术,字料属性标注需要使用汉字学及辞典学知识,字料数据的统计分析需要使用统计学手段与统计工具,字料库应用研究又会涉及汉字教学、古文献学、字体学等多学科知识。由此可见,合格的字料库汉字学研究者除了具备开放性科学思维和创新精神之外,还必须具备扎实的多学科专业知识基础,知晓多学科知识综合交叉在字料库汉字学研究过程中的重要性,并能熟练运用该方法解决实际问题。

第五节　字料库汉字学的研究步骤

科学规范的研究步骤是获得可靠结论的基本保证。字料库汉字学研究必须结合汉字和汉字字料库的实际情况,按照科学研究的基本步骤进行,才能得出正确的结论,形成科学的汉字学理论。

利用汉字字料库进行汉字学及相关学科的研究,首先要建设具有一定规模、规范性较强并且具有可操作性的汉字字料库。汉字字料库建设的核心步骤包括:先依据计算机数据库知识、软件开发知识、古典文献学知识和其他相关知识做好字料库系统的设计与开发工作,然后选择待加工文献,将文献彻底电子化,并使用技术手段将字料录入数据库,最后形成可供汉字学及其他相关学科研究使用的字料库。按照是否对字料进行汉字学属性的深层标注,最终形成的字料库可以分为生字料库和熟字料库两类。熟字料库的属性标注工作需要汉字学理性知识、个人经验知识以及其他相关知识的支撑。

字料库汉字学的研究领域不同,其研究步骤和研究方法也存在一定差异。每类研究都要首先设计好研究方案,并选择适当的研究路径和研究方法。"字料库驱动"的汉字学研究和"基于字料库"的汉字学研究是字料库汉字学最重要的两大研究领域,下面主要对它们的研究步骤进行举例说明。

一、"字料库驱动"的汉字学研究

"字料库驱动"的汉字学研究属于经验主义的规范研究,它依托的是生字料库,生字料库是这种研究形成科学假设的唯一源泉。其研究方法是自下而上的归纳方法,完全由字料数据直接到理论。研究者确定要研究的问题后,首先对生字料库中的字料进行检索,之后对检索到的部分生字料进行观察、类聚、描写和统计分析,通过定性,研究者可以依据字料反映出的总体特征概括总结出一个或多个假设,之后再从广度和深度两个维度进行归纳整理,以便进一步证实或证伪假设。一旦假设被证实,就可以形成全新的汉字学理论或规则(当然,假设也可以被推翻)。

例如,要进行多版本《说文》小篆字形的比较研究,首先需要选择不同版本的《说文》文本,将其电子化后,提取小篆字头字料入库。入库的字料只进行最简单的文献学和词典学属性标注,比如版本类别、所在页码、列及字序号、所属文字学部首等等。① 通

①这种最简单的标注可以称作"标记",以与真正的汉字学标注区别开来。

过对多版本《说文》小篆字料库中字料的检索、分类和统计，可以初步概括出一些假设：小篆字形的差异主要体现在线条长短、线条类别和摆放位置方面，而且书法风格差异要大于文字构形差异；一小部分体现在构件层面的增删讹误上，但不至于引起整字构形理据的根本变化。继续扩大范围并进行深入归纳，最终形成对多版本《说文》小篆字形异同比较的理性认识。① 对字料库所提供的字料反映出的基本事实进行彻底归纳和有限分类，是整个研究过程中最核心的工作内容。

二、"基于字料库"的汉字学研究

"基于字料库"的汉字学研究属于实证研究，依托的是熟字料库，其研究方法是自上而下的演绎方法，先有理论，然后用字料数据去验证它。研究者首先要根据已有的汉字学理论、个人经验等提出问题或假设，作为整个研究工作的开端。接着从熟字料库里检索字料，并对字料进行类聚、描写和统计，采用定量研究的方法，得出初步的结论，通过深入挖掘相关字料数据，并进一步分析阐释，最终实现对现有汉字学理论或假设进行验证或修正的目标。

例如，针对历代字书中汉字层积及流变的基本状况和规律，我们认为，历代字书具有浓厚的层积气息，后代集成性的字书都

---

① 在《说文》五种版本 540 部首中，小篆字形不同者共 127 个，约占部首总数的 24%。部内字字形中，小篆字形不同者共 3632 个，约占部首总数的 33%。字形不同可分为线条差别（线条类属不同、线条交接不同、线条数量不同）、构件差别（构件本身不同、构件数量不同、构件置向不同、构件布局不同）等。详见：王伊佳基于字料库的《说文》五种版本小篆字形比较研究[D].渤海大学硕士学位论文,2018。

是先转录前代字书中的已收字,再增补一些未收字,然后按既定原则整理加工后形成的。① 时间越往后,字书汉字数量越多,字形越复杂。这种观点属于宏观分析和总结,由于缺乏大规模实证性数据作为支撑,其可靠性以及可靠程度尚需在调查分析大量字书汉字数据的基础上进行验证和修正。字料库可以为基本状况和规律的微观分析和总结提供大量可观察、可量化的汉字字料,有利于提高研究结果的信度,增强其科学解释力。在建设字书字料库的基础上,我们采取抽样调查的方法,在字料库中检索从《说文》至《汉语大字典》共十五本具有层积关系的字书中的《系部》字料,②并按照共收字形、单见字形、歧出字形三种类别进行分别统计,对其中的异写字、异构字现象进行调查描写。结果显示,历代字书收字数量并非总是随着时间的推移而逐渐增加,从东汉到元代,字书收字数量保持上升趋势;明代收字数量呈起伏不定状态,整体来看则呈下降趋势;从清代到现代,收字数量又重新保持上升趋势,上升幅度较大。历代字书中《系部》的共收字形只占23.88%,单见字形和歧出字形分别占 38.77% 和 37.35%。字书收字在层积过程中出现了大量异写现象。在 539 个非单见的字组中,出现异写的有 419 个,异写比例达到 77.74%。单见字形大部分都是异写字形。字形歧出是因为后代字书漏收了已有字形或者字形发生了异写。这样,相比起宏观分析和总结,基于字料库的客观调查分析,其研究结果就比较全面、深入和科学了。

　　至于应用字料库汉字学研究和字料库在其他学科中的应用

---

① 柳建钰.《类篇》新收字考辨与研究[M].沈阳:辽宁大学出版社,2011:4.
② 十五本字书《系部》字料总数为 10353,单书去重后总数为 9527,综合去重后总数为 1336。详见本书第十二章相关分析。

研究,字料库所提供的是与教学、中文信息处理以及其他学科研究所需要的字料,只要遵循一般的科学研究步骤,也应该能够取得非常不错的成果。

第六节　字料库汉字学的学科地位

在前文探讨的基础上,我们这里继续讨论字料库汉字学的学科地位。要讨论字料库汉字学的学科地位,首先应该明确什么是学科。有学者认为,"当代科学研究中通称的学科概念……指一定科学领域的认识过程及其知识门类,是既对应于又从属于某门科学的相对独立的研究活动及其方法体系和知识体系,是特定科学领域内的事实和概念系统,是具有相同或类似知识的集合体,是按一定原则和方法建构成的具有内在联系和彼此相关的有组织的活动及其成果载体的知识体。"①任何一门学科要想真正成为独立学科,研究对象、研究领域、概念体系、研究程序、研究方法等内容缺一不可。我们试据此来讨论字料库汉字学的学科地位,看看它是否具有成为独立学科的资格。

首先,字料库汉字学具有独特和固定的研究对象与领域。汉字学从不同角度可以划分出不同的分支学科。王宁将其划分为汉字构形学、汉字字体学、汉字字源学、汉字文化学四个分支。李运富从"形体、结构、职用"三个平面出发划分为汉字形体学、汉字结构学、汉字职用学三个分支。如果从时间上来讲又可以划分为古文字学、近代汉字学、现代汉字学三个分支。但是,就目前各分支学科的研究内容来看,还没有任何一个分支学科是专门对字料

①杨天平.学科概念的沿演与指谓[J].大学教育科学,2004(1):14.

库中所存储的字料进行全面、深入、系统地研究的。字料库汉字学研究的对象是字料库中所存储的真实字料,研究目的在于探索汉字形体发展演变和汉字应用规律,验证或建立包括字际、字词关系理论在内的全新的汉字学理论体系。其研究领域包括"字料库驱动"的汉字学研究、"基于字料库"的汉字学研究等在内的四大方面,这也是汉字学其他分支学科所不能完全涵盖的。因此,从研究对象与领域来看,字料库汉字学与汉字学其他分支学科界域清楚,具有成为独立学科的资格。

其次,字料库汉字学具有比较完整的理论框架和概念体系。字料库汉字学理论框架包括而不限于以下内容:学科定义、学科性质、建立背景及条件、学理依据、学科地位、与相关学科的关系、研究的理论及现实意义、概念系统、内部分类、研究对象、主要研究内容、研究原则与方法、研究步骤、发展趋势、字料库汉字学的应用研究、字料库实体建设研究等。这些内容具有一定的内在逻辑关系,将共同搭建起比较完整的字料库汉字学理论框架。对于这些问题,尽管现在学界研究还不太充分,但不影响字料库汉字学成为独立学科的资格。

最后,字料库汉字学具有固定的研究程序和方法。成熟的研究程序与研究方法是一门学科能够独立的重要标志之一。前文说过,字料库汉字学的两大领域"字料库驱动"的汉字学研究与"基于字料库"的汉字学研究分别采用了不同研究步骤,在研究过程中,要采用包括字料库驱动和基于字料库的研究方法、定性与定量相结合的方法、共时与历时相结合的方法、实证与内省相结合的方法、学科知识综合交叉的方法等在内的诸多方法。一些方法因为本身具有普适性,所以其他学科,比如语料库语言学、汉字构形学等也会使用,但它们所针对的对象并不一样,其独特性仍

然能够体现出来,因此这并不影响字料库汉字学的学科独立
地位。

　　总之,字料库汉字学具有独特和固定的研究对象与领域,具
有比较完整的理论框架和概念体系,也具有固定的研究程序和方
法。尽管这一新兴学科目前发展相对比较缓慢,离彻底成熟还有
很长一段距离,但这并不影响它作为汉字学分支学科的独立
地位。

　　以上,我们对字料库汉字学的学科定义、研究领域、学科性
质、主要研究内容、研究方法、研究步骤、学科地位等七个方面的
问题进行了初步探讨。需要指出的是,由于目前学界对字料库汉
字学研究关注度仍然较小,所以很多问题都还缺乏全面、系统、深
入的研究。但我们完全有理由相信,字料库汉字学是具有强劲的
生命力和美好的发展前景的,就像基于语料库的语言学已经成为
语言研究的主流一样,基于字料库的汉字学也将无可置疑地成为
"大数据"时代汉字研究的主流。"现代语料库方法刚一出世就受
到双重的压力,即在理念上因历史的包袱而不见容于当时的学术
主流,在技术方法上又受制于当时的计算机软、硬件技术水平。"①
因此,最初语料库语言学发展之路并不顺畅,但现在俨然已成一
门显学。和语料库方法最初的境遇不同,字料库方法既没有历史
包袱,当前的计算机软、硬件技术水平也有了极大的丰富和发展,
因此,字料库汉字学理应能够轻装前进、迅速发展。我们热切希
望从事汉字整理与汉字学研究的广大学者能够积极投身字料库
汉字学研究的工作中来,努力建设大量类型多样、标注科学的汉

---

①卫乃兴,李文中,濮建忠.语料库应用研究[M].上海:上海外语教育出版
社,2005:1

字字料库,并将汉字字料库视为汉字整理与汉字学研究的默认资源,进一步拓宽字料库汉字学研究的深度与广度,使字料库汉字学与语料库语言学齐头并进,共同推进语言文字本体研究及语言文字信息化工作不断取得新的更大的成就。

中　编

第四章　当前字料库与
"类字料库"建设概况

如前所述,利用计算机辅助开展语言文字学研究具有非常显著的后发优势,这种趋势在大数据时代更加明显。从 20 世纪 80 年代开始,国内外多个研究机构就已经相继开展了"类字料库"的建设工作,并且取得了令人瞩目的成绩,为汉字字料库的建设奠定了基础。进入 21 世纪以后,汉字字料库实体建设也取得了一些重要成果,在汉字整理、汉字学研究及其他相关领域研究方面展现出了勃勃生机。本章主要介绍目前大陆地区、港台地区及国外"类字料库"及字料库建设的基本情况。他山之石,可以攻玉。这些"类字料库"及字料库建设的宝贵经验对于我们建设字书字料库具有重要的启迪作用。

第一节　中国大陆建设概况

中国大陆比较成熟的字料库及"类字料库"主要包括以下七个:

一、北京师范大学字料库(BNUZLK)

北京师范大学字料库是国内首个语篇字料库,采用的是基于浏览器/服务器(B/S)的结构运行模式,由北京中易中标电子信息技术有限公司辅助开发。

该系统主要由两部分组成,一是单机操作模式的字料编辑采集系统,二是 B/S 模式的字料数据编辑检索系统。字料编辑采集系统主要完成原始图书的高精度扫描、文字识别或人工录入获取电子文本信息、基于原始图像的自动单字切图提字、以单字图为单位的属性标注等工作。编辑检索系统具有导入、编辑、代表形选取、检索以及导出等主要功能。

　　该系统的主要功能是将扫描后的文献原始图像入库,并进入字料采集系统进行单字图的切分采集,在采集平台将单字图与导入的释文文本进行逐字对应,平台自动提取单字坐标信息,再经过属性标注完成字料数据的采集。采集后的数据,包括原始文献图像、释文以及单字属性表等资源一并上传到服务器,经服务器由浏览器提供对全部数据资源的浏览、检索、类聚、筛选及导出功能。该系统支持国家标准GB18030-2005 汉字编码字符集,可显示汉字 70195 个。① 截图如下:

图 4.1　北京师范大学字料库截图

①周晓文,李国英,王颖,毛承慈.BNUZLK 字料库系统的建构与应用[A].
　北京师范大学民俗典籍文字研究中心:民俗典籍文字研究(第十三辑)
　[C].北京:商务印书馆,2014(1):114-115.

二、华东师范大学古今文字及历代字书资源库

古今文字及历代字书资源库①由华东师范大学中国文字研究与应用中心研制开发,其子系统包括《商周金文数字化处理系统》《战国楚文字数字化处理系统》等。

图4.2　古今文字及历代字书资源库截图

其中,商周金文检索系统收录了 2003 年以前已发表的青铜器铭文 13000 件,总字数 120000 多个。可以按器名、时代、国别、字数、出土、流传、现藏等多种路径进行检索,也可以实现铭文的全文检索。"战国楚文献检索系统"收录了 2005 年以前已发表的战国楚系简帛文、铜器铭文、玺印文、货币文文献,相关实物材料

①网址是:http://www. wenzi. cn/web/content. aspx? moduleid＝22&parentid
＝20

2267件，总字数达56689字。具有任意字、句的全文检索，任意字的频率数据检索，文献附著材料的各种属性检索，著录检索等必要的数字化处理功能，还具备逐字显示对应原始实物文字影像的功能。

三、魏晋南北朝碑刻用字数据库

魏晋南北朝碑刻用字数据库是由上海交通大学海外汉字文化研究中心王平教授研发的一个集数据贮存、多路径检索、数据分析于一体的大型专家数据库。该数据库共收录碑刻文献1123种，总字量30余万，不重复单字4220个，字种数量高达1万多。该数据库将文本与拓片以及单字与图片分别进行对应，可以进行全文检索，是目前收集魏晋南北朝碑刻文献全、检索路径多、查询复制便捷的大型汉字学数据库，为研究魏晋南北朝语言文字和历史文化提供一个便于检索、查询、复制的工作平台。

基于该库，目前已经取得的研究成果包括《魏晋南北朝石刻篆字与〈说文〉小篆构形比较》《魏晋南北朝石刻楷字变异类型研究》《原本〈玉篇〉的新收字——基于魏晋南北朝石刻语料库的调查》《基于魏晋南北朝碑刻数据库的〈说文〉重文调查》《魏晋南北朝碑刻楷字变异类型研究》等等，不仅填补了断代汉字发展史研究之空白，也体现了数字化平台支持下的汉字基础研究的最新发展。

四、汉字全息资源应用系统

"汉字全息资源应用系统"[①]由北京师范大学中国文字整理与

---

① 网址是：http://qxk.bnu.edu.cn

规范研究中心、汉字研究与现代应用实验室负责研发,旨在充分运用当前的数据库技术、信息挖掘技术、图形处理技术、可视化技术等现代化手段,在整合已有汉字信息资源的基础上,全面测查和描述现代通用规范汉字及古籍印刷通用汉字的形、音、义、用、码等多维属性体系,从现实应用的角度构建一个科学、系统、高效、实用的汉字全息资源应用平台,有效满足不同领域汉字应用的多元化需求。

汉字全息资源应用系统主界面如下:

图 4.3　汉字全息资源应用系统截图

检索系统分为单字检索、综合检索、专书检索、历代字形和帮助五部分,点击对应栏目跳转至对应页面。

单字检索可以全面呈现汉字形、音、义、用、码五类属性信息。"形"包含"繁体字""异体字""部首""笔画""笔顺""造字方法""结构类型""构形模式""构形层级"和"历代字形"等属性。"音"包括

"现代音""近代音""中古音""上古音"。"义"列举了不同时期主要的字书、训诂书、韵书、现代字词典中的释义。"用"展示该字在古代和现代的应用情况,包括"语料库字频"和"古籍用例"。"码"展示该字的输入、存储和查询等使用的编码,用户可以根据需求自行选择相应的字符集(包括常用 3500 字字符集、通用规范 8105 字字符集、古籍印刷通用 16490 字字符集、历代汉字 16489 字字符集和 UNICODE81722 全字符集)。

综合检索是通过条件查找字形,使用者可以通过设定字符集以及形、音、义、用、码等条件进行交叉检索,检索结果以列表的方式呈现,列出所有符合条件的字形;对于展示的信息,可通过勾选属性前面的复选框来控制需要显示的信息。专书检索分为说文类、字书类、韵书类、训诂类、现代字典类和综合系联几个部分。历代字形检索以楷定字为线索,分为已释字和未释字,使用者可根据字头检索甲骨文、金文、战国文字、秦文字、隶书、楷书等汉字字形及相关属性。

该系统主要面向基础教育及汉语国际教育领域、文字学及相关专业领域专家学者、国内外文化爱好者提供汉字全息资源服务。

五、简化汉字字料库

简化汉字字料库[①]由陕西师范大学孙建伟博士研制。该数据库目前收录了清末民国时期 19 种简化字表中的字形成果,按时代先后顺序排列。检索目标字,可以获得这一时期某一目标字下的所有简化字成果。在检索时,可以在全库内以关键字的方式检

---

① 网址是:http://219.244.71.173/index

索,也可以选择某一本论著,检索其中的简化字成果;同时,还可以浏览某一本书中的所有简化字成果。该数据库是目前收录汉字简化历时字料最全的一个字料库。

简化汉字字料库界面如下:

图 4.4 简化汉字字料库截图

图 4.5 简化汉字字料库检索示例

六、外国学生错字别字数据库

　　外国学生错字别字数据库是由北京语言大学利用语料库和数据库技术手段，以外国学生在汉字学习过程中出现的大量错字别字真实文本和原始字形为基础开发的数据系统和信息平台。该数据库语料内容系统，数量充足，分布均衡，信息完备，加工细致，用户界面友好，检索方便，具有充分的开放性和可维护性。

　　外国学生错字别字数据库主要包括样本库模块、数据库模块和用户功能模块三部分。样本库模块用于存放语料库的电子样本；数据库模块又具体包括语料属性库、作者属性库、汉字信息库和错字别字信息库；用户功能模块面向用户，根据用户的需要来检索、统计和提取数据库中各种数据和信息，可以输出语料中错字、别字的各种数据，生成学生的各种非规范字使用情况表，进行字频、字次的数据统计，还可以查找错别字或其他非规范字的出处，进行字形结构分析等等，是开展外国学生的错字别字（包括类型、频率及分布）研究不可多得的研究工具。[1]　值得称道的是，为了去除书写者的书写个性，直观一致地描述语料中出现的错字字形，该数据库基于笔段网格汉字字形描述方法描述错字，可以很方便地基于汉字字形进行错字处理。[2]

---

[1]北京语言大学"外国学生错字别字数据库"课题组."外国学生错字别字数据库"的建立与基于数据库的汉字教学研究[J].语言教学与研究，2006（4）：1－7.

[2]戴媛媛.基于语料库统计的高级阶段非汉字文化圈学生作文正误字对比分析[J].世界汉语教学，2014（3）：411－421.

七、中国历代墓志数据库

中国历代墓志数据库①由浙江大学图书馆古籍碑帖研究与保护中心研发,2017 年 5 月正式发布。

该数据库主要收入历代墓志为主的拓片资源,共分历代墓志、馆藏拓片、中国宗教、名家书法等四个子库。现有各种墓志、拓片数据 7000 余条。所收资源包括浙江大学图书馆馆藏拓片和已经公开发表的历代墓志资料两大部分内容。

该数据库可以进行简单检索和高级检索,可检索字段包括题名、责任者、金石所在地、金石年代、关键词、录文等 14 种。以"字"为内容对"录文"进行简单检索,界面如下:

图 4.6 中国历代墓志数据库截图

点击检索结果,可以显示具体信息:

①网址是:http://csid.zju.edu.cn

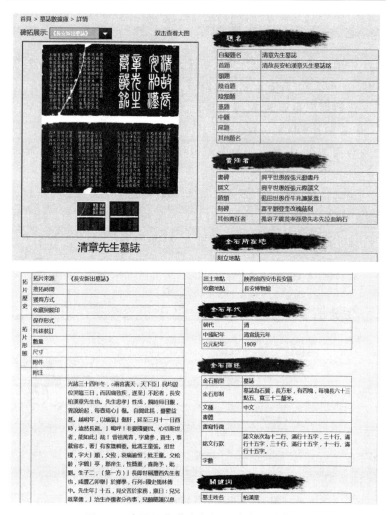

图 4.7　中国历代墓志数据库检索详情截图

　　由上图可以看出，该数据库内容相当丰富，但录文目前尚不完整，录文与拓片暂时也不能直接对应。另外，还存在不少用"■"标示的缺字,对检索精度会有一定影响。该数据库的远景目标是建设成为全球最完善的墓志数据库和最重要的学术交流平台。

第二节 港台地区建设概况

港台地区比较成熟的"类字料库"主要包括以下三个：

一、台湾"中央研究院""小学堂文字学数据库"

"小学堂文字学数据库"①是由台湾大学中国文学系、"中央研究院"历史语言研究所、信息科学研究所共同开发的一个集形、音、义于一体的综合型文字学数据库,可提供用户根据文字的形、音等属性先检索出字头,再通过字头连接到个别的形、音、义数据库或字书索引。

图 4.8 小学堂文字学数据库截图

截至 2020 年 7 月 1 日,该数据库收录的字形涵盖甲骨文、金文、战国文字、小篆及楷书,总数达 222045 字。其中,甲骨文字头 2548 个,字形 24701 个;金文字头 3642 个,字形 23836 个;战国文字字头 13424 个(未去重),字形 70557 个;小篆字头 9831 个,字形

---

①网址是:http://xiaoxue.iis.sinica.edu.tw

11101 个;楷书 91850 个。收录的声韵资料涵盖上古音、中古音、近代音、官话、晋语、吴语、徽语、赣语、湘语、闽语、粤语、平话、客语、其他土话,总数达 1341886 笔;收录的字书索引来源包括《汉语大字典》《说文解字诂林》正补合编、《新甲骨文编》《新金文编》等 27 种,数据达到 361341 笔。

二、台湾"国家教育研究院""异体字字典"

"异体字字典"①自 1995 年开始编辑,其主要目的一方面在于为"利国字教学、书写沟通以及信息发展"而订定"正字"并树立用字标准,另一方面在于"保存文字历史",试图以正字系联其他音义相同的异体写法,可供语文教育及学术研究利用,并可作为计算机中文内码扩编的基础。目前为正式六版,改用 UNICODE 字符集进行页面显示。

图 4.9　异体字字典截图

----

①网址是:http://dict.variants.moe.edu.tw

　　该字典汇集整理了 62 种古今字书文献中的异体字形,共收正字 29921 个,异体字 70955 个。每个正字下一般包含以下五方面资料:1.正字之字形、字音与字义;2.正字之古今文献形体资料;3.正字相应之历代异体字形;4.异体字形依据之关键文献;5.异体字形之专家研订说明。用户可据以了解每个正字的标准字体、字音、字义、形音义演变脉络、历代异体字形以及异体字形的依据文献、构形理据等内容。

　　该字典提供了多样化的查询方式,主要包括部首查询、笔画查询、单字查询、复合查询、注音查询、汉语拼音查询、仓颉码查询、四角号码查询等 8 种。

　　单字界面分为三个窗口。上窗口从左至右分别陈列正字号、字形、相关内容点选键、辅助功能键。中窗口呈现相对应正字的异体字列表和附录字,统一使用字图显示。下左窗口呈现两部分内容:1.正字字号、字形及字形属性(含部首、部首外笔画数、总笔画数)、说文释形、读音(包括注音字母及汉语拼音)、释义。2.异体字关键文献及研订说明。下右窗口呈现正字形体的文献截图,以便于资料核对。①

　　点击异体字栏中的任一字形,会自动跳转至该异体字说明界面。例如点击第一个字形"肐",会显示如图 4.10 所示信息。

　　异体字字头下不仅会显示关键文献内容,还会显示研订说明,以方便用户了解"我""肐"之所以形成异体关系的证据及原因分析。

---

①因为涉及著作权,形体资料表中以黑色字体显示的原始文献资料不能直接公开显示,需要用户申请后方可提供参考。

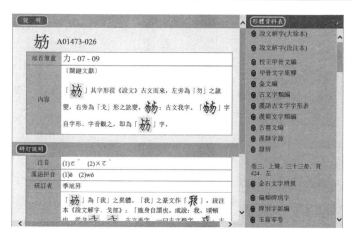

图 4.10　异体字字典检索详情截图

三、香港中文大学人文电算研究中心"汉语多功能字库"

汉语多功能字库①旨在为中文教学提供丰富的参考资源,于 2014 年正式上线,2018 年推出加强版。

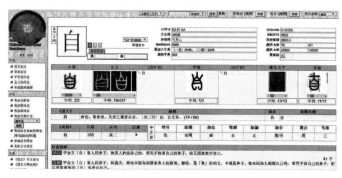

图 4.11　汉语多功能字库截图

①网址是:http://humanum.arts.cuhk.edu.hk/Lexis/lexi－mf/

该字库提供"检索"和"浏览"两种使用模式。在检索模式下，可以执行汉字字头检索、普通话拼音检索、粤语拼音检索以及"形义通解"部分的全文检索。在浏览模式下，可以执行字形浏览、语音浏览、古文字部件浏览以及形义源流通解浏览。

该字库所收录的古文字种类包括甲骨文、金文、简帛文字、其他古文字及小篆等。2018 年加强版共收录 15397 个字头。其中 1143 个字头有甲骨文，1973 个字头有金文，2263 个字头有简帛文字，2488 个字头有其他古文字，7361 个字头有小篆。[①] 小篆字形主要包括《康熙字典》与《说文》中的小篆。金文图片资料能够显示器名、时代及该器物在《殷周金文集成》中的编号。甲骨文图片资料能够显示书名出处（包括《甲骨文编》《甲骨文字典》《甲骨文字诂林》《甲骨文合集》《小屯南地甲骨》《甲骨文合集补编》《英国所藏甲骨集》等）。简帛文字收录从战国至汉初竹简和帛书上的文字（包括郭店竹简、上海博物馆藏竹书、包山楚简、望山楚简、云梦睡虎地秦墓竹简、马王堆汉墓帛书等）。其他古文字资料包括传抄古文字（包括《说文》中的古文、籀文、或体、俗字、《汗简》《古文四声韵》和《康熙字典》中的古文）、玺印文字、古陶文字、货币文字、石刻文字（如诅楚文、石鼓文、侯马盟书等）。"部件树"以树形图的形式列出甲骨文或金文所从的部件。"形义通解"不仅会以简明的文字概括汉字的构形初义，而且还会辅以传世文献进一步分析该字的字形演变和具体用法，该部分共为 5195 个汉字提供了字形字义的详细解释，具有较强的科学性和实用性。

---

① 另有 7651 字无古文字字形。所收录《广韵》数据为 10742 条。详见"字库统计"：http://humanum.arts.cuhk.edu.hk/Lexis/lexi—mf/stats.php

第三节　国外建设概况

国外比较常用、规模较大的字料库和"类字料库"主要是日本东京大学研发的"石刻拓本资料库"和字形维基(GlyphWiki)。

一、日本东京大学"石刻拓本资料库"

"石刻拓本资料库"①收录了我国从汉代至中华民国期间的5050 幅碑刻拓片资料,支持汉字检索。

图 4. 12　石刻拓本资料库截图

---

① 网址是:http://kanji. zinbun. kyoto－u. ac. jp/db－machine/imgsrv/taku-hon/t_menu. html

点击链接后会显示拓本所属刻石的名称及具体年代。页面末有"文字检索"栏,输入欲检索的汉字,回车后即可显示该汉字在拓本资料库所收石刻拓本中的所有单字切图。字图可以复制或保存。例如检索"文",其结果如下图所示:

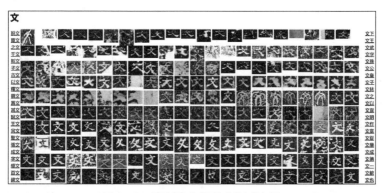

图 4.13　石刻拓本资料库"文"字图

左侧与右侧分别为上下文关联字,点击会出现相关语境信息。点击字图,则会自动下载 djvu 格式的拓片,拓片采用了图文双层格式,支持选择、复制、检索等功能,方便核对。但该资料库在字形处理上采用了"认同、替代"的基本原则,大部分异写字都直接替换成了字种正字。

二、字形维基(GlyphWiki)

GlyphWiki[①] 是一个旨在对宋体(minchō－style)汉字字形进行登记与管理的共享平台,为生僻字的显示问题提供了一种比较完美的解决之道。任何使用者可以自由地在 GlyphWiki 上查找、

---

①网址是:http://zhs.glyphwiki.org/wiki/GlyphWiki:首页

使用、登记、编辑和管理汉字字形。该平台现有超过 58 万个字形（同字合并后则是 34 万余字），支持简体中文、繁体中文、日语、英语及韩语界面自由切换。

图 4.14　GlyphWiki 首页截图

GlyphWiki 为所有字形都赋予了名称。因此，使用者可以按照字形名称搜索字形。另外，也支持手写搜索。以"戒"为例，搜索结果包括如下几个部分：

1. 基本信息

包括 UNICODE 编码、字图、不同国家（地区）电脑系统浏览器中所显示字形以及前后码位的汉字。

2. 关联字形信息

在 GlyphWiki 上注册的字形原则上都有直接关联的字符。这会将 UNICODE 中的一个字符与其各种变体字形连接起来。这其中又包括两部分，一种是字形变体信息。例如搜索"戒"字时，可以完整显示出与"戒"直接关联的字形变体信息：

u6212 (国際符号化文字集合・ユニコード統合漢字 U+6212「戒」) (@8)
字形维基(GlyphWiki), 自由的字形数据库

(SVG图像) (单字字体)

文字编码相关信息

- CHISE-wiki 🔗 (说明 🔗)
- Unicode Unihan Database 🔗 (说明 🔗)
- 您的浏览器中显示: 戒 戒 G ⊠ T ⊠ J 戒 K 戒 KP ⊠ V ⊠ H ⊠
- 前一码位: 我 (u6211)
- 后一码位: 或 (u6213)

(メタ情報の編集)

图 4.15 GlyphWiki"戒"基本信息截图

关联字形

关联字 戒 (u6212)

戒 (u6212) (=dkw-11548) (=aj1-01404) (=jmj-012066) (=juki-6212) (=koseki-130160) (=u6212-k) (=u6212-ue0100)

戒 (u6212-02)

戒 (u6212-02-var-001)

償 (irg2015-00239)

烕 (irg2015-01321) (=g-hzr3150807)

戒 (toki-01029180)

戒 (u2ff9-u6208-u2f890)

威 (zihai-020804)

戒 (hkcs_m6212)

戒 (hkcs_m6212-p02-s00)

戒 (hkcs_m6212-p02-s01)

图 4.16 GlyphWiki"戒"关联字形信息截图

另外一种是异体字形信息。GlyphWiki 也收录了大量异体字形信

息,并根据各种字表、工具书、今人考辨成果进行了有效沟通。如:

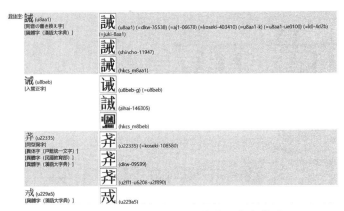

图 4.17　GlyphWiki"戒"异体字形信息截图

值得一提的是,GlyphWiki 还将汉字异体字信息进行了整合,并使用 Spring Graph 技术来直观显示异体字层级关系,是对异体关系树图理论的有益实践。例如:

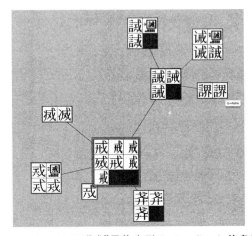

图 4.18　GlyphWiki"戒"异体字形 Spring Graph 信息截图

3.本字形内引用的其他字形信息

这是被检索字形所使用的基础构件字形信息。例如"戒"引用了"戈"字形。

4.引用了本字形的其他字形信息

该信息在检索界面上一般被隐藏。如果展开,则凡是以被检索字形为构件的汉字字形都会被显示出来,这对我们获取汉字字形拆分的基础构件信息非常有利。例如"我"的"引用了本字形的其他字形"如下:

图 4.19　GlyphWiki"我"被引用字形信息截图

通过以上介绍我们可以看出,当前国内外字料库与"类字料库"的建设无论在规模还是质量方面都已经取得了比较令人满意的成绩,这些字料库与"类字料库"在提升全汉字整理和汉字学研究信息化、科学化水平的过程中发挥着积极作用,因此能够获得汉字学界持续和广泛的关注。对于我们所要建设的字书字料库来说,这些字料库与"类字料库"在设计理念、架构搭建、字段设置、字料选取、标注体系、数据填充、功能集成等诸多方面都具有非常重要的参考借鉴价值,其中蕴含的智慧和成果值得我们进一步深入学习和挖掘。

需要指出的是,目前常见的各种电子版或纸质版"字形表"

"字形编"并不能等同于字料库,因为绝大部分"字形表""字形编"只能提供简单的汉字形体及归类信息,它不符合大型电子文字资源库的基本特征。即使是用 EXCEL 等电子表格加工成的字料文件,从严格意义上讲,离真正的字料库也还有较大的距离。一个完整的字料库,要包括字料信息录入与导出、信息标注、系联、查找、筛选、对比、整库备份与恢复、打印、用户管理等多项功能,这些功能还要实现最大程度上的自动化,建库的类型、规模和标注的层次也需要特别考虑。唯有如此,汉字字料库才能为汉字学及其他相关学科研究提供具有客观性、真实性、规模化、多功能、高度结构化的汉字数据信息。

第五章　字书字料库系统建设的 主要原则与基本流程①

　　一般来说，一个完整的数据库系统主要由计算机硬件、包括数据库管理系统（DataBase Management System，DBMS）、数据库应用系统（DataBase Application System，DBAS）和数据库（DataBase，DB）在内的计算机软件以及数据库系统中的人员三部分组成。三者关系可以图示如下：

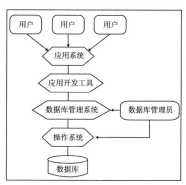

图 5.1　数据库系统构成示意图②

①作为阶段性成果，本章主要内容曾以《试论字料库系统建设的七个阶段》
　为题发表在《渤海大学学报》（哲学社会科学版）2015 年第 6 期上。此处又
　做了一些修改和完善。
②李俊山，叶霞，罗蓉，刘东.数据库原理及应用（SQL Server）（第三版）[M].
　北京：清华大学出版社，2017：4－6.

　　数据库是按一定的组织方式和数学模型组织、描述、存储在计算机上并能在一定范围内被用户共享的相关数据的集合。数据库存储的数据具有尽可能小的冗余度、较高的独立性和易扩展性。

　　数据库管理系统是数据库系统的核心软件，主要用来建立、管理和维护数据库，其功能具体包括数据定义、组织、存储、管理、操纵以及数据库建立、维护、事务管理与运行管理等等。

　　数据库应用系统是以操作系统、数据库管理系统、程序语言等作为软件环境，以管理某一应用领域的数据为基本目的，采用计算机数据库技术建立起来的应用软件系统，可以为相关用户提供数据支持和管理功能。数据库应用系统包括数据、物理存储器和数据库软件三个基本要素，一般可以简称为数据库系统。

　　数据库系统所涉及到的人员包括系统分析员和数据库设计人员、应用程序员、最终用户以及数据库管理员四大类。最终用户主要利用系统接口、查询语言或应用软件访问数据库，其他几类人员主要负责数据库系统的设计、实现、管控工作。当然，每类人员工作内容又有侧重点，此处不再详述。

　　字书字料库系统的开发主要包括后台数据库的设计、建立和维护以及前端应用程序的开发两方面内容。具体来说，我们要借助数据库开发软件在服务器硬盘上设计一套数据库，字书字料的各种信息都需要存储在数据库中。数据库应该满足数据一致性和完整性强、数据安全性高的基本要求。另外，我们还要开发面向用户的字书字料库软件，软件具备功能完备、界面人性化的特点，字料库用户通过字书字料库软件而不是后台数据库就能对数据库中存储的数据进行被授权的相关操作。整个开发过程要严格遵循既定原则，以便实现各种信息的系统化、规范化和自动化。

第一节　字书字料库系统建设的主要原则

字书字料库系统建设的主要目标是构建一个能够为字书汉字整理、汉字学及相关学科研究、汉字应用服务的大型字书汉字电子资源库。在整个建设过程中,所有工作都必须接受既定原则的指导。这些原则既包括数据库与软件开发的一般原则,①又包括字书字料库的特殊原则。现简要分析如下。

1.科学性

字书字料库系统的建设目标决定了科学性是这项工作所要遵循的首要原则。字书字料库系统建设的各项工作都要在语言学和汉字学理论指导下依托计算机数据库技术进行,字书字料库的功能设计及属性设置必须符合语言学、汉字学理论准则和数据库建设准则,设计者及主要参与人要具有交叉学科的意识。字书字料库的科学性还需要通过各项工作的标准化来保证。在字料数据的采集、审核、标注、存储、检索与维护等各个阶段都要制订相应的规范和标准并严格据以执行。

---

① 字书字料库系统包括后台数据库及前端软件两部分。软件质量可用以下
6 个特性及 21 个子特性来评价:功能性(适合性、准确性、互用性、依从性、
安全性)、可靠性(成熟性、容错性、易恢复性)、易用性(易理解性、易学性、
易操作性)、效率(时间特性、资源利用性)、维护性(易分析性、易改变性、稳
定性、易测试性)、可移植性(适应性、易安装性、遵循性、易替换性)。详见:
国家技术监督局.信息技术软件产品评价质量特性及其使用指南(GB/
T16260-1996)[S].北京:中国标准出版社,1996:420-421.

2.真实性

真实性是字书字料库的生命线,是字书字料库建设的基本要求。字书字料库是在大规模历代字书文本基础上生成的真实的汉字刻写形态的有序集合,它要按照统一标准集聚大量的保存有原始字形的文字信息,任何入库字料都必须是从真实字书文本上提取出来的原始字形,不能对笔画或构件进行人为修改。字料基本信息标注也要符合字书实际情况,不能对其物理属性进行随便更改或随意捏造。不真实、不准确的字料信息将会让字书字料库失去自身的特性和价值,依据这些字料信息所取得的研究结论也必然是不可靠的。

3.代表性

代表性反映的是不同时代、不同类型的字书字料在字书字料库中的组织与安排。杨惠中在谈到语料库的代表性时说:"语料库是否具有代表性直接关系到在语料库基础上所做出的研究及其结论的可靠性和普遍性。""对于一个无限的总体来说,在其他条件相同的情况下,样本越大则代表性越好。"①字书字料库也存在是否具有代表性的问题,它应该能够代表字书汉字的基本面貌。传世字书数量很多,字书字料在时代、书体、版本等方面会表现出一定的差别。鉴于目前还无法将所有字书字料全部收录入库,这就需要我们在充分调查字书总体状况的基础上,考虑各时期形书、音书、义书的不同特点,在一定的抽样框架范围内采集一部分有代表性的字书,既要保证字书字料库容量足够大,又要保证入库的各类型字书比例适中,使字书字料库中的字

---

①杨惠中.语料库语言学导论[M].上海:上海外语教育出版社,2002:133-
134.

料信息具有充足的代表性和普遍性，能够较好满足各类型、各层面的需求。

4. 规模化

字书字料库是运用计算机技术建成的具有一定规模的大型电子字书文字资源库。字书字料库规模的大小在很大程度上决定着其自身应用价值的高低。字书字料库需要最大限度地反映各个时期、各种类型字书中真实字料的全貌，只有规模足够大，才能为汉字学研究提供数量充足、类型多样、系统可靠的字料证据。从统计学的观点来看，字书字料库规模越大，它反映出的字料信息就越接近字书汉字的真实情况，其代表性也就越充分，能够提供给汉字学研究的字料也就越丰富，基于字书字料库的相关研究的科学性和客观性才能得到保证。① 当然，大也有度的问题。受字书获取的难易程度、字料数据的多寡、字料标注任务的复杂程度以及人力物力等多方面因素的限制，短期内字书字料库的规模不可能无限大。我们可以考虑采用分批建设、动态累增的方式来逐渐扩大字书字料库规模。

5. 前瞻性

字书字料库建设是一项需要循序渐进、长期坚持的系统工程，不可能一蹴而就。在特定阶段只能制定当前的短期目标和长期的总体规划。在取得建设经验与阶段性成果的基础上，分步发展，定期更新，动态扩充，逐步臻于完善。因此，字书字料库

---

① 有学者对汉语语料库大规模统计与小规模统计进行过对比，结果显示，语料库规模不同，统计结果会存在明显的差别，尤其是在覆盖率方面。详见：郭曙纶.汉语语料库大规模统计与小规模统计的对比[J].语言文字应用，2009(2)：130－141.

的建设要有前瞻性,软件开发要采取组件化设计,数据模块要高度集成,整体构架要考虑系统间的无缝连接,为今后数据库升级、系统拓展和功能集成留下扩充余量。属性库主要内容及归属在系统建设初期就要基本考虑清楚,在建设诸阶段也要具有一致性及可继承性,避免后期因大幅度调整而引起系统紊乱甚至崩溃。

6.先进性

字书字料库系统的建设应该充分学习和吸取国内外语料库、字料库及"类字料库"建设的成功经验,采用比较先进的规划理念和设计思想、成熟的数据库及软件开发技术,符合当前字料库建设的潮流与未来发展趋势,对接信息时代大数据背景下汉字整理与汉字学研究的技术要求,确保建成的字书字料库在今后较长的一段时间内都具有旺盛的生命力和自我调优能力。

7.共享性

共享性是指建设好的字书字料库可以在一定范围内扩散并被多个用户共同利用。在文献综述部分我们曾说过,当前字料库建设存在共享度不高的问题,在投入大量人力物力开发完字料库后,大多被束之高阁,外界只闻其名,却很难利用,其价值自然会大打折扣。通过扩散而共享字料库信息对于推动字料库研究和汉字整理研究工作具有非常重要的意义。鉴于此,在字书字料库系统建设之初,就要制订共享性的原则,全力支持字书字料库数据共享,这样不仅可以有效避免重复建设,最大限度发挥字书字料库的功能和效益,还能够通过示范作用促进字料库的扩散性发展,进一步推动字料库实体建设与字料库汉字学的研究工作。

第二节　字书字料库系统建设的七个阶段

虽然目前尚没有特别成熟和权威的字料库问世,但语料库开发技术已经相当成熟,所以在字书字料库系统开发建设方面,我们遵照数据库系统开发的一般过程,并参考国内外语料库建设的成功经验,①以结构化生命周期法(Life Cycle)为基本参照,将字书字料库系统的建设过程划分为七个阶段。下面简要说明每个阶段的主要工作及注意事项。

一、规划阶段

字书字料库系统的建设不能盲目进行,而应该首先做好必要性分析及可行性分析,确定所要建设的字料库系统是否必要及可行,只有最终得出了明确的肯定性答案,字料库系统的建设工作才可以继续推进。因此,在字料库系统的规划阶段,应该根据字料库用户的系统开发请求,依照汉字学及数据库相关原理的要求,对以下七个方面的问题进行初步调查:建设目的、主要功能、类型、规模、开发工作所需资源、开发成本、开发进度等等。

周晓文与李国英师认为,字料库建设对弘扬中华民族传统文化,保护世界文化遗产有重要意义;能够为国家语言文字规范政策的制定、为文字学、计算机中文信息处理、计算语言学、汉字教学及辞书编纂、计算机超大字符集的研制等提供基础数据,对汉字的发展与演变规律的研究,对汉字学研究方法及手段的创新等

---

① 何婷婷.语料库研究[D].华中师范大学博士学位论文,2003:23－31.

都具有重要的理论意义与实践价值。① 我们认为,字料库至少可以在以下十个领域体现出其独特的学术价值:字典编纂、汉字(字形、字类、字量)统计、汉字考证(疑难字、字际关系)、汉字字形发展史、汉字监控(社会用字规范及相关标准的制订)、各层次汉字教学(包括对外汉语中的汉字教学)、大规模汉字信息处理、商业美术字体设计与制作、书法教学及研究、古籍文献校勘整理等等。应用领域及主要目的不同,对字料库规模、字料采集程序等方面的要求也会随之不同。比如,用于中小学汉字教学的字料库,一般来讲,其字量不宜过大,限制在《通用规范汉字表》8105 个汉字以内即可。这和用于大型字典编纂的字料库的要求截然不同。用于汉字监控的字料库要求字料具有及时性,主要考察当前社会用字字样是否发生变异、变异种类、变异原因以及发展趋势等,这和其他种类的字料库也存在很大不同。在规划阶段,这些问题都要予以充分关照和研究。

　　前文说过,以字料库类型来说,我们可以从不同角度划分出不同类型的字料库。不同的字料库类型有不同的系统需求,需要分别研究和确定,以便各种类型的字料库既有较高的共通性,又能满足研究的个性需求。这方面的问题也需要慎重考虑并加以合理规划。

　　规划阶段产生的成果是字料库系统建设的必要性和可行性分析报告以及字料库系统建设规划纲要,包括总体思路、建设原则、建设目标、重点任务等内容。

---

① 周晓文,李国英.关于社会用字调查的研究[A].华东师范大学中国文字研究与应用中心:中国文字研究(第十四辑)[C].郑州:大象出版社,2011:161-170.

二、需求分析阶段

需求分析是整个字料库系统建设过程的基础,它决定着字料库系统建设的速度与质量。在这一阶段,程序员和字料库用户要立足于系统的功能性要求,围绕"数据"和"处理"两个核心内容,共同收集字料库系统所需要的信息内容和用户对字料信息处理的具体要求,在深入分析这些内容并将其规范化的基础上,形成字料库需求说明书。

具体说来,需求分析阶段的主要工作包括但不限于:调查字料库系统所关涉的所有实体及实体之间的关系与性质,调查字料元数据需求,调查字料库中应该存放的字料类型和各类字料所占比例,界定字料库核心数据的种类、价值及其对可靠性、完备性等要求的程度。弄清楚字料库用户想在系统核心功能界面上看到哪些内容,分析字料库数据处理各个环节上的具体流程、控制字料库数据使用的主要规则以及系统功能与字料数据之间的关系,抽象出目标系统"做什么"的数据流程图。讨论字料库安全保密事宜,了解对字料库访问操作的基本控制要求。考虑字料库开发成本及开发进度等等。

需求分析将最终确定字料库系统的逻辑模型,也就是字料库包含哪些主要内容、可以划分为哪些功能模块以及能够完成哪些预期目标任务,这些内容都应该被明确记录在字料库系统需求说明书中,作为字料库系统设计阶段的基本操作指南,同时,也可以用作字料库系统正式投入使用后验证系统设计优劣的主要依据之一。可以说,需求分析阶段所形成的字料库需求说明书就是字料库用户和设计者之间的一份"合同"。

根据目前的研究目标,我们所设计的字书字料库包括四个功

能模块,分别是字料录入模块、字料检索模块、系统管理模块以及相关工具模块。各模块所包含的具体内容可以图示如下:

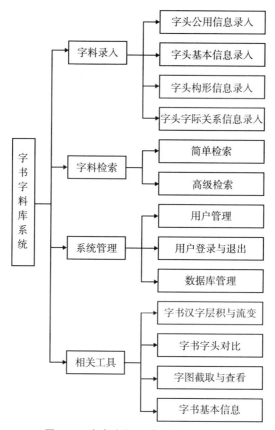

图 5.2　字书字料库功能模块示意图

三、设计阶段

字料库的设计是字书字料库系统建设过程中至关重要的一

环,这是因为如果字料库的设计不恰当,字料库用户将很难获得特定类型的字料信息,而且会增加检索到不准确甚至错误字料信息的风险,字料库系统便无法满足用户的字料信息检索需求。如果说需求分析阶段是确定字料库系统的逻辑模型,那么设计阶段就是遵循数据库规范化设计的原则来确定目标系统的物理模型,即解决字料库系统应该"怎样做"的问题。

字书字料库系统的设计可以分为概要设计和详细设计两类。前者需要对包括字料库系统的基本处理流程、组织结构、模块划分、功能分配、数据结构设计和出错处理设计等在内的软件系统设计进行通盘考虑。后者则主要考虑字料库系统具体模块所涉及到的主要算法、数据结构、类的层次结构及调用关系,以便将来进行编码和测试。

这其中最重要的工作又包括两个方面。首先,设计字料录入加工模块、字料检索模块、应用模块(包括各功能模块的功能组成、调用关系等内容)以及字料库结构和内容组成。要充分考虑字料库的选材结构是否具有平衡性,即字料库中的字料是否具有覆盖面广、代表性强等特点。这些工作主要按照"自上向下、逐步分解"的方法完成。其次,设计字料库系统的输入和输出内容。用户界面包括登录界面、录入加工界面、检索界面以及应用界面等四部分,界面要可视化、美观大方、操作便捷、信息准确,并且具有一致性。在输入设计中,要遵循最小量、简单性、早检验及少转换的原则,保证字料库用户在用户界面上能方便灵活地进行输入操作,并及时发现和纠正输入错误。

四、实现阶段

这一阶段主要是配置计算机软硬件系统,设计字书字料库的

存储结构,开发字书字料库管理及检索程序,初步调试和测试字书字料库系统,并编写相关说明文件。具体说来,其主要工作包括:

1.选择字料库系统开发工具

根据系统分析与设计的结果以及字料信息处理的要求选择合适的字料库设计软件。比如,在设计字料数据库系统时,可以考虑使用 SQL Server 2014 软件,[①]因为该软件具有综合统一、高度非过程化、面向集合的操作方式、以同一种语法结构提供多种使用方式、语言简洁、而且易学易用、对于数据统计方便直观的特点,可以在很大程度上减轻字料库系统设计的工作强度,加快设计速度,从而提高设计质量,为基于字料库的汉字学及相关学科研究奠定比较坚实的数据库基础。

2.编写字料库系统代码

这一工作主要是遵循代码设计的原则将字料库中相关的数据代码化,以便下一步实现信息分类、核对、更新、统计和查询等基本功能。代码结构应该规范化,具有可读性,整体表述清晰合理,代码冗余量控制在最低。可以考虑选用 Microsoft Visual Studio 2017 中的 C++和 MFC(微软基础类库)框架作为代码编写工具。这是一个目前使用非常广泛并且先进的应用程序开发软件,规划工具灵活敏捷,包含众多高级建模、发现和体系结构工

[①]SQL Server 是典型的大型关系型数据库系统,另外还有一些小型的数据库系统,比如 Foxpro、Access 等。Access 系统操作比较方便,比较适合没有编程基础的人使用,但在专业性方面与 SQL Server 还有较大差距,而且大量实践证明,当 Access 数据库体积超过 50M 时,数据库的整体响应就会变得非常缓慢。因此,我们没有使用 Access 系统。

具,开发成本较低,可以比较方便高效地设计出供字料库用户使用的人性化、高质量的应用程序。

3.实现字料库应用系统

这项工作主要是使用选定的开发工具建立字料库、建立各级字料数据之间的关联、设置字料库应用系统中的功能模块(比如字料加工模块、检索模块、对比模块、字头筛选、字书字料层积与流变等),研制字料库建设所需的自动、半自动辅助开发工具,录入(或导入)部分字料样本,保证各级数据的完整性,建立储存过程,最终集成为一个完整的数据库应用系统,以供字料库用户方便地使用。所实现的字料库系统应该具有开放性,允许一个或多个用户与存储在字料库中的字料数据进行交互(包括网络远程交互)。

4.字料库系统的调试与测试

一个字料库系统的各项功能基本实现后,还不能说整个字料库系统已经开发完成,还要在试运行阶段进行周密细致的调试与测试,这样才能保证字料库系统在实际使用过程中不至于出现严重的问题。字料库系统的调试与测试包括单元测试、组装测试和系统测试三个方面。可以将完成的初始版本寄送给相关汉字学或中文信息处理专家,广泛听取他们的意见和建议,以便进一步改善字料库系统的整体性能。

除此之外,本阶段还要加大对字料采集及标注人员进行前期培训的力度,编写字料库使用操作手册和有关说明书的工作也应提上日程。

五、字料采集阶段

字料采集阶段的主要任务是根据字料库的平衡结构和前期确定的采样原则采集字料,以便为后期的标注及测试打下数据基础。

字料采集不仅要保证有足够的量，也即规模必须要尽可能大一些，而且要充分考虑所采集字料的质。字料采集阶段的主要内容包括：

1. 采集字料的元数据

元数据（Meta Data）又称中介数据，为描述数据的数据（data about data），主要用来描述数据属性（property）的信息。缺乏元数据的字料库将不啻是一盘散沙，无法为汉字学及相关学科研究提供有效数据。字料的元数据主要包括字料的标志信息、获取地点、载体类型及名称、时代、作者、字体风格、文体、书写工具与方法、字数、版本信息、采集方式、采集人等，这些信息要逐一如实反映在元数据清单上。字料载体类型不同，其元数据的记录内容也会存在一些差异。比如甲骨文字字料相比纸质文字字料，就可以省略书籍版本信息项。

2. 采集字料样本

这方面的工作主要是将确定入库的字料样本转化为能在计算机上直接加工的影印件和电子版，将字料录入字料数据表中，并为每一个字料都赋予唯一的在库编号。字料库除了能够支持人工录入外，也应该支持机器自动扫描录入。可以考虑借助信息技术手段开发字料批量采集（如批量切图及 OCR 技术）程序，以便大幅度提高字料入库、筛选、比对和认同的效率。

字料采集阶段的工作量比较大，而工作程序和方式相对比较机械。不过，我们不能因此忽视字料采集这一基础性工作。字料是字料库系统加工的原始对象，是字料库系统的基础和灵魂。基础字料采集工作质量的好坏决定着字料库系统建设的成败。信息系统管理界有两句老话，"三分技术，七分管理，十二分数据"，"进入系统的是垃圾，你从系统中得到的也将是垃圾。"因此，这一阶段对于字料元数据及字料样本的采集要格外仔细，确保没有错误和疏漏。另外,对字料采集人员的培训工作也一点不能松懈。

六、字料标注阶段

数据在任何学科研究中都是一种根本性资源。数据处理的程度及好坏,直接影响研究工作的进程及研究结果的可信性。因此,字料的标注在字料库建设过程中具有举足轻重的地位。字料库并不是字料的简单堆砌。比照语料库的相关命名,我们将尚未标注的字料称作生字料,已经标注过的字料称作熟字料。熟字料的研究利用价值要远远高于生字料,这是因为字料只有经过深入加工,才能提供各种类型的汉字学信息,成为符合字料库汉字学研究要求的有用资源。字料库中字料标注的质量、类型的多寡及标注深度直接影响到可从字料库中挖掘出的信息的丰富性和准确性,在很大程度上决定了字料库的有用程度。

1. 字料标注的主要内容

字料的标注主要包括基本属性信息标注、汉字构形信息标注、汉字字际关系信息标注等。其中,基本属性信息标注是基础,标注信息具有客观性,不同类型字料库对于基本属性信息的标注会有所差异;汉字构形信息标注是核心,这一工作将通过字形构形属性的分析,最终建立一张字形关系网;汉字字际关系信息标注是重点,通过对异体关系、同源关系、同形关系、分化关系、本借关系、繁简关系、正讹关系等字际关系的标注,形成字际关系网,辅助字形关系网,构成汉字形、音、义巨系统。后面两种标注信息具有一定的主观性,也就说,标注者会把自己对于某种理论的认知附加在字料上,它是标注者将客观实际与主观认识相结合的产物。字料的标注还要事先依据相关理论设计出比较科学完善的属性表,以方便字料属性信息的录入和加工。

2.字料标注的原则与方式

字料库的标注是对字料库增加说明性的汉字学信息的过程。在这一过程中,要严格遵循预先制定的标注规范和标注原则。何婷婷认为语料库标注应该遵守七条原则,具体包括:(1)原始语料和标记符号的数据独立性原则;(2)语料标注的公开性原则;(3)语料标注的通用性原则;(4)语料标注的折衷性原则;(5)语料标注的一致性原则;(6)标注符号的确定性原则;(7)用户知情权原则等。[①] 郑家恒等则将语料库标注中常见的、有实际意义的原则归纳为六条,具体包括:(1)标注应该是可分离的,而且不能引起原始语料的信息损失;(2)提供详细清晰的文档;(3)标注体系在理论上应尽可能保持中立;(4)标注应该尊重实际;(5)实现标注的重用性;(6)实现语料的多功能性等。[②] 这些原则也适用于字料库的标注。在字料标注方式上,可以采取人工标注、机器标注以及二者相结合标注(机器标注后人工审核)三种方式。其中,第三种方式既能保证标注速度,又能最大限度避免标注失误,应该作为快速高效建设字料库系统的首选标注方式。

3.字料标注的程度

字料的标注程度根据研究目的可深可浅,但是为了基于字料库的汉字学及相关学科研究能够更便捷高效地获得有效数据,最好还是应该进行深层次标注。考虑到目前字料库标注方面的研究开展地还很不充分,初期的标注任务可以先定位在浅层次上,以后再根据相关研究结果逐级递增标注深度。

---

①何婷婷.语料库研究[D].华中师范大学博士学位论文,2003:74-77.

②郑家恒,张虎,谭红叶,钱揖丽,卢娇丽.智能信息处理——汉语语料库加
　工技术及应用[M].北京:科学出版社,2010:5-6.

七、使用及维护阶段

以上六个阶段结束后,字料库已经可以正常投入使用了。但字料库系统的建设过程并未终结,还需要对它进行不断调优和完善。这一阶段是整个字料库系统开发生命周期中最长的一个阶段,可以持续一两年甚至更长时间。

1.字料库系统的日常运行管理

如果缺乏科学的后期组织与管理,字料库系统就不能为汉字学研究提供及时、完整及准确的数据。在字料库投入使用后,日常运行的管理工作会相当繁重,比如校验和录入新字料数据、更新和清理已存储字料数据、程式化的数据汇总与交流、数据索引、系统备份与压缩存储、修改字料库平衡结构、调整字料库逻辑结构和物理存储结构、优化字料库代码、开发更有力的字料库应用软件等等。

2.字料库系统评价

字料库系统评价是保证字料库良好运行的重要环节。这项工作主要是由相关专家和字料库用户采用适当的评价标准对字料库设计、实现、标注及维护等诸多方面进行综合考察,看整个系统是否达到了预期设计的目标,在规范性、可用性、开放性、共享性、可维护性等指标上是否符合字料库用户的实际需求。以字料标注的评价为例,它收集和处理相关信息的工作要围绕字料标注展开,其评价内容应该主要着眼于字料加工的规范、程序和结果三个方面:字料信息属性库设计是否科学、字料标注是否严格按照既定原则操作、字料标注层次能否满足用户需求、字料标注自动化程度的高低等等。

3.字料库系统维护

字料库系统的维护工作(尤其是完善性维护)也非常重要。

因为在字料库系统的使用过程中，字料库用户会要求根据实际情况对原有系统功能进行扩充和优化，增加一些在前一版本字料库系统需求说明书中未列出的功能，或者改写相关代码来改进字料库系统的信息处理效率等等。这些都属于局部性的修改或调整。但如果字料库系统出现了不可调和的大问题，甚至出现崩溃，说明它已经不能满足研究工作日益增长的数据需求，就需要升级或者重新开发新的字料库系统。另外，计算机软硬件本身的升级及维护也应该予以重视。

第三节　字料库软件所用架构的选择

上文所论字料库系统建设的第二阶段是设计阶段，在设计阶段要考虑字料库软件所使用的架构。目前软件开发主要采用 C/S 与 B/S 两种架构。

C/S 架构又称 Client/Server 或客户/服务器架构。服务器通常采用高性能的 PC、工作站或小型机，并采用大型数据库系统，如 SQL Server、Oracle 等。客户端需要安装专用软件。它的优点是能充分发挥客户端 PC 的处理能力，很多工作可以在客户端处理后再提交给服务器，因此客户端响应速度快。C/S 性能强大，可以利用插件做出界面非常精美和复杂的表现形式。客户端维护也非常方便，适合开发比较复杂的系统。但软件开发成本相对较高。

B/S 架构又称 Browser/Server 或浏览器/服务器架构。它是随着 Internet 技术的兴起，对 C/S 结构的一种变化或者改进的结构。这种模式统一了客户端，将系统功能实现的核心部分集中到服务器上，简化了系统的开发、维护和使用。客户机上只要安装一个浏览器即可,从而简化了客户端电脑载荷,减轻了系统维护与升级的成本和工作量,降低了用户的总体成本。

但 B/S 架构也有其缺点。首先,和 C/S 架构相比,B/S 架构响应速度慢、界面单一,要想实现比较复杂的界面,需要使用组件对象模型(COM)来开发相对应的浏览器插件,无疑会增加软件开发的时间和成本。其次,浏览器兼容问题也是 B/S 架构系统的一大困扰,尤其操作系统升级和 IE 升级,对于 B/S 系统而言,会增加客户端的维护难度。更为重要的是,由于更新不及时,目前不少操作系统及相应浏览器(包括 IE 或 Chrome 及以 IE 或 Chrome 为内核的浏览器)都不主动支持 UNICODE CJK－B 及以后的扩展区汉字正常显示(除非安装非官方的专用超大字符集字体,比如中华书局宋体、天珩全字库字体、花园明朝等)。下表中展示了 UNICODE CJK 字集(V13.0)在 Windows 系统中的可显示情况。

表 5.1　UNICODE CJK 字集在 Windows 系统中的可显示情况①

字集内容	字数	字符显示说明		
		全部显示	部分显示	不能显示
CJK 基本	20902	√		
CJK 基本补充	87		√	
扩展 A	6592	√		
扩展 B	42718	√(Windows Vista↑)		
扩展 C	4149	√(Windows 8↑)		

①改编自字海(叶典)。详见 http://yedict.com/zsts.htm. UNICODE V13.0 在基本补充区、扩展 A 区、扩展 B 区新增的 20 多个字符在 Windows 10 中均无法显示。

续表

字集内容	字数	字符显示说明		
		全部显示	部分显示	不能显示
扩展 D	222	√（Windows 8↑）		
扩展 E	5762		√（Windows 10↑）	
扩展 F	7473			√
扩展 G	4939			√
兼容汉字	472		√	
兼容扩展	542		√	

　　而桌面 Windows 各种版本在我国的市场份额（2020 年 6 月 30 日）如下图所示：①

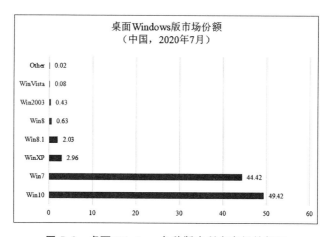

图 5.3　桌面 Windows 各种版本所占市场份额图

①资料来源于 StatCounter 全球统计数据网站。详见 http://gs. statcounter. com/windows－version－market－share/desktop/china.

　　由表中信息可知，如果不安装专用超大字符集，至少有一半的中国用户无法完整显示 CJK 基本补充、扩展 E、扩展 F、扩展 G、兼容汉字、兼容扩展区的 18000 多汉字，字书字料库中的汉字将只能以方框显示，这会严重限制字书字料库各项功能的有效发挥。因此，B/S 架构系统在处理 UNICODE 字符集方面存在较大的天然缺陷。最后，B/S 架构针对的主要是非专业的未知客户群，信息安全保障不如 C/S 严格。

　　由于我们所开发的字书字料库系统界面显示相对复杂，主要是面向相对固定的专业用户群，而 C/S 对信息安全的控制能力很强，可以对权限进行多层次校验，有利于保证字料库数据安全。再加上字料库系统需要处理大量 UNICODE CJK 扩展区汉字和图片文件，还需要配套开发一些字料库应用软件，这些因素都促使我们最终选择 C/S 架构来开发字书字料库软件系统。

　　在字书字料库建设过程中，尤其是后三个阶段，我们要按照"人机结合"的原则来处理所要完成的任务。计算机善于完成机械性的任务，因此，计算机工作的重点可以放在执行既定命令、重复操作等技术性层面，比如字料的获取、填充、检索、对比、导入与导出等，这样不仅可以大幅度提高效率和准确率，还能够有效节约成本。人具有无限的创造力，能够发挥主观能动性来解决前所未见的问题，因此，其工作重点应该放在任务指导和字料分析等知识性层面，比如字书的选择、属性库的建设、字料信息的挖掘与利用等。人机结合将在提高字书字料库建设速度和效度方面发挥不可忽视的重要作用。

　　以上，我们介绍了字书字料库系统建设的六大基本原则，对字书字料库系统建设的主要工作及注意事项分为七个阶段进行了初步探讨，并对字料库软件所用架构的选择问题进行了说明。

需要说明的是,字料库系统的开发不可能一蹴而就式地建立最优模式,而是一个需要反复探寻,逐步求精的过程,以上七个阶段在执行过程中并不完全是串行的,而是首尾相连,常常需要循环反复,不断调整,逐步优化。如前所述,一个完整的字料库系统是由字料库、字料库管理系统、支持字料库运行的软硬件环境、字料库应用程序和字料库管理员组成的。在建设字料库时,对每一部分涉及到的各种因素都需要认真考虑,反复权衡,各项工作都要以建设符合科学化、规范化、自动化、网络化、智能化及多功能化要求的字料库系统为终极目标。也唯有如此,才能构建出一套较好满足当前及未来一段时间内汉字整理、汉字学及其他相关学科研究需求的字料库系统。

第六章 字书字料库数据库
及软件的设计

在第五章中，我们介绍了字料库系统的建设过程的七个阶段。本章将主要介绍字书字料库数据库（尤其是数据表）的具体设计情况，以便清晰展示字书字料库的底层数据库框架。本章还将介绍字书字料库软件的设计情况，藉以展示字书字料库软件的设计过程、主要界面及具体功能，庶几可为将来同类型字料库的研发提供有益借鉴。

第一节 数据库概念与数据类型介绍

字书字料库数据库是关系型数据库。关系型数据库是建立在关系数据模型上的数据库，关系模型由一组关系组成，每组关系的数据都可以用规范化的二维表（表中不能再包含表）来表示。该二维表由表名（二维表名称）、表头（二维表中的列数、列名及类型）、表体（二维表中的数据）三部分组成。在关系模型中，实体及实体之间的联系都是用关系来表示的。

一、关系型数据库的基本概念

1.关系

以同类型元组为元素的集合。简单说，关系就是集合。一组关系对应一张二维表。在二维表中,行、列的次序并不重要。一个数据库中有多少个表,就有多少组关系。

2. 表

数据库组织数据的基本单位,它是一个二维的数据结构,由表名、列、若干行数据组成,数据库中的表看起来像是简单的电子表格。

3. 元组

二维表中的行,又称作记录。数据表中的数据都是按行存储。

4. 属性

二维表中的列,又称作字段。

5. 分量

二维表中每一行所对应列的属性值。

6. 域

属性的取值范围,即字段属性值的选择范围。

7. 数据类型

数据表中的每一列都有相应的数据类型,它用于限制(或容许)该列中存储的数据。

8. 键

属性(或属性组)的值都能用来唯一标识该关系的元组,则称这些属性(或属性组)为该关系的键。

9. 主键

用于唯一确定一个记录的字段,也称作关键字。一般来讲,一个关系中总要设置而且只能包含一个主键。主键一旦设置,轻易不要改变。

10. 索引

对数据库表中一列或多列的值进行排序的一种存储结构。

其作用类似于书的目录。使用索引可以大大提高定位和访问数据库中特定信息的速度。凡是数据量大且数据值杂、经常需要搜索的列、主键所在的列以及经常用于连接的列都应该建立索引。

11. 冗余

在数据表中存储两倍数据。适当的冗余可以使系统速度更快。

二、主要数据类型

我们所设计的字书字料库主要涉及三种数据类型：数字类、文本类、图片及文件类。

1. 数字类

字书字料库中的数字类字段，比如各种 id、数字编号等，均使用基本整型 int。

2. 文本类

字书字料库主要用来处理 UNICODE 汉字，汉字与英文字符不同，需要使用 2—4 个字节来存储。因此，数据类型必须固定为 nvarchar(n)，以免英文和汉字同时存在时出现混乱。

至于字符长度 n 的值，可以根据字段输入内容长度来决定。短文本（尤其是有下拉菜单的字段）设置为 50，较长的文本设置为 128 或 255，无法预知长度的文本设置为 MAX。

3. 图片及文件类

VARBINARY 类型存储的是二进制的字符串。由于图片及文件的大小无法预知，所以字节长度 n 的值设置为 MAX。

三、举例说明

下面是字书字料库中字头基本信息（音义）数据设计表以及

《原本玉篇残卷》部分音义数据截图。

列名	数据类型	允许 Null 值
id	int	☐
zitouid	int	☑
zhuyinfangshi	nvarchar(50)	☑
duyin	nvarchar(128)	☑
niyin	nvarchar(50)	☑
qiangu	nvarchar(MAX)	☑
shiyi	nvarchar(MAX)	☑
yuanshichuchu	nvarchar(255)	☑

图 6.1　字头基本信息(音义)数据表设计图

	id	zitouid	zhuyinfangshi	duyin	niyin	qiangu	shiyi	yuanshichuchu
888067	888067	821581	反切	口攀[攀]反			《穀梁傳》一殻不升謂之歉。劉兆曰歉，不…	
888068	888068	821582	反切	於利反			《說文》噎也。《聲類》不平也。野王案，	
888069	888069	821583	反切	於口反			《左氏傳》伏殺歐血。杜預曰歐，吐也。今…	
888070	888070	821584	反切	屋徒反			《太玄經》脂牛歐觥不滫。野王案，《說文…	
888071	888071	821585	反切	林戴反			《礼記》車上(口)不廱欤。野王案，欤…	
888072	888072	821586	反切	其表、於施二反			《說文》啻鼻也。《坤蒼》也。《廣雅》…	
888073	888073	821587	反切	呼伏反			《說文》且逆聲也。一曰小笑也。	
888074	888074	821588	反切	呼及、尸業二反			《漢書》丹楊郡有歙縣也。	
888075	888075	821589	反切	於紏反			《說文》怒皃(兒)也。《聲類》名呦字也。	
888076	888076	821590	反切	丑山、欠凡二…			《說文》吣啦，无懔也，一曰无廱意也。《…	
888077	888077	821591	反切	且吏反			《尚書》群黎離次。孔安國曰次，伍也。周…	
888078	888078	821592					《聲類》古文次字也。	
888079	888079	821593					《字書》么古文次字也。	
888080	888080	821594	反切	苦康反			《穀梁傳》四殻不升謂之歉。劉兆曰歉，虚…	

图 6.2　字头基本信息(音义)数据表(《原本玉篇残卷》)内容图

　　在截图中,包括 888067－888080 共 14 行,也即 14 条记录。有 9 列,也即 9 种属性。id 为主键,不允许留空,也即其分量不能为 null 值。zitouid(字头 ID)由字书字料库软件根据所录入字书字头信息自动生成,全库不重复的 zitouid 保存在 zitouid. dbo 中,与字头一一对应。两种 id 的数据类型都是 int。zhuyinfangshi(注音方式)、niyin(拟音)、duyin(读音)、yuanshichuchu(原始出处)、qiangu(前诂)、shiyi(释义)的数据类型均为 nvarchar,域值从 50 到 max 不等,并且其值允许留空。以上属性除了 id 和 zitouid 外都要被检索,因此都设置成"可索引"。

第二节　字书字料库数据库的表设计

由于字书字料库本身涉及的内容比较多,因此,我们设计的字书字料库数据库共包括 35 个表。这些数据表可以按照主要内容分为如下 5 类:字头基本信息类、字头构形属性类、字头字际关系类、数据库操作类及其他类。下面对其中 22 个主要数据表的设计情况进行分类介绍。

一、字头基本信息类

字头基本信息是字书字料库所有信息中最基础的内容。字头基本信息有些可以从字书文本中直接获取,比如字头所在页码、字序号等等,这部分信息可称作基本数据。另外还有一些则必须经过对字头信息进行整理研究才能获取,比如字位主形、字种正字等,我们称之为衍生数据。字头基本信息类数据表主要存储字书字头的基本数据信息及一些相关衍生数据信息。

字头基本信息类共包括 9 个表,分别是 zitou、zitouid、zitougongyongxinxi、zitoujibenxinxi、zitouduyinxinxi,以及 ztjbxx_yinyi、ztjbxx_citiao、ztjbxx_canzhengwenxian、ztjbxx_tuwenbeizhu。

(一)zitou 表(字书字头表)

zitou 表中存储的都是基本数据,字书字料库三个界面通过 zitou 表中的内容实现互联。其结构信息如下表所示:

表 6.1　zitou(字书字头)表结构信息

序号	属性名	描述	数据类型	域值范围	空值与否	主键	是否索引
1	id	序号	int	10	NOT NULL	是	是
2	zitouid	字头序号	int	10	NOT NULL	否	是
3	ztbianhaozm	字头编号字母部分	nvarchar	50	NULL	否	是
4	ztbianhaosz	字头编号数字部分	int	10	NULL	否	是
5	zitou	字头	nvarchar	50	NULL	否	是
6	gouzishi	构字式	nvarchar	50	NULL	否	是
7	suoshucitiao	所处辞条	nvarchar	50	NULL	否	是
8	tupian	字头图片	varbinary	MAX	NULL	否	否

(二)zitouid 表(字书字头 id 表)

zitouid 表的结构信息如下表所示:

表 6.2　zitouid(字书字头 id)表结构信息

序号	属性名	描述	数据类型	域值范围	空值与否	主键	是否索引
1	id	序号	int	10	NOT NULL	是	是
2	zitoujigouzishi	字头及构字式	nvarchar	255	NULL	否	是

　　zitouid 是整个字书字料库各数据表中字头联系的关键。入库不重复字头及构字式会被赋予唯一的 zitouid。当一个字头在基本信息界面被保存时,软件会自动判断该字头在数据库中是否已经存储了相应的 zitouid。如果未存储,将把新字头追加在 zitouid 表的末尾,并赋予唯一的 zitouid。

（三）zitougongyongxinxi 表（字书字头公用信息表）

zitougongyongxinxi 表中存储的是在穷尽性分析基础上从所有字书字头的全部属性中抽取出的公共信息，其结构信息如下表所示：

表 6.3　zitougongyongxinxi（字书字头公用信息）表结构信息

序号	属性名	描述	数据类型	域值范围	空值与否	主键	是否索引
1	id	序号	int	10	NOT NULL	是	是
2	zitouid	字头序号	int	10	NULL	否	是
3	unicode	UNICODE 编码	nvarchar	50	NULL	否	是
4	wenzixuebushou	540 文字学部首	nvarchar	50	NULL	否	是
5	jianzifabushou	214 检字法部首	nvarchar	50	NULL	否	是
6	cangjiema	仓颉码	nvarchar	50	NULL	否	是
7	ziweizhuxing	字位主形	nvarchar	50	NULL	否	是
8	zizhongzhengzi	字种正字	nvarchar	50	NULL	否	是

在 zitougongyongxinxi 表中，除了 ziweizhuxing 和 zizhongzhengzi 所存储的是衍生数据外，其他字段都是基本数据。

（四）zitoujibenxinxi 表（字书字头基本信息表）

字书字头基本信息是字书字料库第一界面的核心内容之一。其结构信息如下表所示：

表 6.4　　zitoujibenxinxi(字书字头基本信息)表结构信息

序号	属性名	描述	数据类型	域值范围	空值与否	主键	是否索引
1	id	序号	int	10	NOT NULL	是	是
2	zitouid	字头序号	int	10	NULL	否	是
3	cengcishuxing	层次属性	nvarchar	50	NULL	否	是
4	jiaokanshuxing	校勘属性	nvarchar	50	NULL	否	是
5	zijiguanxishuxing	字际关系属性	nvarchar	50	NULL	否	是
6	zitileibie	字体类别	nvarchar	50	NULL	否	是
7	yuanshubushou	原书部首	nvarchar	50	NULL	否	是
8	buneisisheng	部内四声	nvarchar	50	NULL	否	是
9	shengyundiwei	声韵地位	nvarchar	50	NULL	否	是
10	buneibihuashu	部内笔画数	nvarchar	50	NULL	否	是
11	cepianjuanhao	册篇卷号	nvarchar	50	NULL	否	是
12	suozaiyema	所在页码	nvarchar	50	NULL	否	是
13	liejizixuhao	列及字序号	nvarchar	50	NULL	否	是
14	teshubiaoji	特殊标记	nvarchar	50	NULL	否	是

zitoujibenxinxi 表所存储的数据都是基本数据。这张表字段内容较多。在设计表结构时,我们充分考虑了不同字书的实际情况并进行了综合整理。在数据录入时可以根据字书实际情况选择相应字段,未涉及到的字段可以留空。

(五)zitouduyinxinxi 表(字书字头读音信息表)

zitouduyinxinxi 表主要存储字头上古、中古及现代汉语普通话声、韵、调方面的信息,也包括王力与郭锡良、白一平与沙加尔、郑张尚芳、李方桂等学者所构拟的上古及中古读音。其表结构如下图所示:

表 6.5　zitouduyinxinxi(字书字头读音信息)表结构信息

序号	属性名	描述	数据类型	域值范围	空值与否	主键	是否索引
1	id	序号	int	10	NOT NULL	是	是
2	zitou	字头	nvarchar	50	NOT NULL	否	是
3	yiyi	字头意义	nvarchar	255	NULL	否	是
4	hanyupinyin	汉语拼音	nvarchar	50	NULL	否	是
5	guojiyinbiao	国际音标	nvarchar	50	NULL	否	是
6	shanggushengmu	上古声母	nvarchar	50	NULL	否	是
7	shangguyunbu	上古韵部	nvarchar	50	NULL	否	是
8	sgwangguoniyin	上古王郭拟音	nvarchar	50	NULL	否	是
9	sgbaishaniyin	上古白沙拟音	nvarchar	50	NULL	否	是
10	sgzhengzhangniyin	上古郑张拟音	nvarchar	50	NULL	否	是
11	sglifangguiniyin	上古李方桂拟音	nvarchar	50	NULL	否	是
12	zhonggushengmu	中古声母	nvarchar	50	NULL	否	是
13	zhongguyun	中古韵	nvarchar	50	NULL	否	是
14	qingzhuo	清浊	nvarchar	50	NULL	否	是
15	she	摄	nvarchar	50	NULL	否	是
16	kaihekou	开合口	nvarchar	50	NULL	否	是
17	deng	等	nvarchar	50	NULL	否	是
18	shengdiao	声调	nvarchar	50	NULL	否	是

序号	属性名	描述	数据类型	域值范围	空值与否	主键	是否索引
19	fanqie	反切	nvarchar	50	NULL	否	是
20	zgwangguoniyin	中古王郭拟音	nvarchar	50	NULL	否	是
21	zgbaishaniyin	中古白沙拟音	nvarchar	50	NULL	否	是
22	zgzhengzhangniyin	中古郑张拟音	nvarchar	50	NULL	否	是
23	zglifangguiniyin	中古李方桂拟音	nvarchar	50	NULL	否	是

（六）ztjbxx_yinyi 表（字书字头音义表）

ztjbxx_yinyi 表主要存储字头读音和意义信息。其结构信息如下表所示：

表 6.6　ztjbxx_yinyi（字书字头音义）表结构信息

序号	属性名	描述	数据类型	域值范围	空值与否	主键	是否索引
1	id	序号	int	10	NOT NULL	是	是
2	zitouid	字头序号	int	10	NULL	否	是
3	zhuyinfangshi	注音方式	nvarchar	50	NULL	否	是
4	duyin	读音	nvarchar	128	NULL	否	是
5	niyin	拟音	nvarchar	50	NULL	否	是
6	qiangu	前诂	nvarchar	MAX	NULL	否	是
7	shiyi	释义	nvarchar	MAX	NULL	否	是
8	yuanshichuchu	原始出处	nvarchar	255	NULL	否	是

（七）ztjbxx_citiao 表（辞条表）

ztjbxx_citiao 表主要用来处理词典类字书的辞条信息。其结构信息如下表所示：

表 6.7 ztjbxx_citiao(辞条)表结构信息

序号	属性名	描述	数据类型	域值范围	空值与否	主键	是否索引
1	id	序号	int	10	NOT NULL	是	是
2	zitouid	字头序号	int	10	NULL	否	是
3	citiao	辞条	nvarchar	255	NULL	否	是
4	duyin	读音	nvarchar	255	NULL	否	是
5	cixing	词性	nvarchar	50	NULL	否	是
6	teshushuxing	特殊属性	nvarchar	50	NULL	否	是
7	shiyi	释义	nvarchar	MAX	NULL	否	是
8	beizhu	备注	varbinary	MAX	NULL	否	是

（八）ztjbxx_canzhengwenxian 表（参证文献表）

ztjbxx_canzhengwenxian 表只能存储纯文本类参考文献。其结构信息如下表所示：

表 6.8 ztjbxx_canzhengwenxian(参证文献)表结构信息

序号	属性名	描述	数据类型	域值范围	空值与否	主键	是否索引
1	id	序号	int	10	NOT NULL	是	是
2	zitouid	字头序号	int	10	NULL	否	是

序号	属性名	描述	数据类型	域值范围	空值与否	主键	是否索引
3	wenxian	参证文献	nvarchar	MAX	NULL	否	否
4	tupian	参证文献图片	varbinary	MAX	NULL	否	否

（九）ztjbxx_tuwenbeizhu 表（图文备注表）

ztjbxx_tuwenbeizhu 表可以以图文混排的方式存储参证文献，从而最大限度保证参证文献的准确性，换句话说，即使参证文献中有古文字字形或者 UNICODE 未收录汉字，我们也可以用字图的方式随意编辑，编辑结果以 varbinary 的数据形式存储在字书字料库中。其结构信息如下表所示：

表 6.9　ztjbxx_tuwenbeizhu（图文备注）表结构信息

序号	属性名	描述	数据类型	域值范围	空值与否	主键	是否索引
1	id	序号	int	10	NOT NULL	是	是
2	zitouid	字头序号	int	10	NULL	否	是
3	tuwenbeizhu	图文备注	varbinary	MAX	NULL	否	否

二、字头构形属性类

共包括 3 类，每类又包含 3 种，分别是：

①有理拆分：youlichaifen、ylcf_zhijiegoujian、ylcf_jianjiegoujian；

②无理拆分：wulichaifen、wlcf_zhijiegoujian、wlcf_jianjiegoujian；

③同形字拆分：tongxingzichaifen、txzcf_zhijiegoujian、txzcf_jianjiegoujian。

由于 3 类数据表结构完全一样，因此，此处只列出有理拆分 3 个表的结构。

（一）youlichaifen 表（有理拆分表）

该表存储包括构形模式、组合类型等在内的有理拆分基本信息。其结构信息如下表所示：

表 6.10 youlichaifen（有理拆分）表结构信息

序号	属性名	描述	数据类型	域值范围	空值与否	主键	是否索引
1	id	序号	int	10	NOT NULL	是	是
2	zitouid	字头序号	int	10	NULL	否	是
3	gouxingmoshi	构形模式	nvarchar	50	NULL	否	是
4	bihuashu	笔画数	nvarchar	50	NULL	否	是
5	bishundaima	笔顺代码	nvarchar	100	NULL	否	是
6	zuheleixing	组合类型	nvarchar	50	NULL	否	是
7	zuhecengshu	组合层级数	nvarchar	50	NULL	否	是
8	bujutushi	布局图式	nvarchar	50	NULL	否	是

（二）ylcf_zhijiegoujian 表（有理拆分之直接构件表）

该表存储字头直接构件信息。其结构信息如下表所示：

表 6.11 ylcf_zhijiegoujian（有理拆分之直接构件）表结构信息

序号	属性名	描述	数据类型	域值范围	空值与否	主键	是否索引
1	id	序号	int	10	NOT NULL	是	是

续表

序号	属性名	描述	数据类型	域值范围	空值与否	主键	是否索引
2	zitouid	字头序号	int	10	NULL	否	是
3	xuhao	构件序号	int	10	NULL	否	是
4	mingcheng	构件名称	nvarchar	50	NULL	否	是
5	zhonglei	构件种类	nvarchar	50	NULL	否	是
6	kechaifenxing	构件可拆分性	nvarchar	50	NULL	否	是
7	kedulixing	构件可独立性	nvarchar	50	NULL	否	是
8	lijubaochi	构件理据保持情况	nvarchar	50	NULL	否	是
9	beizhu	备注	nvarchar	MAX	NULL	否	否
10	tupian	构件图片	varbinary	MAX	NULL	否	否

（三）ylcf_jianjiegoujian 表（有理拆分之间接构件表）

该表存储由直接构件继续拆分后得到的各级间接构件的相关信息。其结构信息如下表所示：

表 6.12　ylcf_jianjiegoujian（有理拆分之间接构件）表结构信息

序号	属性名	描述	数据类型	域值范围	空值与否	主键	是否索引
1	id	序号	int	10	NOT NULL	是	是
2	zitouid	字头序号	int	10	NULL	否	是
3	suochucengshu	所处层数	int	10	NULL	否	是
4	fuxuhao	父序号	int	10	NULL	否	是
5	xuhao	己序号	int	10	NULL	否	是
6	mingcheng	构件名称	nvarchar	50	NULL	否	是

续表

序号	属性名	描述	数据类型	域值范围	空值与否	主键	是否索引
7	kechaifenxing	构件可拆分性	nvarchar	50	NULL	否	是
8	kedulixing	构件可独立性	nvarchar	50	NULL	否	是
9	beizhu	备注	nvarchar	MAX	NULL	否	否
10	tupian	构件图片	varbinary	MAX	NULL	否	否

三、字头字际关系类

共包括 7 类,每类又包含 2 种。其中,每类关系中的 canzhengwenxian(参证文献)字段完全相同,这里只列出异体关系的 canzhengwenxian(参证文献)字段,后 6 类关系仿此。

①异体关系:yitiguanxi、ytgx_canzhengwenxian

表 6.13　yitiguanxi(异体关系)表结构信息

序号	属性名	描述	数据类型	域值范围	空值与否	主键	是否索引
1	id	序号	int	10	NOT NULL	是	是
2	zitouid	字头序号	int	10	NULL	否	是
3	yitizitou	异体字头	nvarchar	50	NULL	否	是
4	xiayihuoguangyi	狭义或广义	nvarchar	50	NULL	否	是
5	yitichanshengyuanyin	异体产生原因	nvarchar	50	NULL	否	是
6	yitichanshengtujing	异体产生途径	nvarchar	50	NULL	否	是
7	yitiguanxidalei	异体关系大类	nvarchar	50	NULL	否	是
8	yitiguanxizhonglei	异体关系中类	nvarchar	50	NULL	否	是
9	yitiguanxixiaolei	异体关系小类	nvarchar	50	NULL	否	是

②本借关系:benjieguanxi、bjgx_canzhengwenxian

表 6.14　　**benjieguanxi(本借关系)表结构信息**

序号	属性名	描述	数据类型	域值范围	空值与否	主键	是否索引
1	id	序号	int	10	NOT NULL	是	是
2	zitouid	字头序号	int	10	NULL	否	是
3	benjiezitou	本借字头	nvarchar	50	NULL	否	是
4	benjieguanxileixing	本借关系类型	nvarchar	50	NULL	否	是
5	zhuzitoushengniu	主字头声纽	nvarchar	50	NULL	否	是
6	fuzitoushengniu	辅字头声纽	nvarchar	50	NULL	否	是
7	shengniuguanxi	声纽关系	nvarchar	50	NULL	否	是
8	zhuzitouyunbu	主字头韵部	nvarchar	50	NULL	否	是
9	fuzitouyunbu	辅字头韵部	nvarchar	50	NULL	否	是
10	yunbuguanxi	韵部关系	nvarchar	50	NULL	否	是

③繁简关系:fanjianguanxi、fjgx_canzhengwenxian

表 6.15　　**fanjianguanxi(繁简关系)表结构信息**

序号	属性名	描述	数据类型	域值范围	空值与否	主键	是否索引
1	id	序号	int	10	NOT NULL	是	是
2	zitouid	字头序号	int	10	NULL	否	是
3	fanjianzitou	繁简字头	nvarchar	50	NULL	否	是
4	suoshujianhuafangan	所属简化方案	nvarchar	50	NULL	否	是
5	fanjianguanxileixing	繁简关系类型	nvarchar	50	NULL	否	是
6	jianhuafangfa	简化方法	nvarchar	50	NULL	否	是

④分化关系:fenhuaguanxi、fhgx_canzhengwenxian

表 6.16　fenhuaguanxi(分化关系)表结构信息

序号	属性名	描述	数据类型	域值范围	空值与否	主键	是否索引
1	id	序号	int	10	NOT NULL	是	是
2	zitouid	字头序号	int	10	NULL	否	是
3	fenhuazitou	分化字头	nvarchar	50	NULL	否	是
4	fenhuayuanyin	分化原因	nvarchar	50	NULL	否	是
5	leihuaweizhi	类化位置	nvarchar	50	NULL	否	是
6	fenhuadalei	分化大类	nvarchar	50	NULL	否	是
7	fenhuaxiaolei	分化小类	nvarchar	50	NULL	否	是
8	yiyiguanxi	意义关系	nvarchar	50	NULL	否	是
9	duyinguanxi	读音关系	nvarchar	50	NULL	否	是

⑤同形关系:tongxingguanxi、txgx_canzhengwenxian

表 6.17　tongxingguanxi(同形关系)表结构信息

序号	属性名	描述	数据类型	域值范围	空值与否	主键	是否索引
1	id	序号	int	10	NOT NULL	是	是
2	zitouid	字头序号	int	10	NULL	否	是
3	tongxingzitou	同形字头	nvarchar	50	NULL	否	是
4	tongxingguanxidalei	同形关系大类	nvarchar	50	NULL	否	是
5	tongxingguanxizhonglei	同形关系中类	nvarchar	50	NULL	否	是
6	tongxingguanxixiaolei	同形关系小类	nvarchar	50	NULL	否	是
7	shiyongshijianguanxi	使用时间关系	nvarchar	50	NULL	否	是

序号	属性名	描述	数据类型	域值范围	空值与否	主键	是否索引
8	yuyinguanxi	语音关系	nvarchar	50	NULL	否	是
9	gouxingguanxi	构形关系	nvarchar	50	NULL	否	是

⑥正讹关系：zhengeguanxi、zegx_canzhengwenxian

表 6.18　zhengeguanxi(正讹关系)表结构信息

序号	属性名	描述	数据类型	域值范围	空值与否	主键	是否索引
1	id	序号	int	10	NOT NULL	是	是
2	zitouid	字头序号	int	10	NULL	否	是
3	zhengezitou	正讹字头	nvarchar	50	NULL	否	是
4	ewuleixing	讹误类型	nvarchar	50	NULL	否	是
5	jutileibie	具体类别	nvarchar	50	NULL	否	是
6	duyinguanxi	读音关系	nvarchar	50	NULL	否	是
7	yiyiguanxi	意义关系	nvarchar	50	NULL	否	是

⑦同源关系：tongyuanguanxi、tygx_canzhengwenxian

表 6.19　tongyuanguanxi(同源关系)表结构信息

序号	属性名	描述	数据类型	域值范围	空值与否	主键	是否索引
1	id	序号	int	10	NOT NULL	是	是
2	zitouid	字头序号	int	10	NULL	否	是
3	tongyuanzitou	同源关系	nvarchar	50	NULL	否	是

序号	属性名	描述	数据类型	域值范围	空值与否	主键	是否索引
4	tongyuanleixing	同源类型	nvarchar	50	NULL	否	是
5	zhuzitoushengniu	主字头声纽	nvarchar	50	NULL	否	是
6	fuzitoushengniu	辅字头声纽	nvarchar	50	NULL	否	是
7	shengniuguanxi	声纽关系	nvarchar	50	NULL	否	是
8	zhuzitouyunbu	主字头韵部	nvarchar	50	NULL	否	是
9	fuzitouyunbu	辅字头韵部	nvarchar	50	NULL	否	是
10	yunbuguanxi	韵部关系	nvarchar	50	NULL	否	是

同源关系与本借关系都涉及到汉字古音的提取及读音关系的判定。古音信息可以从 zitouduyinxinxi 表中获取，读音关系的判定根据我们设定好的古音合韵类别进行自动匹配。

四、数据库操作类

此类只包括一个表，即 caozuoyuan（操作员）。其中，用户密码采用加密方式存储。caozuoyuan 表结构信息如下表所示：

表 6.20　caozuoyuan（操作员）结构信息

序号	属性名	描述	数据类型	域值范围	空值与否	主键	是否索引
1	id	序号	int	10	NOT NULL	是	是
2	mingcheng	用户名称	nvarchar	50	NULL	否	是
3	mima	用户密码	nvarchar	50	NULL	否	是
4	quanxian	用户权限	int	10	NULL	否	是

五、其他类

此类包括 2 个表，分别是：zishujibenxinxi（字书基本信息）、zitouduibi（字头对比）。

①zishujibenxinxi（字书基本信息）表

zishujibenxinxi 表中包含了字书字料库所收（含拟收）字书的十多种基本信息。其中，shumingdaima（书名代码）属性与 Zitou 表中的 ztbianhaozm（字头编号字母）属性相关联。其结构信息如下表所示：

表 6.21　　zishujibenxinxi（字书基本信息）表结构信息

序号	属性名	描述	数据类型	域值范围	空值与否	主键	是否索引
1	id	序号	int	10	NOT NULL	是	是
2	xuhao	书名序号	int	10	NULL	否	是
3	shumingdaima	书名代码	nvarchar	50	NULL	否	是
4	shumingquancheng	书名全称	nvarchar	50	NULL	否	是
5	shumingjiancheng	书名简称	nvarchar	50	NULL	否	是
6	shumingyoucheng	书名又称	nvarchar	50	NULL	否	是
7	shidai	编纂时代	nvarchar	50	NULL	否	是
8	zuozhe	编纂者	nvarchar	50	NULL	否	是
9	juanshu	字书卷数	nvarchar	50	NULL	否	是
10	zhuyongziti	主用字体	nvarchar	50	NULL	否	是
11	banben	字书版本	nvarchar	255	NULL	否	是
12	jianjie	字书简介	nvarchar	MAX	NULL	否	否

续表

序号	属性名	描述	数据类型	域值范围	空值与否	主键	是否索引
13	zishulianjie	字书链接	nvarchar	MAX	NULL	否	否
14	wanchengqingkuang	完成情况	nvarchar	50	NULL	否	是

②zitouduibi(字书对比)表

zitouduibi 表用来存储字头对比的相关信息。其结构信息如下表所示:

表 6.22　　zitouduibi(字书对比)表结构信息

序号	属性名	描述	数据类型	域值范围	空值与否	主键	是否索引
1	id	序号	int	10	NOT NULL	是	是
2	zitouid1	字头序号 1	int	10	NULL	否	是
3	Zitouid2	字头序号 2	int	10	NULL	否	是
……							
11	Zitouid10	字头序号 10	int	10	NULL	否	是
12	beizhu	备注	nvarchar	MAX	NULL	否	是

第三节　字书字料库软件的设计

考虑到数据库安全性的要求,加之绝大部分用户都缺乏数据库操作知识,所以字书字料库数据库本身无法对最终用户开放,也就是说,用户无法直接访问和操作服务器上的数据库,而只能通过字书字料库软件来完成被授权的相关工作。这就要求我们所设计的字书字料库软件必须是一个高质量的交互系统,要具有较高的内在品质,能够满足绝大部分用户的实际需求。

一、软件设计的原则

字书字料库软件的设计坚持以功能完善、用户体验优良为中心。具体来说,包括以下四个方面的原则:

1. 适当的功能性

功能不完善和功能过于复杂混乱是软件设计者很容易犯的两个错误。因此,软件设计首先要确定所需要的功能,即打算完成什么主要任务和次要任务。软件设计任务的分析至关重要,因为功能不完善的软件系统是不合格的,无法被充分利用,会让用户产生体验上的挫败感。如果功能不完善,用户界面设计得再好也没有多大用处。当然,功能过多过杂也不可取,因为这样会给软件系统的开发、维护以及用户学习、使用带来的很大困难。因此,适当的功能性是软件设计要充分必须坚持的原则之一。

2. 功能的可用性

软件所设计的所有功能必须要可用,因为用户第一次接触软件,会充满期待,与此同时,用户对系统的信任也非常脆弱,只要出现一次数据获取错误或者与预期不符的结果,就会让用户产生该软件不可靠的认知,从而在很长一段时间内都不愿意再使用这个软件。因此,软件设计时要严格保证软件系统的所有功能都必须可用,任何命令都必须实现指定的功能,显示出来的数据必须如实反映数据库中的内容。

3. 界面的标准化

用户界面是用户与软件及数据库之间进行信息交换的媒介,界面格式不标准,会让用户产生陌生感,增加用户学习难度,降低用户操作速度。因此,软件设计时要注意整体布局、界面颜色、排版样式等的一致性,包括操作指导信息、报错信息等在内的各种提示信息用语要明确无误,具有可操作性。另外,软件界面设计还要能够在不同尺寸、不同分辨率、不同指定设备等条件下实现兼容。

4.数据的安全性

数据安全性包括数据库数据的安全以及软件用户隐私的安全两个方面。软件设计者必须注意采取相应措施来保护数据库的完整性和数据的整体安全,防止非授权的访问,戒绝对数据的无意破坏和恶意篡改。为了便于为用户提供登录服务,字书字料库需要用户提供真实姓名、电子邮箱地址等信息,并创建用户名和密码。这些个人隐私信息需要进行特别保护。

二、主要工具和插件

字书字料库软件的设计主要包括界面设计、资源设计和代码设计三部分。我们要先设计窗体、属性页和对话框,然后根据窗体所要实现的功能来编写代码。在软件具体设计过程中,主要使用了以下工具或插件:

（一）Visual C++ 2017

Visual C++ 2017 包含在目前最流行的 Windows 平台应用程序开发环境 Visual Studio 中,它包括各种增强功能(例如可视化设计器以及能够加速开发和处理所有类型数据的语言增强功能),可以为软件开发人员提供所有相关的工具和框架支持。

（二）MFC 框架

MFC（Microsoft Foundation Classes，即微软基础类库）以 C＋＋
类的形式封装了应用程序编程接口（Windows API），包含一个应
用程序框架，可以显著减少应用软件开发人员的工作量。

（三）Codejock Toolkit Pro 类库

在进行界面设计时，我们使用了 Codejock Toolkit Pro 类库。
Toolkit Pro for Visual C＋＋是供 Windows 软件开发人员使用
的一套强大组件，借助它可以快速创建包含一整套高度可自定义
的用户界面组件的专业应用程序。① 它包含 11 个组件，我们在开
发字书字料库软件时主要使用了其中 4 个，分别是命令栏（Com-
mand Bars）、报表控件（Report Control）、属性栏（Property Grid）
以及皮肤（Skin Framework）。命令栏用来开发字书字料库软件
的工具栏、菜单、图标、快捷键、选项卡窗口。报表控件用来创建
字料库软件中所有的表格样式，包括表格主题、多行选择、复选
框、自定义字体、数据验证等。属性栏可以方便我们在字书字料
库软件检索界面设计属性网格。主要用来实现数据分类、显示有
关属性网格中所选项目的有用提示、通过展开或折叠属性组显示
的多个级别的数据进行分组、创建组合样式下拉列表、设置数据
类型等功能。皮肤文件主要用来生成字书字料库软件标准控件、
对话框和窗口框架组件的视觉样式。

----

①ToolkitPro 项目主页［EB/OL］. https://codejock. com/products/toolkit-
　pro/? 2yn6s14z＝zsp

（四）FreeImage 图片库

在进行字料图片存储及读取功能的开发时，我们使用了
FreeImage 轻量级图片库。FreeImage 是一款免费开源且支持 20
多种流行图形图像格式（如 BMP、JPEG、GIF、PNG、TIFF 等）的
图像处理库，简单易用。[1] 它采用了插件驱动型架构，能够快速灵
活地读写、转换位图，完全可以满足字料库字料存储、加工、读取
及字图保真的要求。字书字料库软件在载入图片、保存图片、查
看图片、旋转图片时都使用了 FreeImage，所有图片均以 PNG 格
式保存到数据库中，这样可以有效减少字书字料库后台数据库的
体积，并且有助于提高字料数据查询的效率。

三、资源与界面设计的主要内容

字书字料库软件资源设计可图示如下：

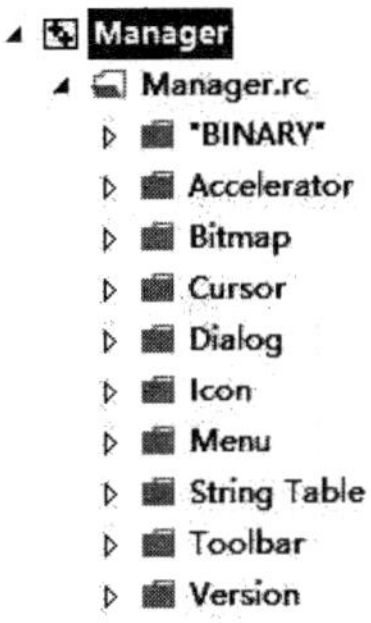

图 6.3　字书字料库软件资源设计图

---

①Freeimage 项目主页［EB/OL］. http://freeimage. sourceforge. net/？td-
　sourcetag＝s_pcqq_aiomsg

字书字料库软件资源包含图片（Bitmap）、光标（Cursor）、对话框（Dialog）、图标（Icon）、菜单（Menu）、属性页（String Table）、工具栏（Toolbar）等内容。下面对其基本情况做一简略介绍。

（一）图片

主要用来处理字料库界面背景图、基本信息界面的"特殊标记"以及构形信息界面的"布局图式"。为直观起见，特殊标记和布局图式均不单纯以文字方式显示，而是为所有标记和图式设计了小图，并集合成了位图，其后再标明所对应的文字信息。截图如下：

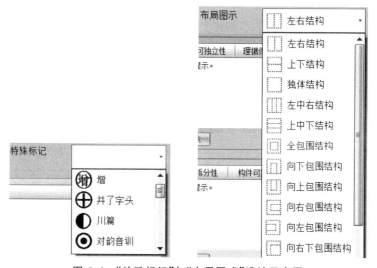

图 6.4　"特殊标记"与"布局图式"设计示意图

（二）光标

主要用来生成字图浏览时的手形光标，以便用鼠标控制软件实现预先定制的功能。

（三）对话框

对话框是实现用户与软件之间交互工作的一种方式。其主要控件类包括标签、按钮、单选和复选按钮、文本框、列表框、组合框、进度条等等。我们可以使用对话框编辑器来配置对话框的界面，也可以在软件执行过程中动态创建对话框资源。

比如构形属性界面的"构件组合类型"是组合框，包含三个选项：

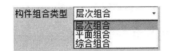

图 6.5　"构件组合类型"组合框设计示意图

而字头字际关系属性界面的繁简关系子界面有"所属简化方案"列表框，该列表框为多选式，用户按住 ctrl 键就可以一次性选择多个选项。

图 6.6　"所属简化方案"列表框设计示意图

当组合框项积累到一定数量时，我们可以将某些有联系的组合框类聚，从而创建关联组合框。关联组合框可以极大扩展用户的可选择空间。比如在异体关系界面有异体关系大类、中类和小类三个字段，这三个字段是互相关联的。当大类选择异写字时，中类显示：

图 6.7　"异体字关系中类"设计示意图

当中类选择笔画异写字时,小类显示:

图 6.8　"异体字关系小类"设计示意图

这样做,可以帮助用户很快选定相应的属性值。一般来讲,关联组合框不能超过 3 层。关联组合框层数越少,用户越容易做出决定。

消息对话框(Message Box)是一种非常常用的对话框种类,它用来提示我们软件有异常发生或提出询问等,等待我们改正错误操作或对相关信息进行确认。消息对话框的设计要醒目,所给出的消息提示要具有价值。比如在字料库公用界面的构字式中如果输入一个汉字,点击保存则会显示:

图 6.9　构字式存储报错设计示意图

因为我们规定构字式必须以"["和"]"作为开始和结束的标志,所以一旦软件检测到所要保存的构字式没有"[]"标志,就会自动报错，并给出错误原因及修正建议。

又比如点击"插入"按钮在当前字料数据处插入新的记录时，会显示：

图 6.10　"插入"提示设计示意图

字书字料库设计还使用了模态对话框（Modal Dialogue Box）和非模态对话框（Nonmodal Dialogue Box）。前者如公用界面对文字学或检字法部首的选择，当对话框打开时，用户只能与该对话框进行交互，除非手动点击右上方"×"按钮进行关闭，以确保必填内容不会遗漏：

图 6.11　"文字学部首"与"检字法部首"对话框设计示意图

后者如"列及字序号"字段对数字的选择。当对话框打开时，用

户选择完数字,点击软件界面其他地方,该对话框即可自动消失:

图 6.12 "列及字序号"对话框设计示意图

(四)图标

图标设计主要是为字书字料库的各项功能设计安放在功能栏上的可视化图标。在设计图标时要遵循既定的指导原则,例如应该尽量使用用户熟知的方式来表示某个对象或某种操作,设计风格要保持一致,图标在背景中要能凸显出来,而且每个图标与其他图标都要具有明显的差异,同类或相近类型的图标最好排列在一起等等。

字书字料库图标集截图如下:

图 6.13 字书字料库图标集

字料库的录入功能使用了纸笔图标,信息检索功能使用了放大镜图标,信息打印功能使用了打印机图标,切图功能使用了剪刀图标。16 个图标按照功能类别分为 5 个区块,图标线条明晰,大小匀称,布局合理,整体上符合如上指导原则。

（五）菜单设计

　　菜单包括单级菜单、多重菜单以及树形菜单。单级菜单可以有两个或多个选项，并且允许多次选择。又包括二元菜单、下拉菜单、多选择菜单等。鼠标右键菜单也是经常能用到的菜单形式。

　　比如在删除某个字头的异体字时会弹出对话框：

图 6.14　删除某字异体字时弹出对话框示意图

　　这个对话框下部就是二元菜单。可以点击"是"或"否"来进行选择，"是"外框突显，表明该选项是默认的，按回车键就可以确认。

　　菜单项的排序问题也非常值得关注。字书字料库选项菜单包含的选项数量从 2 到 25 不等。当选项较少时，选项内容可以被一次性识别，但当选项超过 10 以上时，菜单项的排序就成了比较重要的问题。如果随机排序，用户找到预期选项的时间要比按一定顺序排序长。因此，在设计字书字料库选项菜单时，我们采用"高频居前"的原则来解决这一问题。我们将某个菜单所有选项的使用频率进行了前期统计，把使用频度最高的 3—4 项放在菜单最顶部，其余的选项依次排列。实践证明，这种按频度对菜单选项进行拆分的方法可以明显改善性能。比如我们将字书字料库字体分为楷书、甲骨文、金文、战国文字、小篆、隶书、古文、籀文、奇字、行书、草书、半隶定、其他等 13 类。楷书是从古至今字书字体的主流（字书字料库中所收楷书汉字占总字数的 90.45%），因此被排列在第一位，其他字体依照时代及使用频率综合后依次排列在后面。又如汉字构形模式共有 20 种，分别是独体表形、独体标示、独体变异、独体记号；会形合成、会义合成、会音合成、会标合成、会记合成；标形合成、标义合成、标音合成、标记合成；形义合成、形音合成、形记合成；义音合成、义记合成；音记合成；多功能合成。其中，使用频率最高的五种构形模式分别是义音合成、会义合成、义记合成、音记合成、独体记号。因此，它们被依次排在第一至第五位，其他构形模式排列在后面。

（六）属性页

属性页是具有选项卡的对话框，我们可以通过标签来切换各个页面。字书字料库字料录入界面共包括三大属性页，每个分界面中又包括 2—7 个数量不等的属性页。比如字头构形信息界面包括依理拆分、依形拆分及同形字拆分三个属性页，字头字际关系信息界面包括异体关系、同源关系等七个属性页。属性页的多少是判断一个软件集成性和复杂性的重要因素。字书字料库属性页的设计要求风格一致，尽管每个属性页和它相关的属性页大多数字段不同，但风格上具有相似性，不会让用户感觉很突兀。

（七）表格填充

菜单选择可以解决从列表中选择相应条目的工作，但如果要输入文本内容，则需要使用表格填充。

表格填充的设计也要遵循一定的原则。比如表格布局要美观，字段要按相关性进行排序，表格填充内容超出表格可视范围时支持双击打开文本框进行查看。表格填充量尽量最少化,因为在保证满足处理要求的前提下,填充量越少,出错的几率就越小,数据一致性也会越好。要设计报错机制,一旦表格填充内容与字段属性的取值范围发生冲突,软件会及时告知用户输入有误,以便使错误能及时得到改正。对表格填充数据的格式也要进行规定,比如部内笔画数按规定必须是数字,笔顺代码只能从 h、s、p、d、z 五个字母中选择等等,以免因为数据格式不统一而导致检索失败,或者在数据转换时发生错误。

由于字书字料库需要处理大量繁难汉字,其中,仅 UNICODE 已收录的汉字就有 9 万多个,这些汉字处于不同的 UNICODE 区块中。目前一个 TTF 或 OTF 字体只能包含 65536 个字符,因此如果要显示所有 UNICODE 汉字,最少需要两个字体。文本框式的表格在填充时只能默认支持一个字体,无法同时显示两个字体中的汉字,鉴于此,我们专门研究并解决了在同一界面显示 CJK 各区汉字的难题,做到了 UNICODE 汉字的正常显示。

(八)快捷键

为了提高工作效率,字书字料库还为一些常见功能设置了快捷键。比如在公用信息界面底部有"←　新建　插入　→",共包括四个功能:

1. ←:用来显示前一条字料数据信息。快捷键是 CTRL＋←。

2. 新建:新建一条字料数据信息,并自动追加为当前字书的最后一条信息。快捷键是 CTRL＋N。

3. 插入:在当前字料数据处插入新的记录。快捷键是 CTRL＋I。

4. →:用来显示后一条字料数据信息。快捷键是 CTRL＋→。

又比如在字头基本信息、构形信息及字际关系信息三个界面中,每条字书字料信息录入完毕后,要点击右下角的"保存"按钮予以保存,快捷键为 CTRL+S。

四、查询功能设计

查询是字书字料库软件除了录入之外的第二大常用功能。所有文本类字段内容均可被查询,非文本类字段内容可以使用文本进行简单描述,进而也可被查询。

查询界面如下图所示:

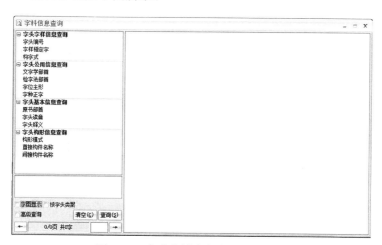

图 6.15　字书字料库查询界面示意图

界面左上方为查询面板,左下方为查询选项,右方为结果显示窗口。下面分别予以介绍。

(一)查询面板

由于所有文本类字段内容均可被查询,所以查询面板中需要列出的字段多达 60 多个。这些字段使用频度有明显差别,有些字段使用频率非常高,比如"字样楷定字""字种正字""直接构件名称"等等,而有些字段使用频率则相对比较低,比如"所属辞条"
"理据保持情况"等等。为了简化检索界面,提高检索效率,我们
采用了两种方法:

　　1.使用"组及分级显示"功能

　　字书字料库软件所有字段隶属于字头字样信息、字头公用信
息、字头基本信息、字头构形信息、字头字际关系信息五大部分。
我们将属于同一类别的字段组成一个整体,根据需求分级进行显
示,这种做法有助于我们对不同类别的字段进行分析,在视觉上
可以产生分门别类、整洁有序的效果。例如,当点击"字头基本信
息查询"前的⊟,可以将其收缩,如图所示:

图 6.16　查询界面"组及分级显示"示意图

　　点击⊞,则可以展开。其他组别信息查询可同理操作。

　　2.设置简单检索与高级检索

　　如前所述,字书字料库的字段使用频度有明显差别。为了提
高检索效率,需要暂时隐藏低频字段,只显示高频字段。后者为
简单检索,而且处于默认状态。简单检索只显示字头编号、字样
楷定字、构字式、文字学部首、检字法部首、字位主形、字种正字、

原书部首、字头读音、字头释义、构形模式、直接构件名称、间接构件名称等信息。

选择下方"高级查询"框，即可展开高级检索界面。如下图所示：

图 6.17　查询界面"简单检索"与"高级检索"示意图

（二）查询选项

字书字料库软件支持精确查询、模糊查询和逻辑查询。

点击任一字段末尾，均会显示■（默认隐藏）。点击该按钮，会出现"查询选项"提示框，如图所示：

图 6.18　查询界面"查询选项"示意图

点击"模糊查询""不等于"复选框及"或者""并且"单选框并确定后，即可按照指定选项进行查询。以上四种条件不能同时并存。无法使用的选项将变为灰色。点击"异体通查""繁简通查""正讹通查"复选框并确定后，字书字料库软件即可按照指定选项进行查询。以上三种条件可以同时并存，并且可以和前四种条件进行组合查询。

字段有备选项者，点击检索框，则会出现▥▾两个按钮，点击右侧按钮则显示备选项。如：

图 6.19　查询界面"备选项"示意图

有下拉备选框的字段只支持"不等于"选项。

在同一个检索框中输入两个及以上检索条件时，可以使用 & 作为连接符，以便执行逻辑查询。如检索字料库中一、二、三 3 个字的情况，可以输入：一 & 二 & 三。结果如下：

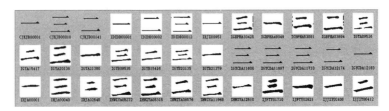

图 6.20　查询界面"&"类逻辑查询示意图

又如检索字料库 UNICODE 子库扩展 A 区中直接构件是木、间接构件是人和口的汉字,结果如下:

图 6.21　查询界面复合条件查询结果示意图

这样就可以最大限度地提高检索精度,也能有效缩短检索时间。

(三)结果显示窗口

1. 显示窗口简介

字料查询的结果显示在查询面板右侧。每屏默认显示 128 个字头。

为提高查询结果的显示速度,对于 UNICODE 中已收录的字料,我们让其默认显示汉字,而以构字式表达的字料,则只显示字图。如：

東 東 東 東 東 東 同 同 童 僮 銅 桐
图 6.22　默认查询结果示意图

如果要显示字图，可以点选"字图显示"复选框。显示结果如下：

東 東 東 東 東 東 同 同 童 僮 銅 桐
图 6.23　点选"字图显示"后显示结果示意图

若该字无字图，则仍然显示汉字。

2.按字头类聚

字书字料库软件查询结果默认按照字书代码与顺序码从 A
－Z 及 1－9 的次序排序。为了将字书所收同一个字集中显示在
一起，可以选择"按字头类聚"复选框。结果显示窗口将优先显示
构字式，然后显示 UNICODE 所收汉字。例如：

图 6.24　"按字头类聚"查询结果示意图

五、辅助功能设计

为了提高字书字料库的实用性，我们设计了字头对比、字头
筛选以及字书汉字层积与流变等三个辅助功能。查询功能及如

上所述三个辅助功能的设计使字料库汉字学的定性与定量相结合的方法成为可能。

（一）字头对比

“字头对比”功能是为了直观展示字头基本信息以便于字头对比而设计的辅助功能。

“字头对比”界面分上下两栏。上栏为字头基本信息栏。其中，第一列为字段名。第二列至第十一列为字头信息栏。在上栏字料切图所显示字图上点击右键，会弹出菜单如下：

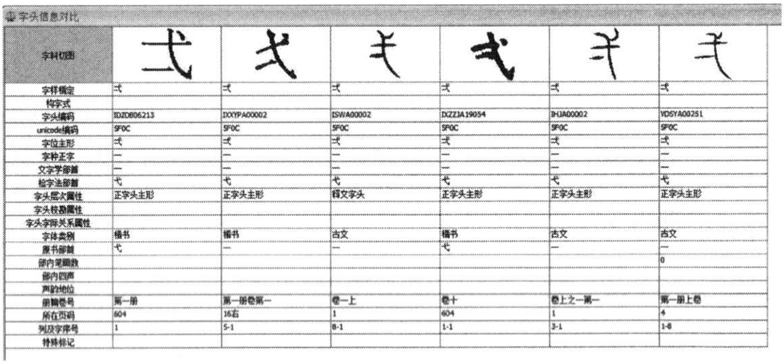
字头信息对比

字料切图						
字样楷定	弍	弍	弍	弍	弍	弍
构字式						
字头编码	IDZDB06213	IXXYPA00002	ISWA00002	IXZZJA19054	IHJA00002	YDSYA00251
unicode编码	5F0C	5F0C	5F0C	5F0C	5F0C	5F0C
字位主形	弍	弍	弍	弍	弍	弍
字种正字	—	—	—	—	—	—
文字学部首	—	—	—	—	—	—
检字法部首	弋	弋	弋	弋	弋	弋
字头层次属性	正字头主形	正字头主形	释文字头	正字头主形	正字头主形	正字头主形
字头校勘属性						
字头字际关系属性						
字体类别	楷书	楷书	古文	楷书	古文	古文
原书部首	弋	—	—	弋	—	—
部内笔画数						0
部内四声						
声韵地位						
册编卷号	第一册	第一册卷第一	卷一上	卷十	卷上之一第一	第一册上卷
所在页码	604	16右	1	604	1	4
列及字序号	1	5-1	8-1	1-1	3-1	1-6
特殊标记						

图 6.25　字头对比结果示意图

点击“查看字头信息”，将转到“字料录入界面”。点击“删除对比字头”，当前对比字头将被删除。下栏为字头对比结果栏。用户可以将对比结果输入此处，并且可以保存和删除。要查看被保存的对比结果，点击“工具”栏上的按钮，可以弹出字头对比界面。

（二）字头筛选

“字头筛选”是为了比较一本字书内部或两本（多本）字书之

间字头差异并统计字头出现次数而设计的辅助功能,通过此功能,我们可以很方便地统计出字书单收字、重出字信息。

点击"操作"菜单栏中的"字头筛选"选项,可以弹出如下界面:

图 6.26 "字头筛选"界面示意图

1. 单书统计

单书统计主要是为了调查某一本字书中的收字情况,包括单见、重出信息等等。在执行"单书统计"后形成的文件中,会在字书字头后列出该字头在本书中出现的次数。若为 1,则该字头只出现过一次(单见字头);若大于 1,则该字头重复重现过至少 2 次(重出字头)。

2. 两书比较

两书比较主要是为了调查某两本字书中的收字异同情况,包括单见、重出信息等等。在执行"两书比较"后形成的文件中,也会在字书字头后列出该字头在两本书中出现的次数。若为 0,则该字头只在其中一本字书中出现过一次(单见字头)。若为 1,则该字头在两本字书中均出现过一次(共收字头);若大于 1,则该字头在两本字书中均出现过一次(共收字头)且在其中一本字书中还出现过两次以上(重出字头)。

(三)字书汉字层积与流变

历代字书收字具有鲜明的层积特点,同时,字书汉字也存在明显的流变现象。为了展示某一汉字的字种正字及相关字位主形在历代字书中的层积与流变信息，我们设计了"字书汉字层积与流变"功能。其界面如下所示：

图 6.27　"字书汉字层积与流变"界面示意图

在字头处输入任一汉字，从书名代码下拉框中选择要展示字图的字书，点击"查询"按钮，即可显示该字所对应的字种正字、相关字位主形及其在选定字书中的字头信息（默认显示汉字，以构字式表达的字料，只显示字图。点选"字图显示"，则会显示字图信息）。以"四"为例，其查询结果如下图所示：

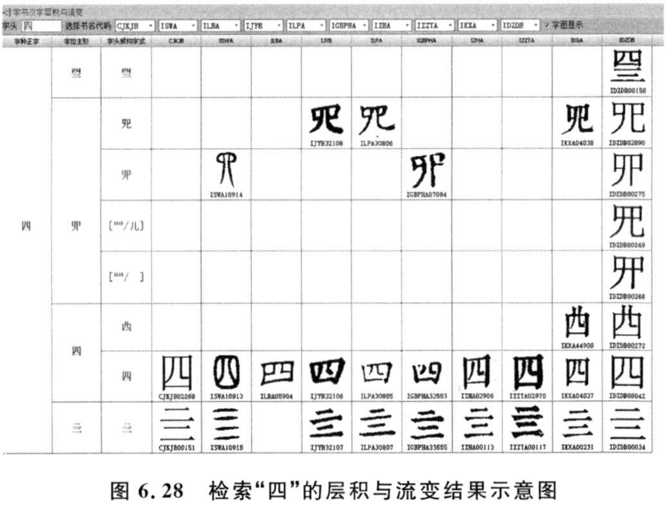

图 6.28　检索"四"的层积与流变结果示意图

为方便显示，一本字书中重见的多个字头默认只显示编号最小的一个，其余字头暂时隐藏。如果想查看所有字图的信息，可以点击右键弹出菜单进行查看。例如"四"在《集韵》中共出现三次,点击右键弹出菜单中的"查看所有字头",显示《集韵》中"四"的所有字图。

　　"字书汉字层积与流变"功能可以较好地辅助完成历代字书中共收字形、单见字形以及歧出字形的调查统计任务,是历代字书收字层次的离析和字书汉字形体流变规律考察的利器。在后文第十二章"基于字书字料库的字书汉字层积流变状况调查研究"中我们将会详细介绍其功用。

第七章　字书字料属性库的建设

在对字书字料进行标注前,要预先依据相关理论设计能够比较客观全面地反映字书字料实际状况的字料属性库。字料属性库是字料标注的来源,也是衡量字料标注效果的主要标准,更是寻找字料属性特征、识别字料属性归属、确定具体标注规则时的主要依据。字料属性库最初要在汉字学相关理论指导下进行设计,然后在后期的字料标注实践中,通过对字书字料库中字料的真实状态进行进一步的概括和提炼,根据汉字信息处理的目的、条件和需求,不断对早期属性库进行调整和细化。在持续改良的基础上,还要尝试建构机用字料属性库。机用字料属性标注与传统字料属性标注存在很多不同,包括服务对象、使用环境、识别条件、实现目标等各方面的因素都不尽相同,这些问题值得进一步深入研究。

第一节　属性库建设概说

一般意义上的属性是指事物所具有的性质、特点。作为计算机术语,属性指的是实体的描述性性质或特征,它具有数据类型、域、默认值三种性质。属性库是集合多个实体的多种描述性性质或特征而形成的数据库。属性库在关系型数据库建设过程中具有重要意义。

属性库中属性的设置要遵循一些基本原则。字书字料属性库所要遵循的基本原则主要包括以下三点：

1. 要从字书实际出发

字书字料库所收录的字书情况千差万别，每本字书的编纂体例不可能完全一致，因此，字料属性库的建设必须要从各种字书的实际情况出发，结合字书自身凡例进行归纳总结，遴选不同属性，合并同类属性，在此基础上寻求字料属性的最大公约数，最终为各种字书确定需要标注的字料属性。

2. 要具有完整性、准确性

要确保所标注的字料属性信息客观真实。属性的确立要严格依据既定标准，每个属性之间也要有足够清晰的对立特征。一般来讲，属性设置常会出现属性过细、属性缺失、属性交叉、属性包含、属性溢出、属性罕用等问题。出现任何一种问题都说明属性库设计失败。要突出属性的典型性，无区别意义的属性就近归类。

3. 要强调规范化

规范性是字料属性库的本质属性，属性设置不规范会直接导致属性标注失败。字料属性设置要具有明显的形式特征，以满足将来计算机自动识别的要求。这一工作应该说具有长期性和挑战性，需要汉字学和中文信息处理两个领域的学者通力合作，共同研讨，方能在大规模字料库字料（包括语篇字料和字书字料）的处理方面取得理想的效果。

北京师范大学字料库（BNUZLK）中所标注的字料属性分为三种类型。第一种是物理属性，是指与该字形的来源、出处相关的属性，包括所属材料性质（手写、版刻、石刻等）、材料名称（书名）、内部位置（卷、页、册等）、物理位置（第几个字、物理坐标等）、时代、地域等。该属性在字形采集过程中批量自动生成。第二种是通用属性，是指与该字形的形音义以及在计算机中的编码相关的一组属性，包括"繁简字""新旧字形"等属性。该属性由计算机根据已有知识库、数据库自动添加。第三种是字用或字际关系属性，包括"异构字""异写字""通假字""同源通用""避讳字"等属性，该属性需要具有汉字学知识结构且经过培训的专业人员根据语境对字形进行字际关系的沟通。①

　　在充分考虑字书字料实际状况以及研究目标的基础上，我们所设计的字书字料属性库对以上三种类型属性的细目进行了适当的调整和增补，下面按照公共界面、基本信息界面、构形属性界面和字际关系界面的顺序依次进行解说。

第二节　字料公共界面属性库

一、基本属性字段

　　公共界面的基本属性字段包括：字头编号、字图、字样楷定、构字式、所属辞条、文字学部首、检字法部首、UNICODE 编码、UNICODE 类属、字位主形、字种正字，凡十种。下面分述之。

　　（1）字头编号：由字书类别代码（固定）＋字书代码（固定）＋五位顺序码（系统自动累加）构成。字书类别代码包括 I、U、V 三

---

①周晓文，李国英，王颖，毛承慈.BNUZLK 字料库系统的建构与应用［A］.
　北京师范大学民俗典籍文字研究中心：民俗典籍文字研究（第十三辑）
　［C］.北京：商务印书馆，2014（1）：117－118.

种。其中,普通字书代码为 I,音义类字书代码为 U,字形类字书代码为 V。比如《说文解字》中华书局版第 10 个字,编号为 ISWA00010。字头编号是整个字料库系统中唯一不允许留空及重复的字段。利用字头编号可以直接定位字料库中的某个字头。

(2)字图:字图是字料库核心字段之一,是字料信息保真性的主要体现。字图截取要求清晰完整,做到大小适中,笔画齐全。

(3)字样楷定:根据字图,输入与字图汉字形体原则上完全相同的楷书汉字。字样楷定限于 UNICODE 已编码的 9 万多汉字。UNICODE 未编码汉字只能使用构字式来表达。

(4)构字式:凡是 UNICODE 未编码的汉字,均以构字式表达。比如:藻,构字式作"[艹/澡]"。构字式必须以"["和"]"作为开始和结束的标志。具体表达方式规则如下:

①上下结构(含向左下包围与向右下包围):使用符号"/",上下构件分居"/"左右。例如:亡:[一/亡]、反:[厂/乂]。

②左右结构:不使用任何符号,直接将两个构件依次排列即可。例如:拼:[扌并]。

③包围结构(除向左下包围与向右下包围外的其他情况):使用符号"·",包围构件和被包围构件分居"·"左右。例如:田:[囗·土]、闇:[门·昔]、駍:[馬·卯]、匹:[匚·木]。

④构字式嵌套:当未编码字构形比较复杂时,可以使用多层嵌套构字式的方式来表达。例如:"陝"可以表达为"[一/[囗乙]]"。"霏"可以表达为"[千/[万万]/千]"。"曉"可以表达为"[日[士/北/儿]]"。

⑤个别无法使用已有基础构件构字但形体与某字近似的,可以使用[A']的方式表达。比如:乚:[了']

⑥完全无法使用构字式表达的构件,直接使用"X"来表示。

需要特别指出的是,构字式一般要求能使用最少的构件组合成字即可。在此基础上,如果能体现构形理据更好。在拆字时,构件取大优先。比如"轃",拆成"車""毳",其右边不拆成"宀"和"易"。

(5)所属辞条:主要用来处理以下三种情况:

①音义类字书。比如《经典释文》卷二《周易音义》:"上经:上者,对下立名。经者,常也,法也,径也,由也。"字头"上"和"经"需要分立字头,为便于查询,需要特别指出二字所属辞条是"上经"。

②义书。比如《尔雅·释诂》:"初、哉、首、基、肇、祖、元、胎、俶、落、权舆,始也。"字头"初、哉、首、基、肇、祖、元、胎、俶、落、权舆"等均要分立字头,因此也需要增加所属辞条信息。

③正字法类字书。比如《干禄字书·平声》:"隋随:上国名,下追随。"字头"隋""随"要分立字头。

(6)文字学部首:默认采用《说文解字》540 部首。因为《说文》只为 9353 个字确定了文字学部首,UNICODE 中绝大部分汉字的文字学部首都需要重新确定,因此,如何科学准确地确定汉字的文字学部首是一个需要慎重考虑的问题。王建军、丘妮认为文字学部首"是着眼于汉字意义同时依据汉字形体特征归纳出来的部首。文字学部首的形体和意义这两者是统一的,归并出来的部首在具体汉字中应该是有理据可寻的……从汉字形体出发,兼顾形体意义,是文字学部首设置最主要的因素。"[①]因此,我们将从字形和字义两个角度来确定《说文》未收字的文字学部首。

(7)检字法部首:默认采用《康熙字典》214 部首。UNICODE

---

① 王建军,丘妮.文字学部首的内涵及其与查检法部首的区别[J].江西科技师范学院学报,2010(6):77.

所收汉字的检字法部首均已被明确指出，我们直接采用其结果
即可。

（8）UNICODE 编码及类属：在字头框输入汉字后，UNI-
CODE 编码及类属自动显示，无需输入。凡是用构字式表达者，
UNICODE 编码呈留空状态，其类属显示为"UNICODE 暂未收
录"。

（9）字位主形：此字段与下一字段都是为科学整理汉字而设
计的。字位主形又称作字位代表字。字样楷定后可能存在较多
异写字。从同一字位的异写字中，按照通用性、传承性、理据性、
适度简约性的条件，本着其基础构件与形位主形尽量一致的原
则，优选出其中一个字样，作为这一字位的信息代码，来指称这一
字位。[①] 被优选出的这个字样称作字位主形。确定字位主形有助
于我们分清形位主次并方便清理若干形位变体之间的关系。

（10）字种正字：对职能相同、记录同一个词、但结构不同的异
构字加以认同，归纳为一个字种，选择其中的一个字位作为正字，
其余可称作异体字。[②] 被优选出的可以指称该字种的代表字，称
作字种正字。

二、举例分析

我们先以《康熙字典·网部》"兕"为例进行分析。

"兕"在《康熙字典·网部》，总序号为 24638，属于 UNICODE
扩展 B 区汉字。《康熙字典》"兕"释义为："《集韵》：'四，古作兕。'
注详《口部》二画。"可见，"兕"是"四"异体字，我们将其文字学部

[①] 王宁. 汉字构形学导论[M]. 北京：商务印书馆，2015：289.
[②] 王宁. 汉字构形学导论[M]. 北京：商务印书馆，2015：201.

首定为"四"部,检字法部首则为"网"部。字料库中与"冗"可认同的形体相近的字形包括:卯、卯、冗(后两个字形均出自《直音篇》,但 UNICODE 未编码)。因此,我们将其字位主形设定为"卯",字种正字则为"四"。

　　再以《干禄字书·平声》"凉"为例进行分析。

　　"凉"在《干禄字书》中总序号为 502,UNICODE 暂未收录该字形。《干禄字书》"凉"释义为:"凉凉:炎凉字。上俗,下正。"据此,"凉"与"凉"为异体字关系。"凉"的文字学部首为"仌"部,检字法部首则为"氵"部。"凉"所从之"京"为"京"异写字。《干禄字书·平声》:"京京:上通,下正。"《九经字样·口部》:"京,人所居高丘也。从高省。就字从之。作京,讹。"因此,我们将其字位主形设定为"凉",字种正字则为"凉"。

　　"冗""凉"二字的公用信息标注截图如下:

图 7.1　"冗"及"凉"公用信息截图

第三节　字料基本信息界面属性库

一、基本属性字段

字料基本信息界面包含了绝大部分字料元数据信息，因此属性字段比较丰富。

（1）字头层次属性

每本字书在排列字头时均有一定程式。字头层次属性共分正字头主形、正字头辅形、释文字头、笺注字头、部首字头、附加字头等五类。

所谓正字头，是指字书中作为被释对象的以大字单独排列的字头，属于第一层次的字头。正字头又可以分为主形、辅形两种，排在首位的称作主形，排在主形之后的不再进行区分，均称作辅形。释文字头即在释文中被明确指出的字头，绝大多数都是正字头的重文。笺注字头即刊修者在补充性的笺注中明确指出的字头。释文字头及笺注字头处于第二层次。部首字头则是字书中作为一部之首的字头。附加字头是指刊修者增补为正字头的字头。

例如：《说文·玉部》："瑱，以玉充耳也。从玉真声。《诗》曰：'玉之瑱兮。'臣铉等曰：'今充耳字更从玉旁充，非是。'他甸切。䪾，瑱或从耳。"此条中，"瑱"为正字头，"䪾"为释文字头，而"从玉旁充"之"珫"字则为笺注字头。又如《类篇·一部》："天祆祅，他年切。《说文》：'颠也，至高无上。'古作祆、祅。唐武后作兀。天又铁因切。文三。重音一。臣光曰：'唐武后所撰字，别无典据，各附本文注下。'"此条中，"天"为正字头主形，"祆祅"为正字头辅形，"兀"为笺注字头。《说文》402 个新附字全部属于附加字头。

正字头主形是字头层次属性的默认属性值。

（2）字头校勘属性

字书在长期抄刻过程中会出现多种文献学上需要校勘的问题。设置字头校勘属性主要是为了凸显各种字书版本中出现的校勘现象。共分脱落字头、衍增字头、讹误字头、窜乱字头、避讳字头、残泐字头等六类。

（3）字际关系属性

包括古文、籀文、篆文、奇字、秦刻石、今文、俗、通、正、同、通、借、讹误、俗、或、别、古今、相承、隶变、隶省、俗通、变体等 22 种。有些字书在沟通字际关系时会频繁使用程式化的字际关系表述用语。这些选项是在前期调查的基础上归纳出来的最常见的一些用语。操作者不需要对字头字际关系进行主观判断，只要按照原书标识进行录入即可。

（4）字体类别

共分楷书、甲骨文、金文、战国文字、小篆、隶书、古文、籀文、奇字、行书、草书、半隶定、其他等 13 类。其中，楷书是字体类别的默认属性值。

（5）原书部首

指字头在原书中所隶属的部首，不拘文字学部首与检字法部首。

（6）部内四声

指字头在原书中所隶属的平、上、去、入四声。

（7）声韵地位

指汉字的声纽、韵部及拟音等。

（8）部内笔画数

指字头在原书所隶属部首中的部内笔画数。

（9）册篇卷号

根据不同字书的实际情况进行设置。

（10）所在页码

单页影印者,直接标明数字;四页合并者,标明数字的同时标明上左、上右、下左、下右。为方便核对字料信息,又增设了查看原图的功能。

(11)列及字序号

根据不同字书的实际情况进行设置。标准格式是"列号-字序号"。

(12)特殊标记

本字段专门针对《篇海》《新修玉篇》《字汇补》《康熙字典》等字书而设置。根据前期调查的结果,共设置了增、并了字头、川篇、对韵音训、类篇、龙龛、搜真玉篇、俗字背篇、奚韵、余文、广集韵、省韵、切韵、广韵、补字、补音义、校讹等 17 类。图示如下:

图 7.2　"特殊标记"示意图

(13)音义信息

音义信息包括注音类别、读音、拟音、前诂、释义、原始出处等 6 项内容。

注音类别设置为"反切""汉语拼音""综合""粤语拼音""日语训读拼音""日语音读拼音""韩语拼音""谚文拼音""唐音""越南语拼音""古壮语拼音""上古音""中古音""直音""叶音""注音字母"等 16 种。

前诂专门针对《汉语大字典》而设置,它指的是在字头读音(或历史字形)信息下征引《说文》释义及进一步阐发字形本义的内容。

原始出处是指字样类字书标注的所收字料的最早出处。

(14)辞条信息:主要用来处理辞典中的字头及词条信息。

辞条信息包括辞条内容、读音、词性、特殊属性、释义、备注等六项内容。

　　词性类别设置为：名词、动词、形容词、区别词、数词、量词、代词、副词、介词、连词、助词、语气词、叹词、拟声词、综合。

　　特殊属性类别设置为：口语词、方言词、书面语词、古语词、谚语、歇后语。

　　（15）参证文献及图文备注

　　这两个字段主要用来存储有关文本校勘、相关字图、释义来源等方面的信息，支持图文混排类型的备注。

　　为了方便核对字料基本信息录入是否正确，基本信息界面增加了"查看原图"的功能，后台采用"书名代码＋册篇卷号＋所在页码"的方式与字书原图进行了关联，可以很方便地调取字料所在页的原始图像。

二、举例分析

　　我们以《说文解字·衣部》"裩"字为例进行分析。截图如下：

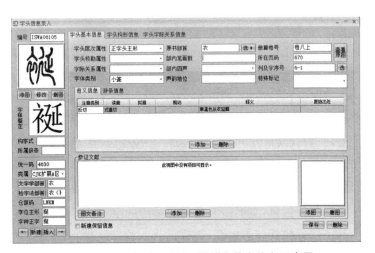

图 7.3　《说文解字·衣部》"裩"字基本信息示意图

　　SWA 所对应的《说文》版本是中华书局 2013 年影印清陈昌治同治十二年(1873)据孙氏翻刻一篆一行本。"裋"在该书第八卷上《衣部》,第 670 页,第 6 列第 1 个字头,位列该版本总字数的第 6105 位。其字头层次属性为正字头主形。字体类别是小篆。其释义为"车温也。从衣,延声"。大徐反切为式连切。

　　又如《重编国语辞典》(修订本)"巴":

图 7.4　《重编国语辞典》(修订本)"巴"字基本信息示意图

　　其辞条信息如下图所示:

辞条	读音	词性	特殊属性	释义	备注
巴巴	bā bā			1.形容黏合的样子。如:"乾巴巴"、"焦巴巴"。宋·陆…	
巴巴儿	bā bā zēngr			1.乱成一团的洞子。如:"這巴巴儿与人不知從何整…	巴巴儿
巴巴儿的	bā bār de			1.急忙。《红楼梦·第七一回》:"巴巴儿的傳進你来…	巴巴儿的
巴巴急急	bā ba jí jí			劳碌奔波、勉强應付。《喻世明言·卷二六·沈小官…	
巴巴劫劫	bā ba jie jie			劳碌奔波、勉强應付。元·狄君厚《介子推·第四折》…	

图 7.5　《重编国语辞典》(修订本)"巴"字辞条信息示意图

第四节　字料构形属性界面属性库

王宁认为,汉字的全面属性首先可以分为三项:构形属性、书写属性、字用(职能)属性。① 具体内容可以图示如下:

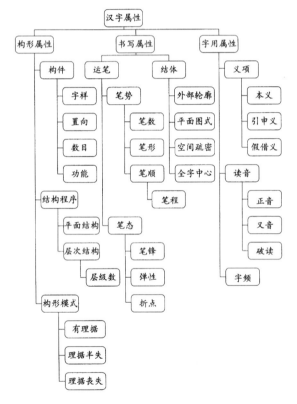

图 7.6　汉字属性内容分解图

---

①王宁.汉字构形学导论[M].北京:商务印书馆,2015:142－144.

　　字形是汉字的本体,因此,构形属性是汉字最基础的属性。鉴于此,我们将构形属性单列为一个界面。

　　分析汉字构形属性,首先需要对汉字进行拆分,以便从中提取构件。无论是古代学者还是现代学者,对于汉字拆分的重要意义都有深刻认识。比如清代《说文》四大家"之一的王筠在《文字蒙求》自序中就说:"人之不识字也,病于不能分。苟能分一字为数字,则点画必不可以增减,且易记而难忘矣。"①王宁说:"汉字是由不同数量、不同功能的部件依不同的结构方式组合而成的。部件的数量、功能和组合方式(位置、置向、交接法),是每个汉字区别于其他汉字最重要的属性,汉字的信息量主要是由部件来体现的……因此,把部件从现代汉字中拆分出来,便成为汉字字形处理的基础工作。"②

　　汉字拆分有两种模式,一种是按照汉字构形理据和结构次序将个体汉字分析为最小构件,这种拆分模式顺应汉字的客观类型和组合程序,可以称作依理拆分(有理拆分)。另一种则不考虑构形理据,仅按照汉字形体中构件的相离状态将个体汉字分析为构件,可以称作依形拆分(无理拆分)。③ 在绝大多数情况下,依理拆分和依形拆分的结果能够保持一致,比如"字",两种模式拆分的结果都是分析出直接构件"宀"和"子"。但有些情况下,两种模式拆分的结果却不一样。比如"章",依理拆分的结果是音、十,《说文·音部》:"章,乐竟为一章。从音,从十。十,数之终也。"而依形拆分的结果是立、早。又如"兵",依理拆分的结果是斤、六,《说

①(清)王筠.文字蒙求[M].北京:中华书局,1962:1.
②王宁.汉字构形理据与现代汉字部件拆分[J].语文建设,1997(3):4.
③王宁.汉字构形学导论[M].北京:商务印书馆,2015:15.

文·廾部》："械也。从廾持斤，并力之兒。"而依形拆分的结果是丘、八。又如"获"，是"獲"的简化字。《说文·犬部》："獲，猎所获也。从犬，蒦声。"草书字形作"𫟃"（王羲之《丧乱帖》）、"𫟃"（怀素《小草千字文》）。"获"是"獲"草书形体发生构件位移之后产生的楷定形体，依理拆分的结果是犭、芺。依形拆分的结果是艹、狄。两种模式的拆分结果在现阶段看来均有其用处，因此，字料库构形属性将其分置为两个界面，可以分别进行操作。

　　同形字是指记录不同词而形体相同的字。不少同形字的构形属性也存在差异。比如"圣"，《说文·土部》："圣，汝颍之间谓致力于地曰圣。从土，从又。读若兔窟。"构形模式是会义合成。现又用为"聖"简化字，"又"为"耵"的替换性记号，"土"为"王"的俗省记号，构形模式是会记合成，有必要予以分别。因此，字料构形属性另外增加了同形字拆分界面。

　　依理拆分、依形拆分及同形字拆分三个界面的字段内容保持一致。

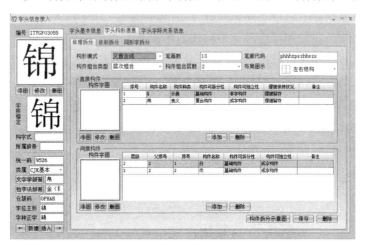

图 7.7　字书字料库构形属性界面截图（以"锦"为例）

字料构形属性界面的字段包括构形模式、笔画数、笔画代码、构件组合类型、构件组合层级数、布局图示、直接构件、间接构件等。下面对这些基本字段予以分别介绍。

字书字料库构形属性界面的字段及标注情况如图 7.7 所示：

下面对构形属性界面的各种字段及构件拆分原则予以详细分析。

一、基本属性字段

1. 构形模式

构形模式是指"构件以不同的功能组合为全字从而体现构意的诸多样式"。[①] 王宁根据构形与构意统一的原则，利用结构—功能分析法，创造性地将汉字构形模式归纳为 11 种，分别是：全功能零合成；标形合成、标义合成、标音合成；会形合成、会义合成；形义合成、形音合成、义音合成；有音综合合成、无音综合合成。另外，将由记号构件构成的字称作构意半存字和构意丧失字。李运富在《汉字学新论》中又进一步将汉字构形模式细分为 20 种，分别是：独体表形、独体标示、独体变异、独体记号；会形合成、会义合成、会音合成、会标合成、会记合成；标形合成、标义合成、标音合成、标记合成；形义合成、形音合成、形记合成；义音合成、义记合成；音记合成；多功能合成。我们这里采用李运富的分法，但构形模式名称有所调整。

义音合成是构形模式属性的默认属性值。

2. 笔画数及笔画代码

汉字笔画只取五种基本笔画，即横、竖、撇、点、折，分别用 h、

---

①王宁.汉字构形学导论[M].北京：商务印书馆，2015：122.

s、p、d、z 代替。[①]

3.构件组合类型

由构件组合成整字时其层级结构有三种不同的类型,分别是平面结构、层次结构和综合结构。由基础构件一次性集合而成的是平面结构。例如哀(一维线性图为:口+衣。下仿此表达)、笆(⺮+巴)、吖(口+丫)。由基础构件或复合构件分作若干层次逐步累加而成的是层次结构。例如阿(阝+[丁+口])、锕(钅+[阝+[丁+口]])、镶(钅+[口+衣])。在组构过程中,既有平面结构,又有层次结构者,称作综合结构。例如掰(手+[八+刀]+手)、馫([禾+勹]+[囧+土+灬])、曌(日+月+[穴+工])。鉴于此,字书字料库将构件组合类型分为层次组合(多层结构)、平面组合(单层结构)和综合组合三类。

层次组合是构件组合类型属性的默认属性值。

4.构件组合层级数

结构层级数反映的是由基础构件组构成整字过程中所需要的组构次数。对于平面结构的汉字,如果是不能进行拆分的独体字,其层级数是 0,基础构件就是整字本身。如果是可以拆分的合体字,则层级数是 1,基础构件只需要一次就能组构成整字。层次结构及综合结构则最少需要经过两次组构才能生成整字,其结构层级数大于等于 2。根据前期调查结果,字书字料库将构件组合层级数总共分为 0—9 级。

[①]国家语委标准化工作委员会组织编写的《现代汉语通用字笔顺规范》用跟随式、笔画式、序号式三种形式逐一列出了 7000 个汉字的笔顺。其中,横、竖、撇、点、折分别用 1、2、3、4、5 代替。

5.布局图式

布局图式又称作平面图式,是汉字构件在组构汉字时反映在二维平面上的布局图形样式,换句话说,布局图式是指汉字在依据一定的构形模式组构起来后,基础构件之间的相对平面位置关系所呈现出的特定样式。UNICODE13.0 中共有 13 个表意文字描述符,分别是▨、▢、▤、▥、▦、▣、▤、▥、▦、▣、▤、▥、▣,分别代表相似而不等(用于借某字表达外字)、左右结构、上下结构、左中右结构、上中下结构、全包围结构、向下包围结构、向上包围结构、向右包围结构、向右下包围结构、向左下包围结构、向右上包围结构、嵌套结构。

王宁增补了 6 种,分别是独体结构、品字结构、田字结构、多合结构、框架结构、上下多分结构。[1]

赵彤将汉字的结构类型划分为 24 种,分别是独体、左右型、上下型、左中右型、左右中型、上中下型、上下中型、全包型、左上包型、左下包型、右上包型、右下包型、上三包型、下三包型、左三包型、右三包型、品字形型、倒品型、立品型Ⅰ、立品型Ⅱ、舛字型、盟字型、四叠型、穿插型。[2]

根据前期调查的结果,我们将布局图式描述符调整增加至 25 种:

▢▨▤▥▤▣▤▥▤▥▣▣▤▥▣▦▤▥▣▦▣▤▥▣▨

从左往右依次为:左右结构、上下结构、独体结构、左中右结

----

①王宁.汉字构形学导论[M].北京:商务印书馆,2015:149.

②赵彤.基于关系数据库的汉字构形分析及其应用[J].语言文字应用,2015(3):124—126.

构、上中下结构、全包围结构、向下包围结构、向上包围结构、向右包围结构、向左包围结构、向右下包围结构、向左下包围结构、向右上包围结构、向左上包围结构、田字结构、左右右分结构、左右左分结构、上下上分结构、上下下分结构、左右嵌入结构、上下嵌入结构、左右四分结构、上下四分结构、叠置结构、结构未详。

左右结构是布局图式类型属性的默认属性值。

6.直接构件

直接构成全字并体现全字构意的构件称作直接构件。直接构件下面的字段可以细分为五类,分别是:

(1)构件名称:输入拆分出的直接构件。

(2)构件种类:包括表义、示音、表形、标示、记号等五类。

(3)构件可拆分性:分为基础构件、复合构件两类。基础构件又称作形素。

(4)构件可独立性:分为成字构件、非字构件两类。

(5)理据保持情况:分为理据留存、理据丧失、理据重构三类。

7.间接构件

由直接构件继续拆分出的各种构件称作间接构件。间接构件下面的字段可以细分为五类,分别是:

(1)层级:即间接构件所处层级。分为 2—7,共六级。

(2)父序号及序号:分别指间接构件的上级构件序号及间接构件自己在当前层的序号。用以进行间接构件的继续拆分。

(3)构件名称:输入拆分出的间接构件。

(4)构件可拆分性:分为基础构件、复合构件两类。

(5)构件可独立性:分为成字构件、非字构件两类。

为了减少标注工作量,降低人工标注失误的可能性,我们在构形属性界面为构形模式、构件组合类型、构件组合层级数三个字段设计了自动生成功能,软件可以根据直接构件与间接构件的填充情况自动填充以上三个字段的内容。

　　为了以直观的方式展示汉字构件拆分的结果,我们增加了"汉字构件示意图"功能,该功能将实现拆分结果的可视化。"语言知识的可视化,目标是以形象生动的方式展现枯燥的数据以及数据间的关联。"[1]相比起用户从字段及其填充内容中自己抽象出汉字构件拆分的图像,"汉字构件示意图"利用计算机程序来自动呈现汉字拆分结果,非常有利于用户更加方便和直观地把握汉字构件组合的层级面貌。

二、构件拆分原则

　　由于汉字数量众多,而且结构上具有明显的无序性,因此,对汉字进行拆分必须依据一定的原则,这样可以有效避免拆分的任意性和不规范性,增强拆分结果的科学性和实用性。受一些客观因素(比如所拆分汉字字集的大小、拆分目的、拆分原则、拆分工具以及拆分者自身理论水平等等)的限制,目前可见的各种汉字拆分结果大都存在一定差异。这其中,尤以拆分原则对汉字拆分结果影响最大。

　　国家相关部门和不少学者对汉字拆分原则进行过探讨。在国家规范方面,1997 年 12 月发布的《信息处理用 GB13000.1 字符集汉字部件规范》所确立的部件拆分原则是"从形出发、尊重理据、立足现代、参考历史",具体规则包括:

　　1.相离、相接可拆;交重不拆(可拆成笔画)。极少数不影响

---

①詹卫东.大数据时代的汉语语言学研究[J].山西大学学报(哲学社会科学版),2013(5):75.

结构和笔数的笔画搭挂,按相接处理。

2.字形符合理据的,进行有理据拆分;无法分析理据或形与源矛盾的,依形进行无理据拆分。对多部件的汉字进行拆分时,应先依汉字组合层次做有理据拆分,直至不能进行有理据拆分而仍需拆分时,再做无理据拆分。

3.因在字中所处的部位不同而产生了笔画变形或比例变化的部件,可与本部件表的相应部件认同使用。

4.本部件表中的部件均为基础部件,不得再行拆分。表中部件没有包容关系,不得将大部件拆分为小部件。

5.本部件表中的部件,可组合成成字部件使用,但不得组合出非成字部件使用。①

该规范主要适用于大规模的汉字信息处理。

2009 年 3 月发布的《现代常用字部件及部件名称规范》所确立的部件拆分原则是"根据字理、从形出发、尊重系统、面向应用",具体的拆分规则包括"字形结构符合理据的,按理据进行拆分;无法分析理据或字形与字理矛盾的,依形进行拆分;笔画交叉重叠的,不拆分;拆开后的各部分均为非成字部件或均不再构成其他汉字的,不拆分;因构字造成基础部件相离的,拆分后仍将相离部分合一,保留部件原形。"②该规范对 3500 个现代常用汉字进行了拆分,得到 441 组 514 个部件。该规范主要适用于汉字教育、辞书编纂等方面,侧重于汉字部件的分析和解说。

---

① 国家语言文字工作委员会.信息处理用 GB13000.1 字符集汉字部件规范(GF3001—1997)[S].北京:语文出版社,1998:1—5.

② 国家语言文字工作委员会.现代常用字部件及部件名称规范(GF0014—2009)[S].北京:语文出版社,2009:2—3.

苏培成认为,供信息处理用的汉字部件拆分和供识字教学用的汉字部件拆分,有许多共同点,也有一些不同点,有时不能兼顾。供信息处理用的,只能从现代汉字的字形出发,要制定形式化的、便于操作的拆分规则,要拆分到基本部件;供识字教学用的,要尽可能地考虑构字的理据,不一定都拆到基本部件,着重第一级部件的拆分。①

字书字料库中要拆分的汉字主要是 UNICODE 字符集已收录的汉字,数量多,来源杂,结构无序性更加明显,拆分难度很大。为此,我们在对比和总结前贤时俊汉字拆分理论和实践研究的基础上,秉承《信息处理用 GB13000.1 字符集汉字部件规范》"从形出发、尊重理据、立足现代、参考历史"的汉字拆分原则,为字书字料库构形属性界面的汉字拆分制定了明确的规则,并尽量保证在拆分过程中将既定原则贯彻到底,杜绝拆分时随心所欲。具体规则如下:

1.构件拆分的下限是基础构件而不是笔画。但笔画在组构某字时具有构形功能者除外。

2.拆开后的各构件均为非成字构件或均不再构成其他汉字的,不再进行拆分。

3.在依理拆分界面,坚持依理分析原则。有古文字形体的,理据分析主要参考《说文》,《说文》有误或者未收,则上溯至甲骨文、金文或战国文字,并结合学界已有成果进行判定。没有古文字形体的,综合考察形音义之间的联系进行理据判定。隶变导致无法分析理据或字形与字理矛盾的,依形进行拆分。

4.拆分多构件汉字时,先进行依理拆分,直至不能进行依理

① 苏培成.汉字的部件拆分[J].语文建设,1997(3):10.

拆分而仍需拆分时,再进行依形拆分。

5.在依形拆分界面,凡是构件相离、相接的一律进行拆分,交重的不拆。极少数不影响结构和笔数的笔画搭挂,按相接处理。

6.因构字造成构件相离的,拆分后仍将相离部分合一,保留构件原形。比如"衷"拆分"衣"和"中","辨"拆分为"辡"和"刂"。

7.部首变体拆分后不恢复原形,比如"江"拆为"氵"和"工","氵"不恢复为"水"。

8.在依理拆分界面,所拆分出的构件必须具有明确的功能(包括表义、示音、标示、记号等)。

9.楷书字形中可能发生异写的构件,即使按照古文字不应拆分,也要进行拆分,以便字形异写状况的统计研究。比如"鹿"甲骨文作"𢊁"(《合》33368),金文作"𢊁"(《集成》4112),小篆作"鷹",均不能拆分,但其楷书字形异写形体很多,比如庶、庶、庶、庶、麄、廲等等,异写基本发生在"比"上,因此我们仍要将"鹿"拆成"𢉖"和"比"。

三、举例分析

本部分拟以"裎""鐗"两字为例对字料构形属性标注过程及结果进行展示。其中,"裎"为字形未发生讹变者,"鐗"为字形发生讹变者。

1."裎"

首先对"裎"进行依理拆分。

"裎"属于左右结构,共 13 画。"裎",《说文·衣部》:"车温也。从衣,延声。"段玉裁注:"车温,《玉篇》作'车韫裎',盖当作'车温裎'。今本夺一字。"本义是车蔽。据《说文》可知,"裎"是义音合成字,可以从整字中拆分出两个直接构件:衤、延。其序号按照拆分结果自动标为 1 和 2。其中,"衤"为表义构件。由于不可继续拆分,所以是基础构件。"衤"是部首"衣"的位移变体,本身不能独立存在,无法与语言中的词对应,因此是非字构件。在字形演变过程中,构形理据未发生变化,因此属于"理据留存"。"延"为示音构件。可以继续拆分,所以是复合构件。"延"作为汉字可以独立存在,不需要依附于其他构件来体现构意,因此是成字构件。其构形理据也没有发生变化,因此也属于"理据留存"。

2 号直接构件"延"可以继续拆分。《说文·延部》:"延,长行也。从延,丿声。"又,"延,安步延延也。从廴,从止。"饶炯部首订:"从廴,从止,会意。止,跐也,犹言其展脚长行,而延延自如也。"尹黎云认为"延是延的繁文,增丿是为了调整字形结构,非从'丿声'。延和延叠韵,根据喻四归定和古无舌上音之说,二字也双声。'安步延延'与'长行'意义完全相通。"①由此,"延"可以拆分出两个构件:延(示音)、丿(标示),处于第二层级。其序号按照拆分结果自动标为 1 和 2。这两个构件是"裎"的间接构件。"延"还可以继续进行拆分,因此是复合构件。"丿"不能拆分,是基础构件。"延"可以独立使用,是成字构件。"丿"是非字构件。

1 号间接构件"延"可以继续拆分。拆分出的构件是:廴(表义)、止(表义),处于第三层级。其序号按照拆分结果自动标为 1 和 2。这两个构件也是"裎"的间接构件。"廴"和"止"都不能再继续拆分,属于基础构件,"廴"是非字构件,而"止"是成字构件。

至此,"裎"的拆分及标注即全部完毕。字料库中字头"裎"的构形信息依理拆分结果如下图所示:

---

① 尹黎云.汉字字源系统研究[M].北京:中国人民大学出版社,1998:143.

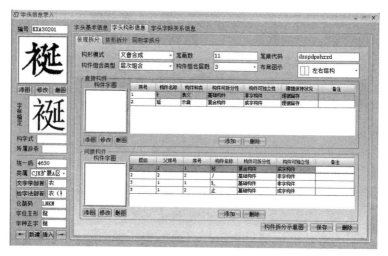

图 7.8　"梴"依理拆分填充示意图

其构件拆分示意图如下：

图 7.9　"梴"依理拆分结果图示

其次对"梴"进行依形拆分。

在依形拆分模式下，"梴"可以拆分出两个直接构件：衤、延。这与依理拆分保持一致。但间接构件拆分结果存在差异。一般情况下，2 号直接构件"延"会从构件相离的角度被拆分为"廴"和

"正"两个构件。这两个构件都不能再继续拆分,而且都不能独立使用,因此,"廴"和"正"属于基础构件、非字构件。

字料库中字头"涎"的依形拆分标注结果如下图所示:

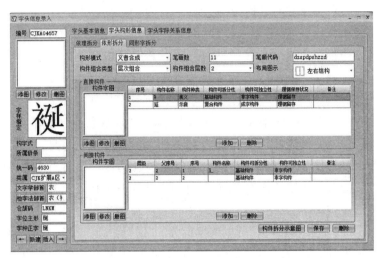

图 7.10　"涎"依形拆分填充示意图

其构件拆分示意图如下:

图 7.11　"涎"依形拆分结果图示

2. "斸"

《龙龛手镜·金部》:"斸,或作;斸,正。竹角反。斸斧也。二。"《正字通·金部》:"斸,俗斵字。"《说文·斤部》:"斵,斫也。

从斤、亞。"段玉裁注:"从斤,亞声。"据此,则鐯、斸、斵三字异体,本义是斧斤之类的木工工具。"斵"先增形异构作"鐯","鐯"所从之"亞"为罕用构件,所以发生异写,字形变作"鐯"。

"鐯"属于左右结构,共 24 画。"鐯"所从之"嚉"为"斵"讹形,已经不能示音,属于记号构件,因此,"鐯"是义记合成字,可以从整字中拆分出两个直接构件:釒、嚉。其序号按照拆分结果自动标为 1 和 2。其中,"釒"为表义构件,不可继续拆分,所以是基础构件。"釒"是部首"金"的位移变体,属于非字构件。在字形演变过程中,构形理据未发生变化,因此属于"理据留存"。"嚉"是"斵"的讹变形体,需要在备注栏中标明"斵讹形"这一信息。"嚉"为记号构件,还可以继续拆分,所以是复合构件。目前尚未发现"嚉"能独立使用的证据,因此暂时判定其为非字构件。其构形理据已经丧失。

2 号直接构件"嚉"可以继续拆分。"嚉"为"斵"讹形。"斵"可以拆为"亞"和"斤",相应地,"嚉"应该拆分出两个构件:"豈"(记号)和"斤"(表义),处于第二层级。其序号按照拆分结果自动标为 1 和 2。这两个构件是"鐯"的间接构件。"豈"是"亞"的讹变形体,需要在备注栏中标明"亞讹形"这一信息。"豈"还可以继续进行拆分,因此是复合构件。"斤"不能拆分,是基础构件。"豈"暂时判定为非字构件,"斤"是成字构件。

1 号间接构件"豈"可以继续拆分,拆分出的构件是:罒(记号)、豆(记号),处于第三层级。其序号按照拆分结果自动标为 1 和 2。这两个构件是"鐯"的间接构件。"罒"和"豆"都不能再继续拆分,属于基础构件,"罒"是非字构件,而"豆"是成字构件。

至此,"鐯"的拆分及标注即全部完毕。字料库中字头"鐯"的构形信息依理拆分结果如下图所示：

图 7.12　"䥕"依理拆分填充示意图

其构件拆分示意图如下：

图 7.13　"䥕"依理拆分结果图示

其次对"䥕"进行依形拆分。

　　在依形拆分模式下,"鐂"可以拆分出两个直接构件:釒、斝。这与依理拆分保持一致。但间接构件拆分结果存在差异。一般情况下,2号直接构件"斝"会从构件相离的角度被拆分为"罒"和"斳"两个构件,处于第二层级。"罒"不能再继续拆分,而且不能独立使用,属于基础构件、非字构件。但"斳"又会继续拆分为"豆""斤"两个构件,处于第二层级。"豆""斤"这两个构件都不能再继续拆分,而且都能独立使用,因此,"豆"和"斤"属于基础构件、成字构件。

　　字料库中字头"鐂"的依形拆分标注结果如下图所示:

图 7.14　"鐂"依形拆分填充示意图

　　其构件拆分示意图如下:

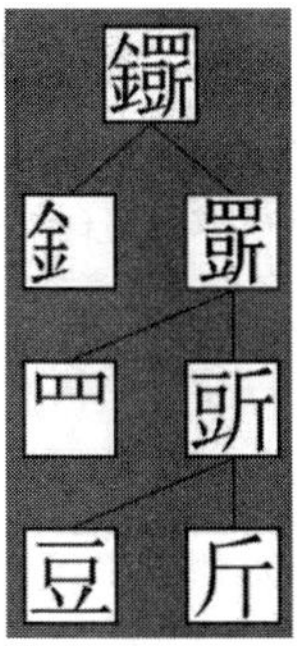

图 7.15 “鐦”依形拆分结果图示

从以上两例的标注情况来看，依理拆分和依形拆分反映了标注者对汉字理据与结构的两种不同认识。当然，拆分结果对于汉字学研究来说都是有价值的，依理拆分的价值更大一些，是首先需要做好的标注工作。

第五节 字料字际关系界面属性库

一、基本属性字段

(一)异体关系

我们设计字料库字际关系界面属性库时，以汉字构形学理论为指导，参考了北京师范大学民俗典籍研究中心《汉字构形史丛书》中多位学者分析出的异体字具体类别以及章琼《现代汉语通用字对应异体字整理》对异体字产生原因的研究成果。①

①章琼.现代汉语通用字对应异体字整理[M].成都：巴蜀书社，2004：105－111.

1. 狭义或部分

包括狭义异体字、部分异体字两大类。设置这一字段主要是考虑到目前一些异体字整理成果存在异体字组中的汉字并非完全异体字的情况。按照裘锡圭的分法，只有用法完全相同的字，也就是一字的异体，才能称为异体字。但是一般所说的异体字往往包括只有部分用法相同的字。严格意义的异体字可以称为狭义异体字，部分用法相同的字可以称为部分异体字，二者合在一起就是广义的异体字。① 比如《通用规范汉字表》附录一《规范字与繁体字、异体字对照表》中共收录 794 组共计 1023 个异体字，其中有 10 余组字是完全不具备异体字条件的。比如券—券、诒—謟、咱—偺喒等等。② 如果严格按照理论一刀切，实际整理时可能会出现一些问题。因此，字料库设置"狭义或部分"，以便如实反映前期异体字整理成果。

2. 异体产生原因

包括汉字系统自身原因和汉字系统外原因两大类。此处及下一字段的设立主要参考了章琼《现代汉语通用字对应异体字整理》对异体字产生原因及途径的研究成果。

3. 异体产生途径

产生途径与原因自动关联。汉字系统自身原因下包括造字方法不同、字体演变、文字使用流通（省俗讹）、其他原因等四种途径；汉字系统外原因下包括历史原因、地域原因、社会政治原因、其他原因等四种途径。具体图示如下：

---

① 裘锡圭. 文字学概要[M]. 北京：商务印书馆，1988：205.
② 杜丽荣，邵文利. 谈谈《通用规范汉字表》异体字整理中存在的问题[J]. 学术界，2015(2)：117－119.

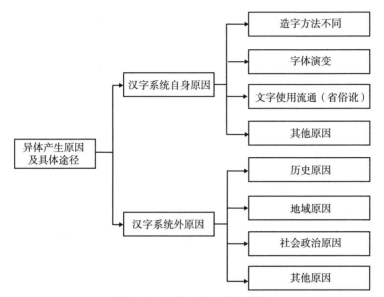

图 7.16 异体产生途径分解图

造字方法不同主要是指选用不同的构形模式来造字,或者构形模式相同但选用的构件不同,构件发生位移者也可划归此类。

字体演变主要是指由古文字字形的隶变字形与直接隶定字形所形成的异体关系。

文字使用流通方面,由于间接构件简省、俗写、讹误等原因产生者,均可归入此类。

4.异体关系大类

包括异写字(默认)、异构字两大类。本条及以下两个字段的设置主要参考了北京师范大学民俗典籍研究中心《汉字构形史丛书》中分析出的异体字具体类别。

5.异体关系中类

与异体关系大类自动关联。异写字下包括笔画异写字(默认)、构件异写字两大类。异构字包括构形方式相同(默认)、构形方式不同两大类。

　　6.异体关系小类

　　与异体关系中类自动关联。

　　构形方式相同下包括同为义音合成而表义构件不同、同为义音合成而示音构件不同、同为义音合成而表义示音构件均不同、同为会义合成而表义构件不同、构件数量不同、其他等6类。

　　构形方式不同下包括义音合成与会义合成、义音合成与义记合成、义音合成与音记合成、其他等4类。

　　笔画异写字下包括笔画数量不同、笔画长短不同、笔画组合方式不同、书写笔形不同、其他等5类。

　　构件异写字下包括构件置向不同、间接构件增加、间接构件减省、构件写法变异、构件形近混同、隶定形与隶变形、其他等7类。具体内容如下页图7.17所示:

　　(二)同源关系

　　1.同源类型

　　包括声符相同(默认)与形体无关两类。

　　2.主字头及辅字头声纽

　　采用王力上古33声母系统。具体包括:

　　(1)唇音:帮、滂、并、明

　　(2)舌头音:端、透、定、泥、余

　　(3)舌上音:章、昌、船、书、禅

　　(4)齿头音:精、清、从、心、邪

　　(5)正齿音:庄、初、崇、生、俟

　　(6)牙音:见、溪、群、疑

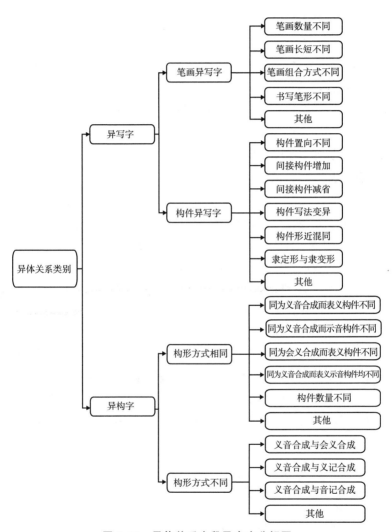

图 7.17　异体关系字段及内容分解图

（7）喉音:影、晓、匣

（8）半舌音:来

（9）半齿音:日

3.声纽关系

包括唇音双声、舌头音双声、舌上音双声、齿头音双声、正齿音双声、牙音双声、喉音双声、舌音准双声、齿音准双声、舌齿准双声、唇音旁纽、舌头音旁纽、舌上音旁纽、齿头音旁纽、正齿音旁纽、牙音旁纽、舌音准旁纽、齿音准旁纽、舌齿邻纽、鼻边临纽、牙喉邻纽等21类。以上21类穷尽了各声纽可能发生的所有声转关系。

4.主字头及辅字头韵部

采用王力上古30韵部系统。具体包括:

（1）阴声韵:之、幽、宵、侯、鱼、支;脂、微、歌

（2）入声韵:职、觉、药、屋、铎、锡、质、物、月;缉、叶

（3）阳声韵:蒸、冬、东、阳、耕;真、文、元;侵、谈

5.韵部关系

包括阴声叠韵、入声叠韵、阳声叠韵、阴入对转、阳入对转、阴阳对转、阴声旁转、阳声旁转、入声旁转、阴入旁对转、阳入旁对转、阴阳旁对转、阴入通转、阳入通转、阴阳通转、阴声通转、入声通转、阳声通转等18类。以上18类穷尽了各韵部可能发生的所有合韵关系。

（三）同形关系

1.同形关系大类

包括造字同形（默认）、用字同形两类。

2.同形关系中类

与同形关系大类自动关联。造字同形包括为无字记录的异
词分头造字、为有字记录的异词新造异体两类；用字同形包括字
体演变同形、书写变异同形、文字借用同形三类。同形关系中类
及小类的设立参考了张文冠《近代汉语同形字研究》（浙江大学
2014 年博士学位论文）及李军《汉语同形字研究》（商务印书馆，
2018）的研究成果。

3.同形关系小类

与同形关系中类自动关联。为无字记录的异词分头造字包
括构形方式相同、构形方式不同两类；为有字记录的异词新造异
体包括换旁异构同形、省旁异构同形、增旁异构同形、类化异构同
形、位移异构同形五类；字体演变同形包括隶变导致同形、隶定导
致同形、简化导致同形三类；书写变异同形包括构件形近混同、笔
画形近混同两类；文字借用同形包括形借同形、音借同形、义借同
形三类。具体内容如下页图 7.18 所示：

4.使用时间关系

分为共时同形（默认）、历时同形两类。

5.语音关系

包括读音相同（默认）、读音相近、读音无关三种。字料库语
音关系的判定均依据古音来处理。

6.构形关系

包括模式相同而理据不同（默认）、模式与理据均不相同
两种。

（四）分化关系

1.分化原因

包括词义引申（默认）、文字假借、字形类化等三类。

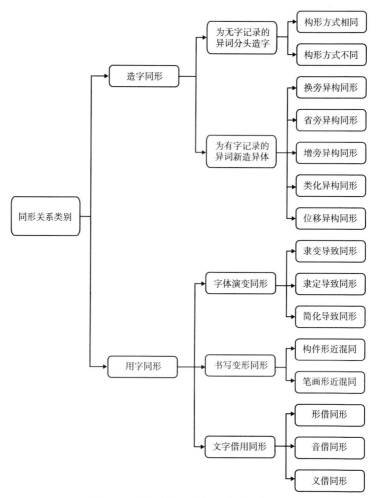

图 7.18　同形关系字段及内容分解图

2.类化位置

只有当分化原因为字形类化时可用。包括涉上字类化（默认）、涉下字类化两类。

3.分化关系大类

包括调整构件（默认）、调整笔画、变易方向。

4.分化关系小类

与分化关系大类自动关联。包括增加形符（默认）、增加声符、改变形符、改变声符、另造新字；增加笔画（默认）、改变笔画、删减笔画等八类。

5.意义关系

包括分化字承担本义（默认）、分化字承担引申义、分化字承担假借义等三种。

6.读音关系

包括读音相同（默认）、读音相近、读音无关等三种。

（五）本借关系

1.本借关系类型

包括古本字与后造本字（默认）、本字与通假字、通假字与通假字、假借字与假借字、假借字与后造本字等五类。

2.声纽及韵部

此部分字段设置同同源关系，不再赘述。

（六）繁简关系

1.所属简化方案

包括民国第一批简体字表、简化字总表、第二次汉字简化方案、通用规范汉字表、方案外类推简化字等五种。允许多选。

2.繁简关系类型

包括一繁对一简（默认）、一繁对多简、多繁对一简等三种。

3.简化方法

包括偏旁类推（默认）、减省部件、构件替换、草书楷化、记号替代、另造新字、古字今用、同音借用、减省笔画等九种。

（七）正讹关系

1.讹误类型

包括构件讹误（默认）、笔画讹误、整字讹误等三种。

2.具体类别

与讹误类型自动关联。构件讹误包括形似混同（默认）、位移致误、构件增加、构件删减；笔画讹误包括笔形混同（默认）、长短相混、分合相混、笔画增加、笔画删减、笔画位移；整字讹误包括形近而误（默认）、音近而误、语境致误、后人臆改、其他等。具体图示如下：

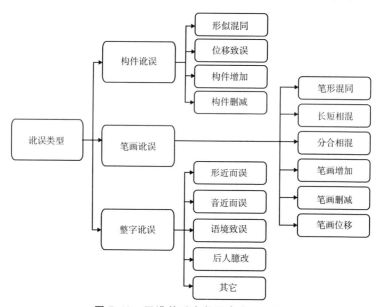

图 7.19　正讹关系字段及内容分解图

3.读音关系

包括读音无关(默认)、读音相同、读音相近等三种。

4.意义关系

包括意义无关(默认)、意义相同、意义相近等三种。

二、需要说明的问题

在设置字际关系界面属性字段时,因为条件限制,字段设置在目前看来还存在一些问题,最主要的是字段属性值不能完整罗列。有些字段的属性值穷尽性罗列的话数量太多,会在一定程度上影响软件开发进度和检索效率,因此我们使用"其他"作为属性值统一标注。比如异体关系小类中"构形方式相同"下包括五类,分别是:同为义音合成而表义构件不同(默认)、同为义音合成而示音构件不同、同为会义合成而表义构件不同、构件数量不同、其他。之所以设置"其他",是因为目前没有必要将所有可能性都罗列出来,而除"其他"外的四种情况又最为常见。当然,使用"其他"势必会影响检索精度,因为这个属性值包括的内容信息是混杂的。解决办法是在未来的标注实践中对不常见的情况进行总结和有选择性地增补。

第八章　字书字料的标注①

前文说过,字书字料库能够提供具有客观性、真实性、规模化、多功能的字书汉字数据信息。在推动字书汉字及全汉字整理研究工作走上信息化大道的过程中,字书字料库将发挥其无可替代的作用。作为汉字学研究资源的字书字料库的价值需要通过对字料的加工来体现,加工层次越高,程度越深,字书字料库的应用价值也就越高。因此,要想让字书字料库的作用发挥地淋漓尽致,首先要按照高标准建立一些高质量的、经过深加工的字书字料库。而这一系统工作中最重要的环节,莫过于字书字料的标注。字书字料的标注,将使得字料信息由汉字资源转化为汉字学资源,其利用价值将会发生质的提升。本章将对与字书字料标注有关的问题进行初步分析。

第一节　字书字料标注概说

所谓字书字料标注,就是把字书字料所具有的汉字学、字典学及其他重要信息按照既定原则——标注出来。字书字料库并不是字书字料的简单堆砌。比照语料库的相关命名,我们将尚未标注的

---

① 作为阶段性成果,本章主要内容曾以《字书字料库中字料标注若干问题刍议》为题发表在《语言文字应用》2015 年第 3 期上。此处又做了一些修改和完善。

字书字料称作生字料,已经标注过的字书字料称作熟字料。熟字料的研究利用价值要远远高于生字料,这是因为字料只有经过深入加工,才能提供各种类型的汉字学信息,成为符合字书整理研究要求的有用资源。在字书字料库中,字料标注的质量、类型的多寡以及标注的深度等,都会直接影响可从字书字料库中挖掘出的信息的丰富性和准确性,在很大程度上决定了字书字料库的建设质量和有用程度。

字书字料库的功能与字料库的规模、字料分布、字料的加工深度等因素密切相关。字书字料库规模越大,从中所能获取的汉字数据信息也就越多。不过,字书字料库的规模与基于字书字料库的研究结果及质量并不呈必然的正比例关系,换句话说,字书字料库规模越大,所能完成的研究成果未必越多、越准确。解决这一问题的关键,在于对字料库中的基础字料进行科学完备的多维标注,同时需要对其进行高度有效的关联整合。只有这样,字书字料信息才能更加集中并准确地反映汉字真相,而不是受其误导,得出不符合实际情况的研究结果。不能首先对基础字料进行科学高效的标注和关联,即便拥有再多的字书字料,在字书字料库及字料库汉字学研究方面也没有太大的实际意义。

在字书字料库建设过程中,首先要进行字料采集,将真实字书文本中出现的字形样本切图入库。其次是对字样进行标注,完成分类、系联及类聚。这项工作需要在建设字料属性标注规范的基础上进行。字料的标注在字料库数据系统中完成,所要标注的属性可以全部设计为字料库的字段,字段下设置备选项,标注者根据字料具体情况直接录入或者点选相应的字料属性内容即可。字料库标注与语料库标注存在很多不同。仅以字料标注来说,二者在字料与语料的性质、理论依据、标注内容、标注方式、标注结果存储和显示等方面都存在较大差异,只依靠简单的生搬硬套,缺乏立足于字料库现实的创新，必然导致水土不服，将会给字料标注和字料库建设造成诸多困难。因此，如何进行字书字料库的标注，是当前字料库建设过程中一个亟待研究解决的问题。

第二节　字书字料标注的原则

字书字料库的标注是给字书字料库增加汉字学、字典学等相关说明性信息的过程。在这一过程中，要严格遵循预先制定的标注规范和标注原则。何婷婷[①]、郑家恒等[②]分别对汉语语料库标注中常见的、有实际意义的原则进行了归纳。我们参考他们的研究成果，结合前期字料标注的实际情况，将字书字料库字料标注的基本原则归纳为五条，下面分述之。

一、生字料和标注内容的数据独立性原则

这条原则是说，根据字料库建构及研究的实际需要，在删除字料库的标注内容后，字料还可以独立存在和还原，标注内容也可以单独抽取出来。生字料是字料库大厦的基石，字料标注内容是研究者根据研究目标选择的附加在字料库中的汉字学及其他相关信息，必须保证它不造成原始字料数据的任何信息损失，标注信息应该很容易从生字料上剥离出去，也就是说，标注之前的生字料应该能够被轻易抽取。之所以要考虑生字料和标注内容的数据独立性，主要是因为对同一批生字料，不同的用户可能会选择不同的标注体系，而且原标注内容也不一定能够得到所有用

---

①何婷婷.语料库研究[D].华中师范大学博士学位论文，2003.
②郑家恒，张虎，谭红叶，钱揖丽，卢娇丽.智能信息处理——汉语语料库加
　工技术及应用[M].北京：科学出版社，2010:5－6.

户的认可。如果去掉标注内容后字料不能还原,就必然降低字料库的再利用率。从字料库系统设计的科学性角度来看,标注内容应该既相互联系又自成体系,并和生字料存储在不同数据表结构中,这样才能保证字料库各类数据的独立性和安全性。

二、公开性原则

字料库字料的标注目前尚处在初始研究阶段,还没有一个统一的可以让大家都完全接受的标注原则和标注规范。因此,成熟完备的字料库必须向用户提供详细清晰的标注规范文件,主要包括标注原则、标注大纲、标注内容、标注方式、标注质量信息等相关信息,以便帮助用户准确了解字料标注的具体原则、标注内容的主要类别及基本要求等信息。字料库的标注过程是对字料的理解和解释的过程。只有在学习了解详细的标注规范文件之后,用户才能开始着手标注字料和读懂标注后的字料库。由于不同知识背景的用户对同一个字样信息可以有不同的理解,只有告诉用户字料库的标注原则,用户才能判断它是否准备接受这一原则,并接受基于这一原则所得到的解释和相关信息。例如,字料构形属性的标注是字书字料库标注过程中最基本的工作之一,而对于某个字属于哪种构形模式,用户的理解就可能很不一样。字料库的标注规范应该如实告诉用户相关的标注规则,用户可以据此确定应该如何给特定字料定性,以及如何使用字料库提供的属性信息。

三、通用性原则

建设一个科学完备的已标注字料库是一项巨大的系统工程,需要耗费大量的财力、物力和人力资源。经过属性标注的字料库应该是一个可以被其他研究者共享的汉字学资源系统。如果已标注的字料库最终只能被一小部分具有特定知识背景的学者认同和使用,其共享性和重用性无疑会受到很大的影响。字料库建设者业已付出了巨大代价,当然不希望如此。所以说,只有在标注时尽量采用被人们普遍接受的中立模式,依托通行范围最广泛的汉字学理论体系,实现字料库标注的通用性,才能扩大其应用范围,最大限度地发挥字料库的价值。为此,在字料库标注具体操作过程中,应该在充分吸收汉字学及中文信息处理专家的研究成果的基础上,一切从字料的实际情况出发,进行字料标注模式和属性设置的综合比较和优选工作,为字书字料的标注提供一种具有普适性的规范,使得各种类型的字料库系统都能够用较为统一的、各方都能接受的标记体系标注各自的系统。

四、标准化原则

字料标注的标准化对于字料库的建设具有十分重要的意义。这是因为只有字料标注符合标准化的原则,才能促进汉字学与信息科学更好地结合,实现字料库建设的规范化,并进一步提升字料库的整体利用价值。字料标注的标准化首先要求字料标注属性要具有确定性,也就是说,字料标注属性体系要客观稳定,属性条目切分要符合逻辑性,杜绝互相交叉和模棱两可,以免引起歧义或者出现违背原意的错误理解。属性描述要规范、准确、简洁、具体,可识别性要高。字料标注的标准化还要求字料本身的标注具有一致性。这主要表现在两个方面,一是对同一个独立的字料样本,在整个字料库中前后标注要一致。二是具有相同特征的字料样本,标注时要严格遵循同一种规则。违背这一原则,其后果必然是前后龃龉、自相矛盾,最终导致字料库的科学性和实用性大打折扣,因此,字料标注的标准化原则要自始至终地予以贯彻。

五、多维度原则

字料标注的多维度原则主要是为了实现字书字料库的多功能性，也即字书字料的标注可以应用于不同的目标。例如，经过相关属性标注的字料库，其中的字料信息可以用于字典编纂、汉字统计、汉字考证、汉字字形发展史、汉字使用监控、各层次汉字教学、汉字信息处理、古籍文献校勘整理等应用中。一般来说，由于字书字料库设计人员包括汉字研究学者，字料标注人员也都具备较高的汉字学知识，在字料库设计及字料具体标注时他们就已经大致了解了字书字料库的未来用处。不过，字书字料库的实际用处往往会比他们预期想到的多很多。因此，在字书字料库标注时，要充分考虑到字料库今后将会朝着多功能性的方向发展，在设计标注属性内容时就要从全面描述和重点突出的要求出发，力求涵盖尽可能多的字料属性特征，各种标注属性内容既具有一定的独立性，又能在字料库大框架内保持有机联系，以满足更多的实际应用需求。

第三节　字书字料标注的内容

首先需要说明的是，按照字书字料标注的通用性原则，我们选择汉字构形学理论及其衍生学说作为基本理论依托。汉字构形学理论是一种以研究汉字本体的构形规律为目的的理论学说，特色鲜明，适用广泛，可操作性强，能够"涵盖各阶段汉字构形的诸多现象，为研究各阶段汉字提供基础理论和基本方法"，[1]是目前科学程度和学界认同度都比较高的汉字学理论体系，选择它作为基本理论

---

[1]王宁.汉字构形学讲座[M].上海：上海教育出版社，2002：10.

依托,可以使字书字料库的建设更具有时代性和科学性。

　　在总结前期字书字料库标注的经验基础上,我们认为,字书字料的标注应该主要包括以下三个方面:基本属性信息标注、汉字构形信息标注、汉字字际关系信息标注。其中,基本属性信息标注是基础,汉字构形信息标注是核心,汉字字际关系信息标注是重点。基本属性信息具有客观性。考虑到字书编纂体例及收字内容多有不同,因此,不同字书的字料库对于基本属性信息的选择及标注上会有所差异。汉字构形信息标注将通过字头构形属性的分析,最终建立一张字形关系网。汉字字际关系信息的标注将形成字际关系网,辅助字形关系网与先期建好的字音关系网,构成汉字形音义关系巨系统。①

――――――――

① 随着研究的不断深入,我们又将字书字料库字料标注的内容进行了适当扩展。主要应该包括以下七个方面:1.字料公用信息标注。包括字料编号、字料截图、严式楷定、宽式楷定、UNICODE 编码及类属、文字学部首、检字法部首、字位主形、字种正字等。2.字料基本信息标注。主要研究字料物理属性标注问题,包括作者(书写者)、时代、载体、释文、字体等。3.字料书写信息标注。包括线条笔画数、笔顺、各笔笔形、笔画交重率、字体风格信息等。4.字料构形信息标注。包括构件拆分及构形模式等,又分为有理拆分、无理拆分、同形字拆分三种。5.字料字际关系信息标注。包括异体关系、同源关系、同形关系、分化关系、本借关系、繁简关系、正讹关系等,每种关系下又包括若干具体属性。6.字料字用属性信息标注。包括字义属性、字音属性、字频属性等。7.字料多模态信息标注。包括汉字字形形式化描述信息标注、多种书体动态笔顺标注、汉字字形古今动态演变信息标注、汉字古今字音音频属性标注等。其中,字料多模态信息是适应信息时代汉字学研究与字书汉字整理工作需要的必要内容。当前研发的字料库及"类字料库"普遍缺少字料多模态信息标注的内容,主要是因为需要交叉学科背景,研究难度较大。这需要我们必须具备学科交叉意识、超前思维和战略眼光,为字料多模态信息标注提供有针对性、实用性和可操作性的标准。2020 年 7 月附记。

这些属性以字段的形式预存在字料属性库中,具体内容由字料标注者录入或点选。后面两种标注信息具有一定的主观性,也就说,标注者会把自己对于某种理论的认知附加在字料上,它是标注者将客观实际与主观认识相结合的产物。

第四节　字书字料标注的方式

字书字料的标注需要花费相当多的人力和时间,而怎样多快好省地进行字料的标注是字书字料库建设亟待研究解决的一个核心问题。在字料标注方式上,一般可以采取人工标注、机器标注以及二者相结合标注等三种方式。

人工标注是一种比较初级的标注方式,它可以直接将人的智慧转化为机器的智慧。在字料库建设初期,由于缺乏充分的前期实践经验,字料标注只能先依靠人工方式进行。这就需要对标注者进行培训,并进行小范围的试标注。可以先由几个普通标注者对同一份字料进行标注,之后再由汉字学专家判断标注不一致的地方孰是孰非,最终确定正确的标注,作为下一步标注的经验范本。等再遇到新问题时,标注者可以集思广益,根据前期标注经验开发新的解决方案,灵活处理所遇到的各种问题。不过,单纯使用人工标注来建立大规模、深标注、高质量的字书字料库,其标注成本非常昂贵,是一个耗时耗力的巨大工程。

随着汉字信息处理技术的发展以及字料库研究成果的大量问世,在设计一些自动识别和填充程序的基础上,字料库的一些浅层次的标注工作可以交由计算机自动完成。机器自动标注一般都能保证字料属性内容使用的正确性,这不仅可以加快字料标注速度,也有利于保证标注的一致性和准确性。但是这种自动化标注不可能保证字料标注的信息百分之百准确,因为机器毕竟不能代替人脑,机器标注是计算机调用标注者前期设定的一切可能性去分析、处理问题,问题解决的好坏取决于预置的经验丰富与否以及程序设计科学与否。这其中仍然少不了人工介入。

而采取人工标注和机器标注相结合的方式,既能保证较高的标注速度,又能提高标注时处理新问题时的灵活性,还能最大限度降低标注失误率,应该作为快速高效建设字料库系统的首选标注方式。在具体标注过程中,可以采用事前把关或者事后校对的策略。如开发一个计算机辅助人工标注软件,由标注者决定应该标注的属性字段,由计算机根据字料具体情况自动填入相应内容,这属于事前把关的策略;或者开发一个计算机标注检查程序,自动检查业已标注的属性内容是否符合既定规则,是否满足一致性的要求,这属于事后校对的策略。二者有机结合,才能够在快速高效的基础上保证字书字料标注的正确性和一致性。这方面的理论与实践还处在摸索阶段,有许多问题值得深入探讨。

第五节　字书字料标注的层次

丁善信在谈到语料库语料的标注时说:"从用户的角度,语料标注得越详尽越好,而标注者则还需考虑标注的可行性。因此,任何标注模式都是二者之间求得的一种妥协的产物。"①这种现象应该说具有普遍性,字书字料库中字料的标注也存在这种矛盾。字料库用户总是希望自己从库中获得尽可能多的汉字属性信息,而字料标注详尽与否直接决定这种希望能否变为现实。比如说,

---

① 丁善信.语料库语言学的发展及研究现状[J].当代语言学,1998(3):8.

对汉字构形属性信息的标注,除了构件层面,还有笔画层面。笔画层面可以只标注横竖撇点折五种,也可以细分为五十多种(含变体),这二者之间的难度系数就明显不同。对于汉字字际关系属性的标注,除了异体关系、繁简关系,还包括分化关系、同源关系等等。为了形成一个多层次的立体分类系统,这些大类下面也还可以继续做下位划分。划分得越细致,所能提供的汉字学信息就越丰富。但是,标注得越细致,对标注者本身的语言文字学素养要求就越高,对其标注效率的要求就越苛刻,而且花费的时间也就越多。

我们认为,单纯满足以上任何一方面的要求,对于字书字料库建设来说都是得不偿失的。字书字料库中字料的标注要兼顾标注者和使用者两方面的实际能力和要求,字料的标注层次应该根据研究层次和目的进行或深或浅地调整。不过,为了基于字料库的汉字学及相关学科研究能够更便捷高效地获得有效数据,最好还是应该进行深层次标注。考虑到目前字书字料库标注方面的研究开展得还很不充分,初期的标注任务可以先定位在浅层次上,以后再根据相关研究结果逐级递增标注深度。

另外需要特别指出的是,对字书字料属性标注质量的检验也必须提上议事日程。对包括检验意义、方法、评价体系与检验模型的建立、具体实验与改进措施等方面内容的研究应该着力加强,从而保证字书字料属性标注满足标准化、科学性的要求。

在本章中,我们结合字书字料库前期建设的实践经验,分别对字料标注的定义、原则、字料属性库的建设、标注的内容、方式、层次等问题进行了初步探讨。应该看到,字料属性标注的理论和实践研究仍是当前字书字料库研究与建设最薄弱的环节之一。学界对字料库字料属性标注的研究还存在一些问题,比如本体理论研究尚不充分；标注框架设计、属性库建设、自动化水平及具体标注实践还不能完全满足大范围、深层次的汉字学研究要求等。也正因为如此，字书字料库建设过程中碰到的一些棘手的问题，比如字料样本的计算机识别以及字料的系联，一时半会恐怕还难以真正被解决，即使是这里所讨论的字书字料库字料的标注问题，可能也还存在一些值得商榷的地方。这些基础性问题如果研究得不细致，解决得不彻底，会直接影响字书字料库建设工作的顺利开展。怎样又快又好地标注字料是一项基础性的需要持续努力研究的工程，需要学界高度重视。

第九章　字书字料的字际关系系联

第一节　汉字字际关系概述

字际关系,顾名思义,指的是两个或多个字之间所具有的关系。[①] 每个具体的汉字都具有形、音、义、用四大属性,因此,本文所讨论的汉字字际关系是指字与字之间在形、音、义、用四个方面的关系。

学界对字际关系的研究由来已久,成果相当丰富,但无论是理论分析还是实践操作,目前看来都还存在不少问题,研究空间很大。

韩琳《字际关系研究述评》认为,字际关系的确定是汉字的整理、研究以及古代书面文献的训释过程中的重要的基础性工作,她将字际关系研究分为起始、突破、发展三个阶段,对学界研究成果进行了综述,对假借字、古今字、异体字、同源字、同形字、同义换读字、通用字、分化字等术语的产生、发展、演变进行了细致梳理,认为目前的字际关系研究存在用语及概念不统一、具体材料的辨别有分歧两大问题,应该着力清理字际关系术语,并加强相

---

① 与字际关系并列的是词际关系和字词关系。

关理论建设与工具书编纂。①

　　李运富在《汉字汉语论稿》中从文字系统和文献系统两个角度讨论了汉字的字际关系类型。文字系统角度的字际关系包括同音字、同义字、同形字、同词字（异体字）、同源字等五种；文献系统角度的字际关系包括本字—本字（包括异体字—异体字、同义字—同义字、古本字—重造本字、源本字—分化本字）、本字—借字（本字—通假字、假借字—后造本字）、借字—借字（通假字—通假字、假借字—假借字）等三种。② 在《汉字学新论》中，他又从书写、结构、职能三个角度分别考察了汉字的字际关系。书写角度的字际关系包括同样字与异样字、同形字与异形字，结构角度的字际关系包括同构字和异构字，职能系统的字际关系包括同音字、同义字、音义皆同字、音义相关字、异字同用、同形异用等。③

　　字书字料库中所涉及的字际关系，与从理论角度归纳出的字际关系并不能完全对应。因为有些字际关系没有必要在字料库里以单独界面显示，借助搜索功能就能完全实现字际关系的系联工作。比如同音关系，检索读音字段即可完全实现同音字的系联。单独设计界面，不仅会增加字料库程序设计的工作量，而且会造成数据库数据冗余。因此，我们所研发的字书字料库目前主要包括以下七种字际关系：异体关系、同源关系、同形关系、分化关系、本借关系、繁简关系、正讹关系。各种关系数据的填充，除了借助现已出版的大量字典辞书外，还将考虑利用学界已发表的论文和已出版的专著等学术资料，尽量保证系联结果的科学性和

①韩琳.字际关系研究述评[J].励耘学刊：语言卷，2005(2)：227－249.

②李运富.汉字汉语论稿[M].北京：学苑出版社，2008：118－136.

③李运富.汉字学新论[M].北京：北京师范大学出版社，2012：223.

完备性。当然,我们自己考辨所取得的字际关系系联结果也将及时入库,以供学界检验和利用。

第二节　异体关系系联

异体关系是目前所有字际关系种类中最受学者关注的一种,也是研究难度比较大的一种字际关系类型。

所谓异体关系,是共时层面上两个或两个以上异体字之间所形成的字际关系,属于字际关系中的同字异形范畴。按照汉字构形学理论,异体字职能相同而形体不同,其中又包括异写字和异构字两种。在同一体制下,记录同一个词,构形、构意相同,仅仅是写法不同的字样,称作异写字。[①] 形体结构不同而音义都相同、记录同一个词、在任何情况下都可以互相置换的字,称作异构字。[②] 李国英师指出:"实际上异构和异写并不在一个层面,每一个异构形体都可能产生自己的异写形式,异写属于异构下面的层次。""整理异体字最好把异构、异写的层次关系描写清楚,排比出谱系,这样既便于进一步研究,也便于规范异体字时参考。"[③]鉴于此,在异体关系系联时,我们将特别重视异体关系谱系的梳理,为所整理异体字组绘制异体关系树图,以便清晰展示异体字的内部层级系统。

---

①王宁.汉字构形学导论[M].北京:商务印书馆,2015:151.

②王宁.汉字构形学导论[M].北京:商务印书馆,2015:154.

③李国英.异体字的定义与类型[J].北京师范大学学报(社会科学版),2007(3):50.

一、主要参考资料

在当前的汉字整理过程中,学界对异体字的整理,无论是深度,还是广度,都已经达到了前所未有的程度,并且产生了大量专书异体字整理成果,涌现出了一批令人耳目一新的理论成果。在系联过程中,我们充分吸收了包括《汉语大字典》(第一版)所附《异体字表》、《汉语大字典》(第二版)、台湾"异体字字典"(正式六版)、《通用规范汉字表》所附"规范字与繁体字、异体字对照表"在内的集成性字典以及学者论著中所认同的异体关系。①

二、举例说明

我们以"哲""天"二字及其异体字为例来演示字书字料库异体关系的系联过程及结果。

1.哲

《说文·口部》:"哲(𠸬),知也。从口,折声。悊,哲或从心。嚞,古文哲从三吉。"《尔雅·释言》:"哲,智也。"《书·皋陶谟》:"知人则哲,能官人。"孔安国传:"哲,智也。""哲"本义为明智,隶定作"𢆪""𢆫"(唐及唐以前文献多作向右下包围结构)。

"哲"异构作"悊"。徐在国认为"悊"当源于"𢾭"(《王孙遗者钟》)。② 字从口从心均有理据可说。《汉书·五行志》:"《书》云:'知人则悊,能官人。'"颜师古注:"悊,智也。"文献中有"𢜽"字

---

①《异体字表》共收异体字约 11900 组。"异体字字典"共收正字 29921 个,异体字 74407 字。

②徐在国.隶定古文疏证[M].合肥:安徽大学出版社,2002:33.

（《唐故怀君墓志铭》），即合"哲""悊"二字为一体。

"嚞"从三吉，亦属于异构字。元唐桂芳《赠张子荣序》："古先嚞人，口授指画，备载诸书，非徒臆说而已也。"

"嚞"异写作"喆"。《丹阳太守郭旻碑》："既明且喆。"

"嚞"又省文作"喆"，《法言·问明》："好大者为之也，顾由无求于世而已矣，允喆尧僊舜之重，则不轻于由矣。"李轨注："喆，知也。"后汉《张骞碑》作"吉吉"，北魏《晖福寺碑》作"喆"。今被《通用规范汉字表》三级字表收录。

"哲"上部类化异写作"晢"。《龙龛手镜·口部》："晢，俗。哲，正。知列反，智也。二。"

"哲"或作"暂"形。段注"哲"字下曰："按，凡从折之字皆当作斤断艸。各本篆文皆作手旁，用隶改篆也，今悉正之。"折作斤断艸，即"斲"。

"哲"又作"埑"。《字汇补·土部》："埑，与哲同。"《鹖冠子·王鈇》："钩于内哲，固于所守。"陆佃注："或作埑。"

哲由明智引申指贤明的人。《左传·成公八年》："夫岂无辟王？赖前哲以免也。"所以"喆"又赘加人旁作"儨"。

俗书木扌形近多混同所致，故"哲"或异写作"晢"。如"晢"（《北魏李仲琁修孔子庙碑》）、"拓"（唐畅整《程知节碑》）等。"晢"诸字韵书均未收录，UNICODE 收入 CJKB 中。

"喆"或异写作"吿吿"（《朱龟碑》）。《隶辨》"喆"字下按曰："即喆字，变吉从吿。""吿吿"UNICODE 暂未收录。

以上诸字之间的异体关系可以图示如下（实线为异构关系，虚线为异写关系）：

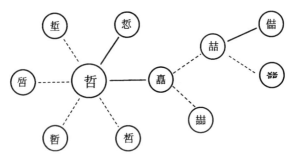

图 9.1　"哲"字异体关系图

　　下面具体分析以上诸字在字书字料库异体关系界面的标注情况。

　　我们先看主字头是"哲"的异体情况。

　　"哲"与其异体字均为狭义异体字。异体产生的原因均为汉字系统自身原因,但产生途径分为三种:"喆""嚞""嚞""嚞"属于造字方法不同,"晢"属于字体演变,"埑""晳""悊"属于文字使用流通。

　　具体来说,"哲""悊""嚞"是义音合成,但三者所用构件不同。"哲"与"悊"表义构件不同,"哲"与"嚞"表义构件与示音构件都不同。"喆""嚞""嚞"是会义合成。"晢"是"晢"的楷定字(依段玉裁说)。"埑""晳"二形的产生是因为在俗写过程中土心、扌木形近发生讹误。字作"晳"者,是因为"哲"上之"折"发生字内类化写作"所"。

　　以上诸字的异体关系信息在字书字料库中标注结果如下:

异体关系	同源关系	同形关系	分化关系	本借关系	繁简关系	正讹关系		
字头列表	悊		异体字头	悊		狭义或部分	狭义异体字	
异体产生原因	汉字系统自身原因		异体产生途径	造字方法不同		异体关系大类	异构字	
异体关系中类	构形方式相同		异体关系小类	同为义音合成而表义构件不同				

异体关系　同源关系　同形关系　分化关系　本借关系　繁简关系　正讹关系

字头列表	喆	异体字头	□ 喆	狭义或部分	狭义异体字
异体产生原因	汉字系统自身原医	异体产生途径	造字方法不同	异体关系大类	异构字
异体关系中类	构形方式不同	异体关系小类	义音合成与会义合成		

异体关系　同源关系　同形关系　分化关系　本借关系　繁简关系　正讹关系

字头列表	嚞	异体字头	□ 嚞	狭义或部分	狭义异体字
异体产生原因	汉字系统自身原医	异体产生途径	造字方法不同	异体关系大类	异构字
异体关系中类	构形方式不同	异体关系小类	义音合成与会义合成		

异体关系　同源关系　同形关系　分化关系　本借关系　繁简关系　正讹关系

字头列表	喆	异体字头	□ 喆	狭义或部分	狭义异体字
异体产生原因	汉字系统自身原医	异体产生途径	造字方法不同	异体关系大类	异构字
异体关系中类	构形方式不同	异体关系小类	义音合成与会义合成		

异体关系　同源关系　同形关系　分化关系　本借关系　繁简关系　正讹关系

字头列表	喆	异体字头	□ 喆	狭义或部分	狭义异体字
异体产生原因	汉字系统自身原医	异体产生途径	造字方法不同	异体关系大类	异构字
异体关系中类	构形方式相同	异体关系小类	其他		

异体关系　同源关系　同形关系　分化关系　本借关系　繁简关系　正讹关系

字头列表	哲	异体字头	□ 哲	狭义或部分	狭义异体字
异体产生原因	汉字系统自身原医	异体产生途径	字体演变	异体关系大类	异写字
异体关系中类	构件异写字	异体关系小类	隶定形与隶变形		

异体关系　同源关系　同形关系　分化关系　本借关系　繁简关系　正讹关系

字头列表	埑	异体字头	□ 埑	狭义或部分	狭义异体字
异体产生原因	汉字系统自身原医	异体产生途径	文字使用流通	异体关系大类	异写字
异体关系中类	构件异写字	异体关系小类	构件形近混同		

异体关系　同源关系　同形关系　分化关系　本借关系　繁简关系　正讹关系

字头列表	喆	异体字头	□ 喆	狭义或部分	狭义异体字
异体产生原因	汉字系统自身原医	异体产生途径	文字使用流通	异体关系大类	异写字
异体关系中类	构件异写字	异体关系小类	其他		

异体关系　同源关系　同形关系　分化关系　本借关系　繁简关系　正讹关系

字头列表	哲	异体字头	□ 哲	狭义或部分	狭义异体字
异体产生原因	汉字系统自身原医	异体产生途径	文字使用流通	异体关系大类	异写字
异体关系中类	构件异写字	异体关系小类	构件形近混同		

图 9.2　"哲"字异体关系填充示意图

　　再来看主字头是"譶"的情况。这里只展示其中三个异体字的情况。

　　"譶"与其异体字"哲""喆""譶"亦均为狭义异体字。异体产生的原因均为汉字系统自身原因，但产生途径分为两种："喆""譶"属于文字使用流通，"哲"属于造字方法不同。

　　具体来说，"譶"在书写过程中因为求简便，省去一个直接构件"吉"，产生了新字形"喆"，"譶""喆"都属于会义合成，但构件数量不同。"譶"写作"譶"，则是因为构件置向发生改变，属于构件异写字。"譶"与"哲"构形方式不同，前者是会义合成，而后者是义音合成。

　　以上诸字的异体关系信息在字书字料库中标注结果如下：

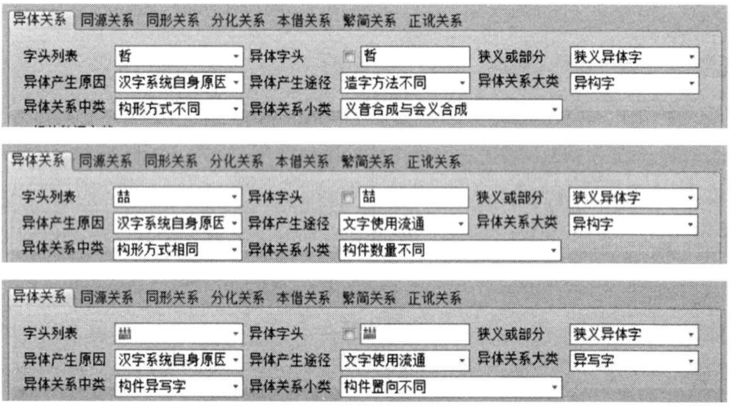

图9.3　"譶"字异体关系填充示意图

2.天

　　《说文·一部》："天(页)，颠也。至高无上，从一、大。"王国维《观堂集林》："古文天字本象人形……本谓人颠顶，故象人形……

所以独坟其首者,正特著其所象之处也。"①天本义为人头,引申指
天空。

　　"天"异写作"兂",《玉篇·一部》:"兂兂,并古文(天)。"《无极
山碑》:"无极山与兂垄俱生。"唐张说《元君石柱铭》:"兂断旧域,
地开新路。"又作"兲"。《集韵·先韵》:"天,古作兲。"黄锡全《汗
简注释》"𠑻"字下曰:"敦本作兂,内本作兂,与兂(《无极山碑》)、
兂兂(《吴天纪砖·千甓亭》)等形类似,并由𠆸(《天鼎》)、𠓶(《天棘
爵》)、𠑻(《曾侯乙墓匜器》)、𠑻(《三体石经》)等形讹变。"②其说
可从。

　　兂,《玉篇·一部》:"兂兂,并古文(天)。"S.512《归三十字母
例》字作"兂"。徐在国认为"兂"不是古文,而是俗字,先上为
天。③　今窃以为"兂"为标音合成字,"先"为示音构件,"一"标示
上天。

　　"曌"为唐武则天所造字,乃源于《说文》篆文"𠑳"形。武则天
当政及其后一段时间内曾广泛使用。S.545《失名类书》"金天爽
气,牛星夜上"中"天"作"𠑳"。《周杜山威等造像铭》作"𠑳"。隶
定后即"曌"字。

　　"曌"异写作"兊"。《字汇补·儿部》:"兊,与天同。武后制。"

　　天,《改并四声篇海·八部》引《并了部头》:"天,古文天字。"
《古文四声韵·先韵》引崔希裕《纂古》"天"古文作"𠑻","天"为
"𠑻"的进一步讹变。

　　字又作"𣴎"。《古文四声韵·先韵》引崔希裕《纂古》"天"古

①王国维.观堂集林[M].北京:中华书局,1959:282.
②黄锡全.汗简注释[M].武汉:武汉大学出版社,1990:64.
③徐在国.隶定古文疏证[M].合肥:安徽大学出版社,2002:13.

文又作"兲",《龙龛手镜·宀部》:"兲,古文天字。"战国行气玉铭
"兲则畜"之"兲()",于省吾释为"天"。①

　　"天"又异构作"茣"。《玉篇·艸部》:"茣,古文天字。"明何孟
春《余冬序录》卷一:"正统十年进士登科录,凡天字皆作茣,云出
内阁意。"异写作"莛"。《康熙字典·艸部》:"莛,《玉篇》《集韵》丛
古'天'字。"查今本《玉篇·艸部》作"茣",《集韵·山韵》"天"下无
此古文。《古文四声韵·先韵》引《古老子》"天"作"",唐《碧落
碑》"天"作""形,隶定即为"茣"字。于省吾解释《碧落碑》"大道
天尊"句"天"字时曰:"天字作茣,即茣字,曳喻母,古读喻母如定
母。从曳之字,如枻亦作栧,古读世如大,故世子亦作大子。天、
茣并舌头音,乃双声假借字也。"②据此,则"茣(茣)"从艸曳
(曳)声。

　　"天"又异构作"蠘"。《改并四声篇海·青部》引《俗字背篇》:
"蠘,与天同。出道书中。"《清史稿·觉罗伍拉纳传》:"(陈苏老、
陈滋等)设蠘飍会,'蠘飍'字妄造,以代'天地'。"徐珂《清稗类
钞·会党类》:"蠘赐兴,飍赐旺。""蠘"乃取青、气二字会义合成。

　　"天"或作"靝"。《改并四声篇海·青部》:"靝(靝),与天同。
出道书。"《字汇补·青部》:"靝,道书天字。""靝"从青从"炁"。
《玉篇·火部》:"炁,古气字。"《关尹子·六匕》:"以神存炁,以炁
存形。""靝"取青、炁二字会义合成。

　　"靝"或异写作"靝"。《康熙字典·青部》:"靝,《篇海》与天
同。出道书。""靝"从青从炁,"炁"为"炁"讹形。

　　"靝"省形作"靘"。《字汇补·青部》:"靘,与天同。"

───────────

①于省吾.双剑誃吉金文选[M].北京:中华书局,1998:385.
②于省吾.碧落碑跋[J].考古,1936(2):58.

以上诸字之间的异体关系可以图示如下（实线为异构关系，虚线为异写关系）：

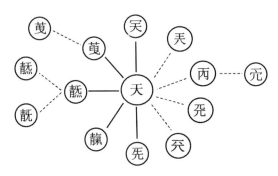

图 9.4　"天"字异体关系图

下面具体分析以上诸字在字书字料库异体关系界面的标注情况。

我们先看主字头是"天"的异体情况。

"天"与其异体字均为狭义异体字。异体产生的原因分为汉字系统自身原因和汉字系统外原因两种。其中，"兝""兞""兙""兲""兲""莫""莫"等七字产生的原因属于前者，而"两""元"二字是武则天个人所造字，"籲""齻""齻""齞"等四字是道教文献中创制并使用的，它们产生的原因属于社会政治原因。

从产生途径上来看，"兝""兞""兙""兲""兲""莫""莫"均属于造字方法不同。具体来说，"兝""兞"为独体记号，"兙"为标音合成字，"兲"为多功能合成，"莫""莫"均为音记合成。

以上诸字的异体关系信息在字书字料库中标注结果如下：

字头列表	［六/六］	异体字头	［六/六］	狭义或部分	狭义异体字
异体产生原因	汉字系统自身原因	异体产生途径	字体演变	异体关系大类	异写字
异体关系中类	笔画异写字	异体关系小类	其他		

字头列表	[靑乑]	异体字头	□[靑乑]	狭义或部分	狭义异体字
异体产生原因	汉字系统外原因	异体产生途径	社会政治原因	异体关系大类	异构字
异体关系中类	构形方式不同	异体关系小类	其他		

字头列表	[尹/[几·]]	异体字头	□[尹/[几·]]	狭义或部分	狭义异体字
异体产生原因	汉字系统自身原因	异体产生途径	文字使用流通	异体关系大类	异写字
异体关系中类	构件异写字	异体关系小类	隶定形与隶变形		

字头列表	丙	异体字头	□丙	狭义或部分	狭义异体字
异体产生原因	汉字系统自身原因	异体产生途径	文字使用流通	异体关系大类	异写字
异体关系中类	构件异写字	异体关系小类	隶定形与隶变形		

字头列表	夭	异体字头	□夭	狭义或部分	狭义异体字
异体产生原因	汉字系统自身原因	异体产生途径	文字使用流通	异体关系大类	异写字
异体关系中类	笔画异写字	异体关系小类	笔画数量不同		

字头列表	兂	异体字头	□兂	狭义或部分	狭义异体字
异体产生原因	汉字系统自身原因	异体产生途径	文字使用流通	异体关系大类	异写字
异体关系中类	构件异写字	异体关系小类	隶定形与隶变形		

字头列表	兂	异体字头	□兂	狭义或部分	狭义异体字
异体产生原因	汉字系统外原因	异体产生途径	社会政治原因	异体关系大类	异写字
异体关系中类	构件异写字	异体关系小类	隶定形与隶变形		

字头列表	夭	异体字头	□夭	狭义或部分	狭义异体字
异体产生原因	汉字系统自身原因	异体产生途径	造字方法不同	异体关系大类	异构字
异体关系中类	构形方式不同	异体关系小类	其他		

字头列表	兂	异体字头	□兂	狭义或部分	狭义异体字
异体产生原因	汉字系统自身原因	异体产生途径	造字方法不同	异体关系大类	异构字
异体关系中类	构形方式不同	异体关系小类	其他		

字头列表	萸	异体字头	□萸	狭义或部分	狭义异体字
异体产生原因	汉字系统自身原因	异体产生途径	造字方法不同	异体关系大类	异构字
异体关系中类	构形方式不同	异体关系小类	其他		

字头列表	舦	异体字头	□舦	狭义或部分	狭义异体字
异体产生原因	汉字系统外原因	异体产生途径	社会政治原因	异体关系大类	异构字
异体关系中类	构形方式不同	异体关系小类	其他		

字头列表	韱	异体字头	□韱	狭义或部分	狭义异体字
异体产生原因	汉字系统外原因	异体产生途径	社会政治原因	异体关系大类	异构字
异体关系中类	构形方式不同	异体关系小类	其他		

图 9.5　"天"字异体关系填充示意图

　　再来看主字头是"颙"的情况。这里也只展示"天""酰""酰""觑"等四个异体字的情况。

　　"颙"与其异体字"天""酰""酰""觑"亦均为狭义异体字。异体产生的原因不同，"天"为汉字系统自身原因，而"酰""酰""觑"为汉字系统外原因。产生途径分为两种："天"属于造字方法不同，"酰""酰""觑"属于社会政治原因。"颙"与"天""酰""酰""觑"均属于异构字，但"颙"与"天"属于构形方式不同，因为"颙"为会义合成而"天"为标义合成。"颙"与"酰""酰""觑"的构形方式相同，都是会义合成，但表义构件不同，四字分别从氣、炁、炁和旡，其中，旡为炁省形。

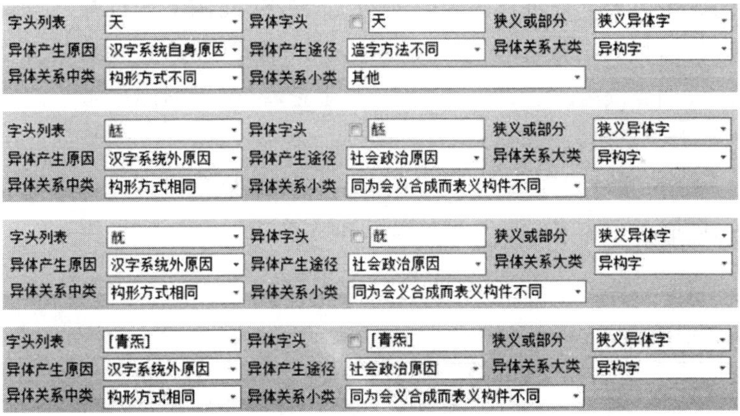

图 9.6　"颙"字异体关系填充示意图

第三节　同源关系系联

　　所谓同源关系，是指由同一语源分化出的若干意义相关而不全同的词之间所形成的关系。具有同源关系的一组字在读音上相同或相近,在意义上相通。

　　同源关系部分的系联工作主要是依据已有研究结果填充同源字的声母、韵部以及声韵关系状况。其中,声韵关系状况可由软件自动生成,部分关系不详的,可以根据实际情况由人工完成填充。

一、主要参考资料

　　同源关系系联的主要参考资料包括:殷寄明《汉语同源词大典》(复旦大学出版社,2018)、殷寄明《汉语同源字词丛考》(东方出版中心,2007)、王力《同源字典》(商务印书馆,1982)、刘钧杰《同源字典补》(商务印书馆,1999)、刘钧杰《同源字典再补》(语文出版社,1999)、张希峰《汉语词族丛考》(巴蜀书社,1999)、张希峰《汉语词族续考》(巴蜀书社,2000)、张希峰《汉语词族三考》(北京语言大学出版社,2004)

　　在系联过程中,对于以上论著的研究结果我们进行了充分吸收,同时也将自己的一些研究成果纳入到了同源关系库中。

二、举例说明

　　下面以"音"族字为例进行说明。[1]

　　音,字本作"咅"。《说文·丶部》:"相与语,唾而不受也。从丶从否,否亦声。"段注:"《不部》曰:'否,不也。'从丶否者,主于不然也。"朱骏声《说文通训定声·颐部·音》:"今苏俗尚有此语

---

[1]此处所举例子作为阶段性成果以《从"音"得声字初探》为题发表在《国学学刊》2015年第3期上,此处只选择一部分予以展示,并且论证部分也作了一些修改完善。

词……《左传》'不顾而唾'，《赵策》'老妇必唾其面'，皆所谓
'音'也，非涕唾之唾。"故"音"字本义当为表示拒绝或否定时张
口斥责的声音，大致相当于现代汉语中表示唾弃或斥责的叹词
"呸"。

从"音"得声之字多具有背、开、加、破义。王力《同源字典》谓
背、倍同源，均取义于背、反。① 又谓剖、掊、判三字同源，均取义于
分、开，②殷寄明《汉语同源字词丛考》谓音声之字有加义，并举培、
倍、陪、赔、棓等五字为例进行了分析。③ 又谓音声之字有破义，破
音滂纽双声，具有开义，是为同源。④ 下面从这四个核义素出发系
联"音"族同源词。

（一）背、反义

倍，《说文·人部》："反也。"依段注，此系倍之本义。《左传·
昭公二十六年》："慢弃刑法，倍奸齐盟。"孔颖达疏："倍，即背也，
违背奸犯齐同之盟也。"这说明，"倍"字可因含有"违背"义而从
"音"得声。

段注又曰："又引伸为加倍之倍，以反者覆也，覆之则有二面，
故二之曰倍。"由此，则倍又有增加、增添义。《正字通·人部》：
"倍，物财人事加等曰倍。"《庄子·养生主》："是遯天倍情。"释文：
"倍，加也。"再虚化为"更加"义。《颜氏家训·勉学篇》："及至冠
婚，体性稍定，因此天机，倍须训诱。"倍须即更加需要。

---

①王力.同源字典[M].北京:商务印书馆,1982:262.
②王力.同源字典[M].北京:商务印书馆,1982:102.
③殷寄明.汉语同源字词丛考[M].上海:东方出版中心,2007:314.
④殷寄明.汉语同源字词丛考[M].上海:东方出版中心,2007:31.

（二）增加义

培，《说文·土部》："培敦，土田山川也。"段注："《左传》：
'祝鮀曰：分鲁土田培敦。'……杜云：'倍，增也，敦，厚也。'……
按：封建所加厚曰培敦……引申为凡裨补之称。"《玉篇·土部》：
"益也。《礼记》曰：'坟墓不培。'培犹治也。"又《正字通·土
部》："壅也。"即给植物或墙堤等的根基垒土。《礼记·中庸》：
"栽者培之，倾者覆之。"郑玄注："培，益也。"以上均与增义有
关，故可从"咅"得声。

菩，《说文·艸部》："艸也。"清桂馥《札朴·乡里旧闻》"黄背
草"条曰："苫屋之草，乡人呼黄背草。《广韵》作'蓓'，云：'黄蓓草
也'。《说文》作'菩'。《齐民要术》云：'凡谷田二月上旬及麻杨生
种者为上时。'"①黄背草即菅茅，是古人用来代替瓦片遮盖屋顶的
上好材料，故菩可因其功用而从"咅"得声。

陪，《说文·𨸏部》："重土也。"重土即在土堆上加土。《左
传·昭公五年》："飧有陪鼎。"杜预注："陪，加也。"清徐灏《说文解
字注笺》："重土为陪，引申为凡相重之称。故土有陪，乘卒有陪
隶，飧有陪鼎。"《尔雅·释言》："增，益也。"故又可引申有增益义。
《左传·僖公三十年》："越国以鄙远，君知其难也，焉用亡郑以陪
邻。"杜预注："陪，益也。"

綯，《说文·糸部》："治敝絮也。"段注："敝絮犹故絮也。"《定
声》："如今弦弹故棉。"整治旧絮可使其变新，有增益、使好义，可
从"咅"得声。清钱陈群《香树斋文集》卷二十三《祭王恭人文》：

---

①（清）桂馥.札朴[M].北京：中华书局，1992：371.

"妇习辛苦,昨见其箱中止一綰额黄丝绢耳。"①綰额连用,状其黄丝绢之敝陋之甚。

桮,一种农具名,即连枷。《方言》卷五:"佥,自关而西谓之桮。"郭璞注:"佥,今连枷,所以打谷者。"《释名·释用器》:"枷,加也,加杖于柄头以挝穗而出其谷也。"枷可从声旁"加"得音义,而音亦有加义,从这一角度来看,"枷"的方言异体字"桮"也可同理从"音"得名。

䴵,《集韵·厚韵》:"䴵䵆,饼也,或从食。"从食,即餢飳。《正字通·食部》:"餢,餢飳,起面也。发酵使面轻高浮起炊之为饼。"即使面发酵(制成饼)。面团发酵,则体积增大,可见声旁"音"与䴵、餢字义有关。唐释寒山诗:"只为着破裙,吃他残䴵䵆。"

賠,《字汇·贝部》:"古无此字,俗音裴,作赔补之字。"《正字通·贝部》:"补偿人财物曰赔。"旧题宋陈襄《州县提纲》卷三《革盗摊赃》:"平人惮其禁,对不敢辩,往往辄买赃赔偿。"《初刻拍案惊奇》卷九:"却又被西台追赃入官,家业不勾赔偿,真个转眼间冰消瓦解,家破人亡。"赔偿别人财物,就是把自己的钱财施加于别人,使对方的钱财增加,故可从"音"得声。

（三）分开义

剖,《说文·刀部》:"判也。"《广雅·释诂一》:"分也。"《广雅·释诂四》:"半也。"《荀子·强国篇》:"刑范正,金锡美,火齐得,剖刑而莫邪已。"杨倞注:"剖,开也。"故声旁"音"可示其

①(清)钱陈群.香树斋文集(影印清乾隆间刻本)[M].四库未收书辑刊编纂委员会:四库未收书辑刊(集部第 919 册)[C].北京:北京出版社,1998:252.

语源。

部,《说文·邑部》:"天水狄部。"此盖非本义。徐锴《说文系传》:"属也。部之言簿也,分簿之也。"《玉篇·邑部》:"分判也。"《集韵·姥韵》:"分也。"《荀子·王霸篇》:"如是,则夫名声之部发于天地之间也。"唐杨倞注:"部当为剖,谓开发也。"《素问·刺禁论》:"心部于表,肾治于里。"清张志聪集注:"部,分也。"故部亦有开义。

箁,《说文·竹部》:"竹箁也。"竹箁即竹籜,今语称为竹壳。明许次纾《茶疏·权宜》:"瓦器重难,又不得不寄贮竹菩。"谓将茶寄藏在竹壳里。清徐灏《说文解字注笺》:"箁之言剖也,言其籜解也。"籜解即竹笋脱壳。宋邵雍《高竹》诗之八:"抽萌如止戈,解籜如脱甲。"其开义更加明显。

涪,《说文·水部》:"涪水,出广汉刚邑道徼外,南入汉。"段注:"按,刚氏道徼外,盖在今四川龙安府松潘厅境内地,旧松潘卫也。卫东有小分水岭,涪水出焉,东南流。"由此可推知,涪水盖因该分水岭而得名,当取义于分。

瓿,《说文·瓦部》:"瓿,甂也。"又"甂,似小瓿,大口而卑,用食。"可见,瓿为一种口开得较大的瓦器,故可从"咅"得声。[1]《汉书·扬雄传》:"吾恐后人用覆酱瓿也。"又,"瓿"之方言异体字为"䍌",《说文·缶部》:"小缶也。"《宋高僧传·唐高丽国元表传》:"人谓此为窖藏,掘打䍌破,见一鸦闯然飞出,立于桑杪。"从瓦从缶所表示的义类相同。

掊,《段注说文·手部》:"杷也。"注曰:"掊者,五指杷之,如杷

---

[1] 今农村尚有一种多由竹、木条编制而成的敞口盛物器具,名曰箁篮,箁、瓿均取义于开,二字亦同源。

之杷物也。"《汉书·郊祀志上》:"见地如钩状,掊视得鼎。"颜师古注:"掊,谓手杷土也。"《资治通鉴·后周纪一》:"有乳母于泥中掊得金缠臂,献之,冀以赎其主。"元胡三省注:"掊,以手爬土也。"由此可见,"掊"字本义当为用手扒土或用工具掘土,有使土开之义,故可从"音"得声。

鵅,《龙龛手镜·鸟部》:"鵅,音部。小鸟也。"《正字通·鸟部》:"鵅,俗字。《尔雅》:'鸼鵊,一名剖苇。'本作剖。旧注音剖,鸟名,误。"《说文·鸟部》:"鵊,鸼鵊,剖苇,食其中虫。"鸼鵊学名叫大苇莺,喜欢用长而尖的嘴啄开芦苇皮,吃杆中小虫,古人用其典型生活习性将其命名作"剖苇",后又因其属于鸟类而类化作"鵅"。鸼鵊善于剖苇,故鵅亦有开义,可从"音"得音义。又《集韵·厚韵》:"鵅,雀名。或从佳。"即"鵻"字,则"鵻"与"鵅"异体。

敆,《集韵·厚韵》:"展也。"清高铨《蚕桑辑要》卷下:"凡叶有气水,当风敆之即干。"清汪曰桢《湖蚕述》卷三"上山"条:"杨条蚕满,提起敆于漆盘内,次第匀撒草帚上。"敆当为方言用字,指把东西展开,故亦有开义,可从"音"得音义。

毢,《集韵·灰韵》:"毢,毢毸,毛羽兒。"又《集韵·咍韵》:"毸,毢毸,鸟羽张兒。"或作毢毸、陪缌。刘禹锡《养鹰词》:"毢毸上林表,狡兔自南北。"司马光《水鸭》:"襹褷出短蒲,毢毸浴清水。"《广雅·释诂三》:"张,开也。"故"毢"字声符"音"与字义亦有联系。

鰓,《大字典·鱼部》引唐佚名《明月湖醉后蔷薇花歌》曰:"柔条嫩蕊轻鰭鰓,一低一昂合又开。"鰭鰓与毢毸为异形词。诗句描写蔷薇花,花枝柔软,花蕊鲜嫩。毢毸训鸟羽张兒,则诗中"轻鰭鰓"当指蔷薇花朵轻轻开合,故"鰓"亦有开义,可从"音"

得音义。

（四）败坏义

踣，《说文·足部》："僵也。"段注："踣与仆音义皆同。孙炎曰：'前覆曰仆。'"《左传·襄公十四年》："譬如捕鹿，晋人角之，诸戎掎之，与晋踣之。"杜预注："踣，僵也。"孔颖达疏："前覆谓之踣，言与晋共倒之。"引申为死亡。《国语·鲁语上》："纣踣于京，厉流于彘。"韦昭注："踣，毙也。"再引申为倾覆、破灭、毁灭。《吕氏春秋·行论篇》引《诗》曰："将欲毁之，必重累之；将欲踣之，必高举之。"高诱注："踣，破也。举之高，乃易破也。"以上诸义均有败坏之意，可见声旁"咅"有示义作用。

婄，《广雅·释诂二》："丑也。"《类篇·女部》："妇人肥兒。"意即妇人体态肥丑，败坏义显而易见。

殕，《广雅·释诂三》："败也。"王念孙《广雅疏证》："殕之言腐也。"《玉篇·歹部》："败也，腐也。"《集韵·噳韵》："物败生白也。"《慧琳音义》卷六十五《善见律》第十四卷："殕坏，敷九反。《广雅》：'殕，败也。'《埤苍》：'殕，腐也。'"所对应原文作："此僧伽梨置既久，而生殕坏。"物腐败，故可从咅得声。

悑，《玉篇·心部》："怒也。"《集韵·有韵》："悑，小怒也。或从咅。"则"悑"为"愊"之异体。成语"气急败坏"用来形容非常恼怒，故悑亦可从"咅"得声。又愊为昌母，系齿音字，从"咅"得声字绝大多数都是唇、舌音字。古音唇齿、舌齿皆可通转，故悑可从"咅"得声。

从字书字料库读音信息库中检索以上诸字的古音地位，结果如下表所示：

表 9.1　"咅"字同源字古音地位表

字头	大徐反切	广韵反切	其他字书反切	上古声母	上古韵部	拟音	中古声母	中古韵部	拟音
咅	天口切	他侯切	《玉篇》他豆切又妔走他豆二切	滂	侯	pʻïwo	透滂	厚	tʻəu pʻəu
背	补妹切	补妹切		帮	职	puək	帮	队	puɒi
倍	薄亥切	薄亥切		并	之	bə	并	海	bɒi
培	薄回切	蒲回切		并	之	buə	并	灰	buɒi
菩	步乃切	薄亥切		并	之	bə	并	海	bɒi
陪	薄回切	蒲回切		并	之	buə	并	灰	buɒi
棓	步项切	步项切		并	东	beoŋ	并	讲	bɔŋ
绺	芳武切	芳武切		滂	侯	pʻïwo	滂	麌	pʻïu
麍	/	蒲口切					并	厚	bəu
赔	/	/	《字汇》音裴				并	灰	buɒi
剖	浦后切	普后切		滂	之	pʻə	滂	厚	pʻəu
部	蒲口切	蒲口切		并	之	bə	并	厚	bəu
箁	薄侯切	薄侯切		并	之	bə	并	侯	bəu
涪	缚牟切	缚谋切		并	之	bïwə	并	尤	bïəu
瓿	蒲口切	蒲口切		并	之	bə	并	厚	bəu
掊	父沟切	薄侯切		并	之	bə	并	侯	bəu
鶶	/	普后切	《玉篇》匹部切				滂	厚	pʻəu
敨	/	/	《集韵》他口切				透	厚	tʻəu
醅	/	薄回切	《玉篇》博回切				并	灰	buɒi
鯆	/	/	/						

续表

字头	大徐反切	广韵反切	其他字书反切	上古声母	上古韵部	拟音	中古声母	中古韵部	拟音
破	普过切	普过切		滂	歌	pʻuɑ	滂	过	pʻuɑ
踣	蒲北切	蒲北切		并	职	bək	并	德	bək
婄	/	薄回切					并	灰	buɒi
殕	/	芳武切					滂	麌	pʻĭu
悕	/	/	《玉篇》芳九切《集韵》匹九切				滂	尤	pʻĭəu

　　由上表可以看出,"音"的同源词上古声母集中在帮、滂、并三母,韵部集中在侯、职、之、东、歌五部。中古声母集中在帮、滂、并、透四母,韵部集中在德、队、过、海、侯、厚、灰、讲、尤、麌、歌等十一部。"音"的同源词系联标注图示如下:

字头列表	同源字头	同源类型	主字头声纽	辅字头声纽	声纽关系	主字头韵部	辅字头韵部	韵部关系
栯	栯	声符相同	滂	并	唇音旁纽	侯	东	阴阳对转
䲍	䲍	声符相同	滂		关系不明	侯		关系不明
剖	剖	声符相同	滂	滂	唇音双声	侯	之	阴声旁转
菩	菩	声符相同	滂	并	唇音旁纽	侯	之	阴声旁转
涪	涪	声符相同	滂	并	唇音旁纽	侯	之	阴声旁转
瓿	瓿	声符相同	滂	并	唇音旁纽	侯	之	阴声旁转
拾	拾	声符相同	滂	并	唇音旁纽	侯	之	阴声旁转
稫	稫	声符相同	滂		关系不明	侯		关系不明
鮕	鮕	声符相同	滂		关系不明	侯		关系不明
鷋	鷋	声符相同	滂		关系不明	侯		关系不明
鼓	鼓	声符相同	滂		关系不明	侯		关系不明

字头列表	背		同源字头	□ 背		同源类型	形体无关
主字头声纽	滂	选	辅字头声纽	帮	选	声纽关系	唇音旁纽
主字头韵部	侯	选	辅字头韵部	职	选	韵部关系	阴入旁对转	自动填充

字头列表	踣		同源字头	□ 踣		同源类型	声符相同
主字头声纽	滂	选	辅字头声纽	并	选	声纽关系	唇音旁纽
主字头韵部	侯	选	辅字头韵部	职	选	韵部关系	阴入旁对转	自动填充

字头列表	始		同源字头	□ 始		同源类型	声符相同
主字头声纽	滂	选	辅字头声纽		选	声纽关系	关系不明
主字头韵部	侯	选	辅字头韵部		选	韵部关系	关系不明	自动填充

字头列表	殆		同源字头	□ 殆		同源类型	声符相同
主字头声纽	滂	选	辅字头声纽		选	声纽关系	关系不明
主字头韵部	侯	选	辅字头韵部		选	韵部关系	关系不明	自动填充

字头列表	恰		同源字头	□ 恰		同源类型	声符相同
主字头声纽	滂	选	辅字头声纽	昌	选	声纽关系	关系不明
主字头韵部	侯	选	辅字头韵部		选	韵部关系	关系不明	自动填充

字头列表	破		同源字头	□ 破		同源类型	形体无关
主字头声纽	滂	选	辅字头声纽	滂	选	声纽关系	唇音双声
主字头韵部	侯	选	辅字头韵部	歌	选	韵部关系	阴声通转	自动填充

图 9.7　"音"字同源关系填充示意图

第四节　同形关系系联

同形字指两个或两个以上形体相同但功能不同且功能间没有联系的一组字，属于字际关系中的异字异词同形范畴。从来源来看，在造字及用字过程中都可以产生同形字。前者包括为无字记录的异词分头造字、为有字记录的异词新造异体两类；后者包括字体演变同形、书写变异同形、文字借用同形三类。其具体类别可参上文"字际关系界面属性库"相关内容。

一、主要参考资料

同形关系的系联主要参考了张文冠《近代汉语同形字研究》

（浙江大学博士学位论文，2014）、李军《汉语同形字研究》（商务印书馆，2018）、王娜《中日同形字的历史探究——以〈国字の字典〉为中心》（燕山大学硕士学位论文，2013）等资料。

二、举例说明

此处以"体""医""初"三字为例对同形关系的系联过程与结果进行分析说明。

1. 体 bèn—体 cuì—体 tǐ

体，就目前来看，字形最早见于唐代。P.3906《碎金》："人体（体）俕：疋问反。"黄征按："音切属于'体'字，即'粗笨'之'笨'别字。"字韵书则最早见于《广韵》中。《广韵·混韵》蒲本切："体（体），麤皃。又劣也。"《正字通·人部》："体（体），别作笨，义同。"清毛奇龄《越语肯綮录》："（体）即粗疏庸劣之称，今方言粗体、呆体，俱是也。"《古本小说集成》明刊本《西洋记》第二十回："下山之时，鳞甲粗佌（体），尾巴拗桥，招动了山上的乱石。"①今音为 bèn。

《龙龛手镜》也收录了"体"字。该书《人部》："体（体），蒲本反。劣也。又俗千内反。狱名。"今音为 cuì。"体"从本而音千内反，形音不协，定为它字之变。《新撰字镜·人部》："体，仓对反。去。副也。盈也。儚也。体，上作。李音。体，一作。"据此，音千内反之"体"是"体"（倅）的异写字。"卒"俗写作"卆"。《龙龛手镜·十部》："卆，俗；卆，今；卒，正：仓没反。卆急也。远也。又子聿反。终也。尽也。既也。自也。三。"北魏佚名《太监刘阿素墓

---

①曾良，陈敏.明清小说俗字典[M].扬州：广陵书社，2018：31.

志》："秋八月羍于洛阳宫。""九"再变即为"大"，故"卒"可作"夲"，"伜"（倅）同理可作"体"。①

元明以后，"体"又开始用为"體"的简体字。身体为人之本，故字从人从本会意。《宋元以来俗字谱》谓元抄本《通俗小说》"體"作"**体**"。《古本小说集成》明刊本《详情公案》卷三："不随自愿，将头发剃去，僧衣加**体**（体），勒同云游。"《古本小说集成》清名山聚刊本《女开科传》第十二回："后人有诗单赞余公夫�恁地多情，极能设身处地，**体**（体）恤下人。"②现在"体"已经成为规范汉字。

从同形关系大类来看，体 bèn 属于造字同形，体 tǐ、体 cuì 属于用字同形。

从同形关系中类来看，体 bèn 属于为有字记录的异词新造异体，体 tǐ 属于字体演变同形，体 cuì 属于书写变异同形。

从同形关系小类来看，体 bèn 属于换旁异构同形，体 tǐ 属于简化导致同形，体 cuì 属于构件形近混同。

从使用时间关系来看，体 bèn、体 cuì 均产生于唐代，二者为共时同形，体 tǐ 产生于明代，与体 bèn、体 cuì 属于历时同形。

从语音关系来看，体 bèn、体 cuì、体 tǐ 读音无关。

从构形关系来看，体 bèn 是义音合成字，体 cuì 是义记合成字，体 tǐ 是会义合成字，三字构形模式和理据都不相同。

我们设定在现代汉语中广泛使用的体 tǐ 作为主字头，按照以

---

① 也有另外一种俗讹的可能。"卒"上之"众"俗书或省作"六"，如"卒"《乙瑛碑》作"■"，《汉将军张飞题名》作"■"，《张守素墓志》作"■"。"六"再变即为"大"。如《李璧墓志》作"■"。
② 曾良，陈敏.明清小说俗字典［M］.扬州：广陵书社，2018：611.

上信息填充字料库同形关系界面，最终结果如下：

| 异体关系 | 同源关系 | 同形关系 | 分化关系 | 本借关系 | 繁简关系 | 正讹关系 |

字头列表	体bèn ▾	同形字头	☐ 体bèn ▾	同形关系大类	造字同形 ▾
同形关系中类	为有字记录的异词新造异体 ▾	同形字小类	换旁异构同形 ▾	使用时间关系	历时同形 ▾
语音关系	读音无关 ▾	构形关系	模式与理据均不相同 ▾

| 异体关系 | 同源关系 | 同形关系 | 分化关系 | 本借关系 | 繁简关系 | 正讹关系 |

字头列表	体cuì ▾	同形字头	☐ 体cuì ▾	同形关系大类	用字同形 ▾
同形关系中类	字体演变同形 ▾	同形字小类	简化导致同形 ▾	使用时间关系	历时同形 ▾
语音关系	读音无关 ▾	构形关系	模式与理据均不相同 ▾

图 9.8 "体"字同形关系填充示意图

2. 医 yì—医 yī

医，《说文·匸部》："盛弓弩矢器也。从匸，从矢。《国语》曰：'兵不解医。'"《玉篇·匸部》："所以蔽矢也。盛弓弩矢器也。或作翳。"其本义为用来装弓箭的箭匣。"医"字出现很早，其甲骨文字形作"⿰"（《合》36641）、"⿰"（《合》37468）或"⿰"（《天》96）。小篆作"医"，楷定作"医"。徐铉音于计切，今音为 yì。

醫，《说文·酉部》："治病工也。殹，恶姿也。醫之性然。得酒而使。从酉。王育说。一曰：殹，病声；酒，所以治病也。《周礼》有醫酒。古者巫彭初作醫。"梁东汉等认为醫为形声字，"从酉"下各本夺"殹声"。[1] 其说可从。"醫"本义为医生。"醫"字出现较晚，古钵字形作"醫"，小篆作"醫"，睡虎地秦简作"醫"（日甲148）或"醫"（封53）。徐铉音于其切，今音为 yī。

医、醫二字本义不同，元明以后俗文献中开始以"医"为"醫"俗字。如《宋元以来俗字谱》谓元抄本《通俗小说》"醫"作"医"。《明钞六卷本阳春白雪》卷一蔡伯坚《石州慢》："晓来一枕余香，酒

① 梁东汉. 新编说文解字[M]. 太原：山西教育出版社，2006：796.

病懒花医却。"《古本小说集成》明刊本《杜骗新书》卷四《炼丹难脱投毒药》："再求近店人医之,三日始得全愈。"清刊本《忠烈全传》第四十二回："梅仙道:'那就是药师佛幻作医人的。'"①《第一批简体字表》《简化字总表》及《通用规范汉字表》均以"医"为"醫"简化字,致使二字同形。现在"医"已经成为规范汉字。

从同形关系大类、中类、小类来看,医 yì 与医 yī 分别属于用字同形、字体演变同形以及简化导致同形。

从使用时间关系来看,医 yì 产生于商代,医 yī 产生在元代,二者属于历时同形。

从语音关系来看,普通话中医 yì 与医 yī 读音相近,但医 yì 上古为影母脂部,拟音为 ĭei,医 yī 为影母之部,拟音为 ĭə,读音差别较大。字料库语音关系的判定依据古音来处理,因此,医 yì 与医 yī 读音无关。

从构形关系来看,医 yì 从匸,从矢,取藏矢于匸中之义,是会义合成字;医 yī 属于用特征法造的简化字,从匸,从矢。匸与匚形体相近,取受物之器义。矢为伤人之箭。据此,则医 yī 也可以视为会义合成字,二字构形模式相同,但理据都不相同。

我们设定在现代汉语中广泛使用的医 yī 作为主字头,按照以上信息填充字料库同形关系界面,最终结果如下:

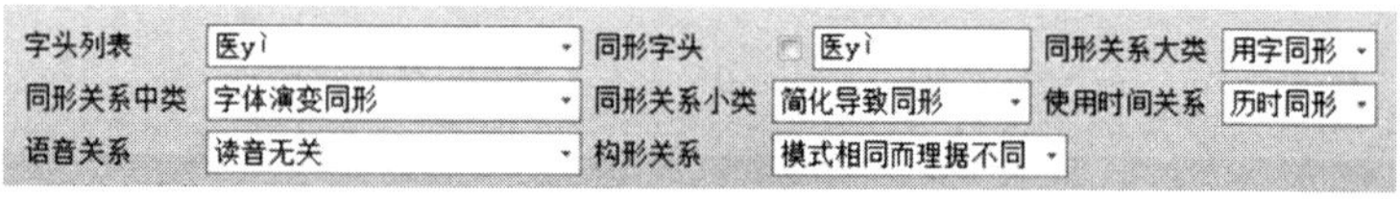

图 9.9　"医"字同形关系填充示意图

<hr>

① 曾良,陈敏.明清小说俗字典[M].扬州:广陵书社,2018:620.

3. 初 chū— 初 shén— 初 tiáo

初，文献中多用为"初"俗字。《孙秋生等二百人造像记》"初"作"𥘉"，P.2524《语对》："𥘉（初）笒。"S.545《失名类书》："阴兔夜驰，璧轮𥘉（初）合。"S.388《正名要录》："𥘉（初），从刀。"《新撰字镜·刀部》："𥘉，楚居反。始也。故也。告也。去。朔日也。舒。"《宋元以来俗字谱》："𥘉，初俗字，见《列女传》。"俗书礻、衤形近多混，故"初"多作"初"。《第二次汉字简化方案》还曾以"初"为"初"的简化字。

初，文献中又或为"神"俗写字。《古本小说集成》明刻本《唐三藏出身全传》卷三《唐三藏师徒被妖捉》："却说大圣被压，早惊动了五方揭谛功曹，叫动本山土神道：'你这野神，怎么把山借那妖压住大圣？他明日出来，怎肯饶你？'"（198页）文中两处"神"均写作"𥘉（初）"。曾良等认为"初"为"神"草书楷化讹变所致。[1]"神"，唐怀素《小草千字文》作"神"，《唐晋祠铭》作"神"，宋蔡襄《自书诗》作"神"，右所从均与刀形似，因此其楷定形可讹变作"初"。

初，文献中又或为"𥘉"俗写字。《五音集韵·宵韵》徒聊切："𥘉，枝落也。通作条。"今查《集韵·萧韵》田聊切："𥘉，枝落也。"俗书木、衤形近多混，故"𥘉"亦作"初"。

从同形关系大类来看，初 chū、初 shén、初 tiáo 均属于用字同形。

从同形关系中类来看，初 shén 属于字体演变同形，初 chū、初 tiáo 属于书写变异同形。

从同形关系小类来看，初 shén 属于隶定导致同形，初 chū、初 tiáo 属于构件形近混同。

---

[1]曾良,陈敏.明清小说俗字典[M].扬州:广陵书社,2018:544.

　　从使用时间关系来看，初 chū 产生于北魏，初 tiáo 产生于金代，初 shén 产生于明代，三者属于历时同形。

　　从语音关系来看，初 chū、初 shén、初 tiáo 读音无关。

　　从构形关系来看，初 chū 与初 shén 是义记合成字，但构形理据不同，其表义构件分别是刀和衤。而初 tiáo 是音记合成字，与前二字字构形模式和理据都不相同。

　　我们设定使用频率最高的初 chū 作为主字头，按照以上信息填充字料库同形关系界面，最终结果如下：

字头列表	初shén		同形字头	☐ 初shén		同形关系大类	用字同形
同形关系中类	字体演变同形		同形关系小类	隶变导致同形	使用时间关系	历时同形
语音关系	读音无关		构形关系	模式相同而理据不同		

字头列表	初tiáo		同形字头	☐ 初tiáo		同形关系大类	用字同形
同形关系中类	书写变异同形		同形关系小类	构件形近混同	使用时间关系	历时同形
语音关系	读音无关		构形关系	模式与理据均不相同		

图 9.10　"初"字同形关系填充示意图

第五节　分化关系系联

　　分化关系，即分化字与本原字以及分化字与分化字之间所形成的关系。分化是一种重要的汉字演变现象，是造成汉字字量不断增加的主要原因之一。所谓分化，是指将原来由一个字所承担的多项职能改由两个或两个以上的新字来分别承担，原来承担多项职能的字称作本原字，而为了区别而产生的新字可称作分化字。汉字分化的根本原因在于一字多职，文字的兼职过多，不符合汉字区别律和表达律的要求。分化是为了使每个字所记录的词义尽可能单一化、明晰化，它是汉字适应精确记录汉语要求的必然结果。①

　　分化关系的系联主要标注分化的原因及其具体类别，另外，还需要考察本原字与分化字在读音和意义方面的联系。

一、主要参考资料

　　对于分化关系的系联，我们主要参考了《汉语大字典》（第二版）、《汉语大词典》、赵小刚《汉字学论略》（甘肃人民出版社，2005）以及郝士宏《古汉字同源分化研究》（安徽大学出版社，2008）等书中的相关内容。尤其是赵小刚《汉字学论略》"汉字分化论"一章，对分化字产生的原因及途径有比较深入的研究，对分化字研究具有重要的指导价值。

二、举例说明

　　此处以"象""白""申""猗""余"五字为例进行分析说明。

（一）象—像

　　象，《说文·象部》："象，长鼻牙，南越大兽，三年一乳。象耳、牙、四足之形。"本义为大象。甲骨文作"𧰧"（《合》4611）、金文作"𧰲"（《师汤父鼎》），字形都突出象的长鼻这一特征。《合集》10222："隻（获）象。"引申指抽象、形象，又引申指想象、好像、塑像等意义。如《左传·桓公六年》："以名生为信，以德命为义，以类命为象，取于物为假，取于父为类。"

　　韩非认为由于北方少见大象，人们凭着象骨想象其形状，故

---

① 柳建钰.简论分化字产生的动因及其分类——以《类篇》若干新收字为例[J].渤海大学学报（哲学社会科学版），2011（1）：133.

凡意想、想象皆称"象"。《韩非子·解老》:"人希见生象也,而得死象之骨,案其图以想其生也,故诸人之所以意想者皆谓之'象'也。今道虽不可得闻见,圣人执其见功以处见其形,故曰:'无状之状,无物之象。'"后增"人"旁分化出"像"字以表示雕像、塑像之义。① 长沙子弹库楚帛书字形作"像",浙大藏楚简字形作"像"。《楚辞·招魂》:"天地四方,多贼奸些,像设君室,静闲安些。"朱熹集注:"像,盖楚俗,人死则设其形貌于室而祠之也。"《淮南子·主术》:"天下从之,如响之应声,景之像形。"

据此,"像"是承担"象"引申义的增旁分化字,二字古音均为邪母阳部,读音相同。在字料库中可标注如下:

图 9.11　"象"字分化关系填充示意图

（二）白—百

白,《说文·部》训为"西方色也。阴用事,物色白"。甲骨文作"Ａ"(《甲》3939),金文作"白"(《吴王光鉴》),郭沫若认为象大拇指之形。大拇指是手指之首,所以引申可表示伯仲之"伯"(兄弟之中年纪最长者)以及侯伯之"伯"(地位高的掌权者)。表示白色义是假借用法。《合集》30022:"白羊。"《乍册大方鼎》:"公赏乍册大白马。"又可假借为数词"百",《合集》1039:"寮(燎)白人。"表示用一百个人牲进行燎祭。《郭店简·穷达以时》简8:"白里转鬻五

①说见香港中文大学人文电算研究中心"汉语多功能字库""象"字条:http://humanum.arts.cuhk.edu.hk/Lexis/lexi－mf/search.php? word=象

羊。"白里即百里奚。

百，《说文·部》："十十也。"本义是数字一百。甲骨文作"𦥑"（《合》5760），金文作"𦥑"（《令簋》），从一、白声，为一、白合文。古代借白来表示数词百，加一于白上以表示一百。后因古人读一百习惯省去一字，因此从一百的合文就成了单字百。①《合集》32698："屮于父丁犬百、羊百。"指以百头犬、百头羊对父丁进行侑祭。《禹鼎》："百乘。"指兵车百辆。

据此，"百"是承担"白"假借义的增笔分化字，"百"古音为帮母铎部，"白"为并母铎部，唇音旁纽，二字读音相近。在字料库中可标注如下：

字头列表	百	▾	分化字头	◯	百		分化原因	文字假借	▾
类化位置		▾	分化关系大类		调整笔画	▾	分化关系小类	增加笔画	▾
意义关系	分化字承担假借义	▾	读音关系		读音相近	▾			

图 9.12　"白"字分化关系填充示意图

（三）申—電

申，《说文·申部》："神也，七月阴气成，体自申束。从臼，自持也。吏臣餔时听事，申旦政也。"甲骨文作"𝼀"（《前》4.4.2）或"𝼀"（《粹》1474），金文作"𝼀"（《子申父己鼎》）或"𝼀"（《即簋》），均象闪电时电光闪烁屈折之形，本义是闪电。甲金文中假借为地支第九位。《合集》7283："甲申卜。"《多友鼎》："甲申之晨。"使用频率极高。

后来增加"雨"旁分化出"電"字（闪电多伴随着雷雨）。《说文·雨部》："電，阴阳激耀也。"金文作"𝼀"（《番生簋》），战国楚简

<hr>

① 说见香港中文大学人文电算研究中心"汉语多功能字库""百"字条：https://humanum. arts. cuhk. edu. hk/Lexis/lexi－mf/search. php? word＝百

作"☲"(《帛乙》3.80)。《诗·小雅·十月之交》:"烨烨震電,不宁不令。"

据此,"電"是"申"借表它义后承担"申"本义的增形分化字,"電"古音为定母真部,"申"为书母真部,舌音准旁纽,二字读音相近。在字料库中可标注如下:

字头列表	電	▾	分化字头	☐	電	分化原因	文字假借	▾
类化位置		▾	分化关系大类	调整构件	▾	分化关系小类	增加形符	▾
意义关系	分化字承担本义	▾	读音关系	读音相近	▾			

图 9.13　"申"字分化关系填充示意图

（四）猗—漪

猗,《说文·犬部》:"犗犬也。"段玉裁注:"犬曰猗,如马曰骟,牛曰犗,羊曰羠,言之不妨通互耳。"本义是阉割过的狗。文献中可假借用为句末语气助词,犹"兮"。相当于"啊"。《诗·魏风·伐檀》:"坎坎伐檀兮,寘之河之干兮,河水清且涟猗。"朱熹集传:"猗,与'兮'同,语词也。""涟"指的是水面因风吹而形成的波纹,与"清"相并列。"涟""猗"本来是两个没有关系的词,但因为《诗经》"涟猗"放在一起,经常使用,所以后来"猗"被"涟"类化加旁作"漪",进而构成了词语"涟漪",表示水面波纹。晋左思《吴都赋》:"剖巨蚌于回渊,濯明月于涟漪。"

据此,"漪"是承担"猗"假借义的类化增形分化字,二字古音均为影母歌部,读音相同。在字料库中可标注如下:

字头列表	漪	▾	分化字头	☐	漪	分化原因	字形类化	▾
类化位置	涉上字类化	▾	分化关系大类	调整构件	▾	分化关系小类	增加形符	▾
意义关系	分化字承担假借义	▾	读音关系	读音相同	▾			

图 9.14　"猗"字分化关系填充示意图

（五）余—佘

余，《说文·八部》：“余，语之舒也。”许慎认为本义是语气词，误。“余”甲骨文字形作“🔆”（《合》19910）、“🔆”（《村中南》），金文字形早期作“🔆”（《何尊》），后加两个饰笔作“🔆”（《麟镈》）或“🔆”（《书也缶》），象古人搭建的简易茅屋之形，是“舍”的初文，本义应当指房舍。① 后假借来表示第一人称代词。《尔雅·释诂下》：“余，我也。”邢昺疏：“此皆我之别称也。”《合集》36181 中“余一人”即我一人。《清华简一·金縢》简 11—12：“昔公堇劳王家，隹余酱（沖）人亦弗及。”再假借来表示姓氏。据《风俗通》所载，余姓为春秋时期秦国上卿由余之后。

佘，西汉晚期至东汉早期的“宋佘信印”字形作“🔆”（《考古》1979.4.329），字书收录则较晚。《集韵·九麻》时遮切：“蛶佘，姓也。或作佘。”汉以前无“佘”氏，故周秦时代无“佘”氏的记载。佘姓最早记录于南朝宋人何承天的《姓苑》：“佘，南昌郡人，今新安有之。”《通志·氏族略第五》：“佘氏，音蛇，从示。唐开元有太学博士佘钦，南昌人。唐又有右司郎中佘珦祖文集，隋考功主事，洛阳人。宋登科佘赟，洪州人，佘刚，衢州人，佘赫，徽州人。”今按，作为姓氏，“佘”实为“余”之方言变体分化字。有人认为“佘”姓出自“岂”姓，音转而为“佘”姓。清张澍《姓氏五书》：“古有岂写佘，佘之转音为禅遮切，音蛇。今人妄作余，非也。”但“岂”为微部字，与“佘”声韵差距很大，恐非。“余”为“舍”初文，“佘”音时遮切，当是“余”之古音遗留。“賖”从余声而读作式车切，“斜”从余声而读作似嗟切，“车”

① 说见香港中文大学人文电算研究中心“汉语多功能字库”“余”字条：http://humanum. arts. cuhk. edu. hk/Lexis/lexi—mf/search. php? word＝余

为鱼部字，又音尺遮切，均可证。《康熙字典·人部》"佘"字下按曰："古有余无佘，余之转韵为禅遮切，音蛇。姓也。杨慎曰：'今人姓有此，而妄写作余，此不通晓《说文》而自作聪明者。佘字从舍省，舍与蛇近，则禅遮之切为正音矣。五代、宋初人自称曰沙家，即佘家之近声，可证，而赊字从余亦可知也。'"杨慎的论断是正确的。原从余声之"賒"后来变作"賖"，并逐渐取代"賒"而成为通用字，但后人却多妄改先秦两汉之"賒"为"賖"。《周礼注疏》卷三"小宰"校勘记："凡賒者，祭祀无过旬日。监本賒改賖，俗字，下同。"

综上，汉以后"余"逐渐分化出以诸切（yú）和时遮切（shé）两个读音，为了进行区分，将"余"竖画断开，即为"佘"字。"佘"是承担"余"假借义"姓也"的变笔分化字，二字读音相近。在字料库中可标注如下：

图 9.15　"白"字分化关系填充示意图

第六节　本借关系系联

本借关系是指本字与借字以及借字与借字之间所构成的关系。这种关系具体包括古本字与后造本字、本字与通假字、通假字与通假字、假借字与假借字、假借字与后造本字五类。本借关系的判断基础是严格的古音音同或音近。

一、主要参考资料

对于本借关系的系联，我们主要参考了《汉语大字典》（第二版）、王海根《古代汉语通假字大字典》（福建人民出版社，2006）、王辉《古文字通假字典》(中华书局,2008)、白于蓝《简帛古书通假字大系》(福建人民出版社,2017)、李戎《中医药通假字字典》(上海科学技术文献出版社,2001)等资料。

二、举例说明

下面以"新""通"为例进行分析说明。

(一)新

新,段注本《说文·斤部》:"取木也。从斤,亲声。"本义是砍伐树木。章炳麟《论承用"维新"二字之荒谬》:"且彼亦知'新'之为义乎? 衣之始裁为之'初',木之始伐谓之'新'。"所砍伐的树木也称作新,后作"薪"。清王筠《说文句读·斤部》:"新,薪者新之累增字。"《马王堆汉墓帛书·称》:"百姓斩木艾新而各取富焉。"引申指初次出现的,与"旧"相对。段注:"新,引申为凡始基之偁。"《诗·豳风·东山》:"其新孔嘉,其旧如之何?"

文献中,"新"与"辛""薪""亲""兴"四字构成通假关系。

1.辛

辛,《说文·辛部》:"皋也。"清朱骏声《说文通训定声·坤部》:"辛,大皋也。"本义是罪。《清史稿·隆科多传》:"(隆科多)凡四十一款,当斩,妻子入辛者库,财产入官。"引申指辛辣、辛苦等。辛苦,文献中或作"新苦"。《周王妙晖等造像记》:"体五道之新苦。"朱起凤《辞通》卷十三:"'辛'字作'新',同音借用也。"[1]又辛夷,木兰的别名,文献中或作"新夷"。《文选·宋玉〈风赋〉》:"猥新夷,被黄杨。"《楚辞·东方朔〈七谏·自悲〉》:"杂橘柚以为

---

[1]王海根.古代汉语通假字大字典[M].福州:福建人民出版社,2006:398.

囷兮,列新夷与椒桢。"洪兴祖补注:"新夷,即辛夷也。"

　　"新"从斤亲声,"亲"从木辛声,"新""辛"均为心母真部,在字料库中可标注如下:

图 9.16　"新"字本借关系填充示意图之一

　　2.薪

　　薪,《说文·艸部》:"薪,荛也。"《玉篇·艸部》:"薪,柴也。"本义是作燃料的木材。《诗·齐风·南山》:"析薪如之何?匪斧不克。"薪柴,文献中或直接用"新"来记录。《仰天湖楚简 1》:"一新智(屉)缕(屦),一恧(蓝)智(屉)缕(屦),皆有苴足(促)缕(屦)。"新,这里借为"薪",表示用以荐屦的草。[①] 马王堆汉墓帛书《十六经·顺道》:"百姓斩木艾新而各取富焉。"艾新,即刈薪。

　　"薪"为"新"加旁分化字,属于同源通用。二字都是薪材义的本字,"新"为古本字,"薪"为后造本字。在字料库中可标注如下:

图 9.17　"新"字本借关系填充示意图之二

　　3.親

　　亲,《说文·见部》:"亲,至也。"本义是感情深厚,关系密切。《荀子·不苟》:"交亲而不比,言辩而不辞,荡荡乎!"引申指亲人、亲爱、亲自等义。文献中"新"可借表亲义。《书·金縢》:"惟朕小

---

①刘信芳.楚简帛通假汇释[M].北京:高等教育出版社,2011:378.

子其新逆。"陆德明释文:"新逆,马本作'亲迎'。"郭店楚简《老子》甲简二八:"古(故)不可得天而新,亦不可得而疋(疏)。"《包山楚简》202:"袼(客)于新父郪(蔡)公子豪(家)犠(特)猎。"①

"親""新"均从亲声,声母稍异,在字料库中可标注如下:

字头列表	親	▾	本借字头	□	親		本借关系类型	本字与通假字	▾
主字头声纽	心		选	辅字头声纽	清	选	声纽关系	齿头音旁纽	▾
主字头韵部	真		选	辅字头韵部	真	选	韵部关系	阳声叠韵	▾

图 9.18　"新"字本借关系填充示意图之三

4.兴

兴,《说文·舁部》:"兴,起也。"本义是起、起来。引申指兴起、兴旺、高兴等意义。近代文献中或借"新"字为之。如清陆心源《宋史翼》卷十七《郑清之传》载淳祐十年郑清之上书:"今君嗣未定,大臣不能赞之;土木方新,大臣不能诤之;货臣聚敛,大臣不能禁之;敌国伺逼,大臣无以备之;颠而不扶,危而不持,则具臣而已矣。"土木方新,即土木方兴。②

兴、新古音差别较大,但近代音"兴"为庚青韵晓母,拟音为xiəŋ,"新"为真文韵心母 siən;现代音"兴"为中东辙阴平,读音为çiŋ55,"新"为人辰辙阴平,读音为çin55,仅有韵尾的区别。③

字头列表	興	▾	本借字头	□	興		本借关系类型	本字与通假字	▾
主字头声纽	心		选	辅字头声纽	晓	选	声纽关系	关系不明	▾
主字头韵部	真		选	辅字头韵部	蒸	选	韵部关系	阳声通转	▾

图 9.19　"新"字本借关系填充示意图之四

---

① 刘信芳.楚简帛通假汇释[M].北京:高等教育出版社,2011:378.
② 王海根.古代汉语通假字大字典[M].福州:福建人民出版社,2006:398.
③ 林连通,郑张尚芳.汉字字音演变大字典[M].南昌:江苏教育出版社,2012:126,954.

（二）通

通，《说文·辵部》："达也。"本义是到达。《国语·晋语二》："道远难通，望大难走。"韦昭注："通，至也。"引申指贯通、流通、顺畅、疏通、沟通、通晓、通报等意义。

文献中，"通"与"同""痛""庸"三字构成通假关系。

1. 同

《说文·冃部》："同，合会也。"本义是会合，聚集。《诗·豳风·七月》："嗟我农夫，我稼既同，上入执宫功！"引申指共同、相同等义。文献中或音借"通"来记录。杨树达《词诠》卷二："通，副词，皆也，共也。"《史记·货殖列传》："是以富商大贾，周流天下；交易之物，莫不通得其所欲。"又《平准书》："故吏皆通令伐棘上林。"《古今小说》卷二十一："钱王生于乱世，独霸一方，做了一十四州之王，称孤道寡，非通小可。"《永乐大典》卷一三九九〇引《小孙屠》第十一出："这的是人命事，非通小可。"钱南扬校注："'通''同'音义俱近，可以通用。"

"通""同"声母稍异，在字料库中可标注如下：

图 9.20 "通"字本借关系填充示意图之一

2. 痛

《说文·疒部》："痛，病也。"桂馥义证："病也者，张揖《杂字》：'痛，痒疼也。'《释名》：'痛，通也，通在肤脉中也。'"本义是疼痛。文献中或借"通"为之。如《黄帝内经素问·痹论篇》："其不痛不仁者，病久入深，荣卫之行涩，经络时疏，故不通。"注：

"通,《甲乙经》作'痛'字,今从之。"《针灸甲乙经》:"在伏冲之脉时,身体重通。"

"通""痛"二字音同,在字料库中可标注如下:

图 9.21　"通"字本借关系填充示意图之二

3. 庸

《说文·用部》:"庸,用也。"朱骏声通训定声:"庸,事可施行谓之用,行而有继谓之庸。"本义是采用。假借为副词,表示反问语气,相当于"岂""难道"。《左传·庄公十四年》:"子仪在位,十四年矣;而谋召君者,庸非贰乎?"文献中或借"通"为之。如汉王充《论衡·说日》:"月尚可察也;人之察日,无不眩,不能知日审何气,通而见其中有物名曰乌乎? 审日不能见乌之形,通而能见其足有三乎?"北京大学历史系注:"通,通'庸',岂。"①

"通""痛"二字用为"岂"义时均为假借字,声母稍异,在字料库中可标注如下:

图 9.22　"通"字本借关系填充示意图之三

―――――――

① 黄晖认为:"'通'字义不可通,当为'遏'字形讹。曷,何也。字一作'遏'。'而''能'古通。'遏而',何能也。'遏能'与上'不能'语气相贯。"详见:黄晖.论衡校释[M].北京:中华书局,1990:504.今按,"通"通"庸","通而"即庸能,岂能,故不必改字。

第七节　繁简关系系联

一个汉字繁体字形与简化字形之间所构成的关系称作繁简关系。例如书与書、论与論之间都构成了繁简关系。字书字料库中繁简关系的标注主要考虑所属简化方案、繁简关系类型以及简化方法三个属性字段。由于一些繁简字组隶属于不同的简化方案，因此，所属简化方案允许使用 CTRL 键进行多选。下面举例分析。

一、主要参考资料

繁简关系的系联，我们主要参考了《通用规范汉字表》所附"规范字与繁体字、异体字对照表"、《第一批简体字表》(1935)、《第二次汉字简化方案(草案)》(1977)、《汉语大字典》(第二版)所收类推简化字、UNICODE 所收类推简化字等方面的资料。

二、举例说明

此处我们以"书""论""兰""台"四字为例来进行分析说明。

1. 书—書

書，《说文·聿部》："書，箸也。从聿，者声。"金文字形作"書"（《颂簋》）、"𣉻"（《栾书缶》），小篆作"書"。行书作"書"（东晋王羲之《集字圣教序》）、"書"（北宋米芾《蜀素帖》）。草书字形作"书"（后汉张芝）、"书"（吴皇象《急就章》）、"书"（东晋王羲之《十七帖》）、"书"（北宋米芾《论草书帖》）。由此可见，简化字字形"书"是由草书字形楷化而来。"书"在《简化字总表》及《通用规范汉字

表》中都被收录,且"書"与"书"呈一一对应关系,因此,"書"与"书"的繁简关系可以标注如下:

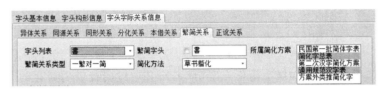

图 9.23 "书"字繁简关系填充示意图

2. 论—論

論,《说文·言部》:"論,议也。从言,仑声。"行书字形作"論"(唐李邕《云麾将军碑》)、"論"(唐怀仁《集王羲之圣教序》)、"論"(明祝允明《行草归田赋》),草书字形作"论"(隋智永《真草千字文》)、"论"(清傅山《草书乾坤惟此事五言诗》轴)等。"倫"作"伦"(唐孙过庭《书谱》)、"伦"(唐怀素《自叙帖》)。汉字简化时,"言"旁简化作"讠","侖"旁简化作"仑",因此"論"类推简化作"论"。"論"与"论"的繁简关系可以标注如下:

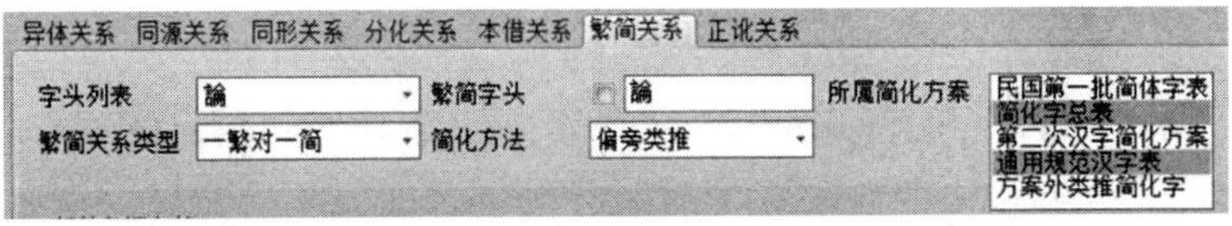

图 9.24 "论"字繁简关系填充示意图

3. 兰—阑蓝篮蘭

蘭,《说文·艸部》:"蘭,香艸也。从艸,闌声。"草书字形作"兰"(隋智永《真草千字文》)、"兰"(唐孙过庭《书谱》)。

阑,繁体字作"闌",《说文·门部》:"闌,门遮也。从门,柬声。"本义是门前栅栏。

蓝，繁体字作"藍"，《说文·艸部》："藍，染青草也。从艸，监声。"本义是一种可作染料的植物，即蓼蓝。

篮，繁体字作"籃"，《说文·竹部》："籃，大篝也。从竹，监声。"段玉裁注："今俗谓熏篝曰烘篮是也。"本义是笼子。

1956 年的《汉字简化方案》采用草书楷化字形"兰"代替"蘭"。1977 年《第二次汉字简化方案（草案）》又通过同音借用简化的方式，用"兰"代替"阑""蓝""篮"三个字，属于多繁对一简。不过 1986 年又被废止。《简化字总表》及《通用规范汉字表》均以"兰"为"蘭"简化字，"阑""蓝""篮"三字独立。

"兰"与"阑""蓝""篮"的繁简关系可以标注如下：

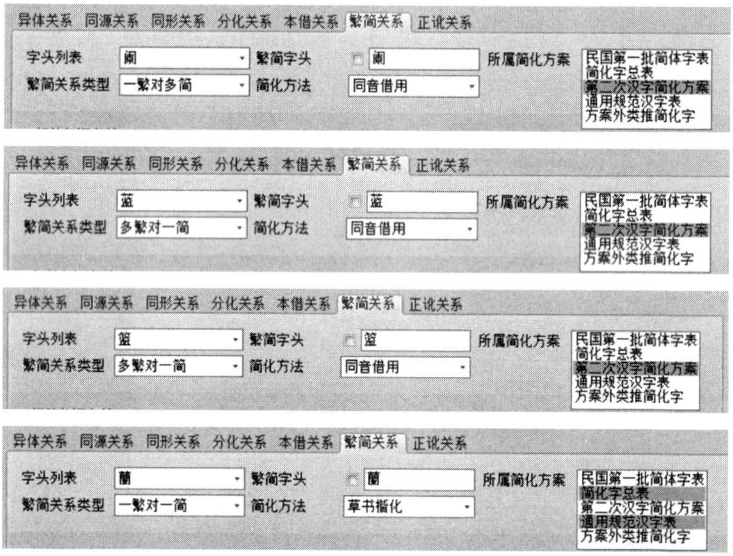

图 9.25 "兰"字繁简关系填充示意图

4. 台—臺颱檯

"台"是一个古已有之的字。《说文·口部》:"台,说也。从口,目声。"段玉裁注:"台、说者,今之怡、悦字。"据此,台为怡悦义本字。《石鼓文》:"有貒如虎,兽鹿如兕,台尔多贤。"《史记·太史公自序》:"唐尧逊位,虞舜不台。"司马贞索隐:"台,音怡。悦也。"金文作""(《申鼎》),战国文字作""(《侯马盟书》)。隶定作"台"。

臺,《说文·至部》:"臺,观,四方而高者。从至,从之,从高省。与室屋同意。"本义是用土筑成的四方形的高平建筑物。《书·泰誓上》:"惟宫室臺榭。"孔传:"土高曰臺,有木曰榭。"古文字作""(《廿九年漆奁刻铭》)。

"颱"字出现较晚,是表台风义的专字。清林谦光《台湾纪略·天时》:"每在秋令,颱飓时起,土人谓正、二、三、四月起者为飓,五、六、七、八月起者为颱,颱甚于飓,而飓急于颱。"

"檯"出现也较晚。一表木名。《玉篇·木部》:"檯,木名。"一表桌类。明王圻《三才图会三器用》:"几,汉李尤《几铭》叙曰:"黄帝轩辕作……今曰燕几、曰檯、曰书卓。"

1935 年中华民国教育部颁布的《第一批简体字表》中,以"台"作为"臺"的简化字。因为二字字源及构形理据均不同,因此属于同音借用简化。又以"枱"作为"檯"的简化字,应该属于类推简化。在《汉字简化方案》及《简化字总表》中,则以"台"作为"臺""颱""檯"三字的简化字,《通用规范汉字表》承之。"台"与"臺""颱""檯"的繁简关系可以标注如下:

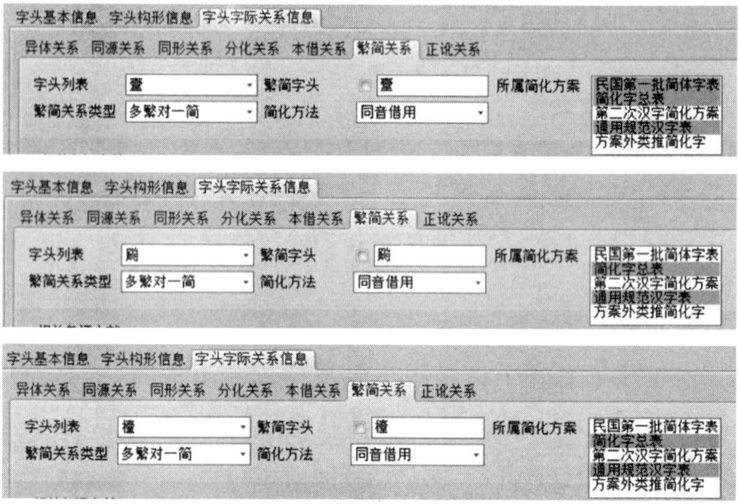

图 9.26　"台"字繁简关系填充示意图

5.嚐—喀

嚐,文献中出现较晚,为"嘗"异体字,指用口辨别滋味。《中原音韵·二江阳》有"嚐"字,字形作"嚐"。唐唐彦谦《蟹》:"充盘煮熟堆琳琅,橙膏酱溧调堪嚐。"《封神演义》第一回:"神农治世嚐百草。"又引申指经历、尝受。中国近代史资料丛刊《太平天国·天情道理书》:"弟妹咸能耐岁寒,备嚐苦辣与辛酸。"

"嘗"本从旨尚声,其草书形体"尝"下与"云"相似。例如汉代史游作"尝",晋王羲之作"尝",唐孙过庭《书谱》作"尝",宋赵佶《千字文》作"尝"。后来这些字形草书楷化作"尝",元代虞集即作"尝"形。《古本小说集成》清刊本《前明正德白牡丹传》第一回:"但朕尝闻冀之北土好马生焉,古之名都美女聚焉。"今"嘗"简化作"尝",是通用规范汉字。

"嘗"可以俗写简化作"尝","嚐"也被类推简化"喀"。《古本小说集成》庚辰本《脂砚斋重评石头记》第五十三回："每一馔一菓来，先捧与贾母看了，喜则留在小桌上嘗一嘗，仍撤了放在他四人席上，只算他四人是跟着贾母坐。"《汉语大字典·口部》："嘗，'嚐'的类推简化字。"

　　"嘗"未被各种简化（体）字表收录，属于方案外类推简化字，"嚐"与"嘗"的繁简关系可以标注如下：

图 9.27　"嚐"字繁简关系填充示意图

第八节　正讹关系系联

　　所谓正讹关系，是指正字与讹字之间所发生的字际关系。正字与讹字是汉字使用规范方面经常涉及到的概念。某个字是正字还是讹字，需要从用字和书写两个角度来界定。正字是指符合官方用字规范且结构和笔画正确无误的汉字。讹字是指由于抄写或雕刻错误而产生的字，具体又可以分为讹别字和讹错字两类。[①]　其中，把某字写成另外一个字称之为讹别字，比如把"正"讹作"止"，把"关"讹作"天"等等。把某字写成不规范字称之为讹错字。这里所说的讹错字限定在异写字范畴内，比如把"类"讹作"类"，把"旻"讹作"昊"等等。

　　无论是字书文献还是语篇文献，都存在不少讹字。搜集整理讹字，并与正字进行系联沟通，不仅有利于文献的正确解读，而且

---

①张璇.讹字的定义与分类[J].重庆社会科学，2016(1)：74－79.

有利于探索汉字讹误的规律，还有助于指导汉字书写实践，避免汉字书写出现讹误的现象发生。

一、主要参考资料

正讹关系的系联主要参考了佛典异文数据库（V1.0，基于中华电子佛典协会 CBETA 2018 年版制作）、《钦定四库全书考证》以及各类古籍所附校勘记、赵克勤《错别字例释》（商务印书馆，2008）、傅玉芳《常见错别字辨析字典》（上海大学出版社，2003）等。对于其他学者尚未考辨的一部分隐蔽性较强的讹字，我们将在详细考辨的基础上找到其正字，并进行标注。

二、举例说明

我们以"阿""先""雨""鳌""飐"为例进行说明。

（一）阿—何

《钦定四库全书考证·〈春秋正义序〉考证》："其为义疏者则有沈文阿：臣浩按，《南史》：'文阿，吴兴武康人，沈峻子也。'监本作'文何'，非。臣召南按，各经注疏及释文俱讹作'沈文何'。《陈书》及《南史·儒林传》俱言文阿治三礼、三传，撰《经典大义》十八卷。《隋志》载文阿撰《左氏义略》二十五卷。今依史改。"

按，唐孔颖达《春秋正义序》曰："其为义疏者，则有沈文阿、苏宽、刘炫。"沈文阿，南朝陈吴兴武康（今浙江德清）人。曾任散骑常侍兼国子博士，领羽林监。《陈书》卷三十三有传。阿、何二字行草书形近，如赵构《真草千字文》"阿"作"**ß**"，赵孟頫《六体千字文》"阿"作"**15**"，《祥河潼关十二连寨记》"阿"作"**阿**"，与"何"均形近，因此可以发生讹误。佛经中有大量例子，如《杂阿含经》"十五日良时，天夜遇欢会，当说受何斋，从阿罗汉受"中"阿"宋、元、明三本均讹作"何"（lgT02，p0365c2101），《四分律》"阿姨亦可作如是，既得适意不名行淫"中"阿"宋本讹作"何"（pT22，p0738a1601），《摩诃僧祇律》"佛知而故问，阿难即以上事具白世尊"中"阿"明本讹作"何"（pT22，p0347a1301）等等，均为明证。

阿、何同从可声，读音相近，字料库中可标注如下：

| 字头列表 | 何 | ▼ | 正讹字头 | 何 | 讹误类型 | 构件讹误 | ▼ |
| 具体类别 | 形似混同 | ▼ | 读音关系 | 读音相近 | ▼ | 意义关系 | 意义无关 | ▼ |

图 9.28　"阿"字正讹关系填充示意图

（二）先—光

《钦定四库全书考证》卷十九《尔雅注疏》卷一："鲜省：《音义》：'省，先郢反。'刊本'先'讹'光'，据《释文》改。"

按，"省"为心母字，故切上字当为"先"，而不能用见母的"光"字。"先"讹作"光"者，二字形近所致。

先，《晋故书侍郎颍川颍阴荀（岳）君之墓并阴》作"𠑺"，《魏都官尚书冀州刺史元子直墓志铭》作"𠑺"，《周上柱国张素墓志铭》作"𠑺"，与"光"形至近。文献中二字经常混用。《钦定四库全书考证》卷二十五《晋书》卷七十二："《郭璞传》'焦先混沌而槁杭'：刊本'先'讹'光'，各本俱同。考焦先三国时人，见《魏志·管宁传》注所引《魏略》，今据改。"佛经中亦有大量例子，《文殊师利所说摩诃般若波罗蜜经》"汝实先来到此住处，欲见如来耶"中"先"宋本讹作"光"（pT08，p0726b1408），《佛说如幻三昧经》"自从昔来未曾见闻，此何先应"中"先"元、明、宫三本讹作"光"（pT12，p0135b2601），《尊婆须蜜菩萨所集论》"先有谷种后有萌牙"中"先"圣本讹作"光"（pT28，p0733a0201）。

先、光音义均无关,字料库中可标注如下:

| 字头列表 | 光 | ▾ | 正讹字头 | ☐ 光 | | 讹误类型 | 构件讹误 | ▾ |
| 具体类别 | 形似混同 | ▾ | 读音关系 | 读音无关 | ▾ | 意义关系 | 意义无关 | ▾ |

图 9.29　"先"字正讹关系填充示意图

(三)雨—兩

《经律异相》"立天地来雨落河澍水无增减"中"雨"明本讹作"兩"(pT53,p0013c1401)。

按,《佛说海八德经》:"立天地来,雨落河注,海水如故,盖无增减,斯六德也。"《经律异相》与之同意,"澍"可通"注",表灌注、倾泻义。《文选·王褒〈洞箫赋〉》:"扬素波而挥连珠兮,声礚礚而澍渊。"李善注:"澍与注,古字通。"

雨,《吴天发神谶碑》作"![雨]",《无量寿经》作"![雨]"。兩,《唐段君夫人张女羨墓志铭》作"![兩]",《唐集圣教序》作"![兩]"。二字形体至近,因此文献中多讹混。佛经中还有大量例子,《佛说佛母出生三法藏般若波罗蜜多经》"时,三十三天有十万天子,实时雨众天华、天香、涂香及末香等"中"雨"明本讹作"兩"(pT08,p0611c0801),《佛说八无暇有暇经》"饥渴针咽苦逼身,雨注河流成猛火,于饿鬼中受斯苦,此处岂能闻正法"中"雨"宋本、元本讹作"兩"(lgT17,p0591a2501)。又,《钦定四库全书考证》卷二十三《史记》卷二十七"候岁":"或从正月旦比数雨。刊本'雨'讹'兩',据《汉书·天文志》及本注改。"又卷七十九《山谷词》:"《采桑子·戏赠黄中行》:'露滴轻寒,雨打芙蓉泪不干。'刊本'雨打'讹'兩行',据《全集》改。"

雨、兩音义均无关,字料库中可标注如下:

字头列表	雨	正讹字头	○ 雨	讹误类型	笔画讹误
具体类别	笔形混同	读音关系	读音无关	意义关系	意义无关

图 9.30　"雨"字正讹关系填充示意图

（四）釐—釐

《广雅疏证》卷第二上《释诂》条"㞘挶拇忺懆饕嗟凯嗇欺欿欲婪利遾茹嗜釐惨馋，贪也"疏证："釐者，《方言》：'釐，贪也。'釐，各本讹作'釐'，今订正。"

按，"釐"字诸字、韵书均未收录，其正字作"釐"。《说文》从里，𠩺声。𠩺为罕用构件，所以"釐"的俗书异写形体较多，如釐釐（《龙龛手镜·里部》）、釐釐釐（S. 388《正名要录》）、釐（《魏孔羡碑》）、釐（《类篇·里部》）、釐釐釐（《汉语大字典·里部》）、釐（《集韵·㸚韵》）、釐（《五音集韵·泰韵》）、釐（《五台山各寺免粮碑记（阴）》）、釐（UNICODE）等等。未未形近，攵又形近，故"釐"又异写作"釐"。

釐、釐属于构件俗写字，其音义均不发生变化，在字料库中可标注如下：

字头列表	[叔/厘]	正讹字头	○ [叔/厘]	讹误类型	构件讹误
具体类别	形似混同	读音关系	读音相同	意义关系	意义相同

图 9.31　"釐"字正讹关系填充示意图

（五）确—碻

三国魏刘劭《人物志》卷上《体别》："朴露之人，中疑实碻，不戒其实之野直，而以谲为诞，露其诚。"自注："以权谲为浮诞，而露其诚信之心。"又"是故可与立信，难与消息。"自注："实碻野直，何轻重之能量。"

　　按，碻，古代字、韵书均未见收录。《汉语大字典》收而谓其"音义未详"。"碻"实即"确"异写讹字。从异文上来看，唐赵蕤《儒门经济长短经》卷第二《文中·德表》："朴露径尽，质在中诚，失在不微。"自注："朴露之人，中疑实确。不戒其质之野直，而以谲为诞，露其诚。是故可与立信，难与消息也。"这一段与《人物志》文意大体相同，其自注中"朴露之人，中疑实确"与《人物志》"朴露之人，中疑实碻"正相对应。从字形上来看，俗书角、臽、臽三字形近可讹。如陷，《龙龛手镜·阜部》："陷陷（二通）陷陷**陷**（正），臧鉴反。没也。堕也。"《隶辨·陷韵》所收形体一作"**陷**"（《曹腾碑》），一作"**陌**"（《樊敏碑》）。"**陌**"之右旁与"角"隶书形近，如"**觧**"（《繁阳令杨君碑》）所从。它如"饀"作"**鮑**""韜"作"**鞱**"（《名义》）；"诣"作"**詷**""謟"作"**詷**"（《原本玉篇》）等，其右旁均与角形（俗作"**角**"形）相似。故"确"可俗写"碻"。《温飞卿集笺注》卷七《李先生别墅望僧舍宝刹因作双声》顾嗣立注引《吟窗杂录》"我出崎岖岭，君行磽碻山"句，曰："此腹双声句也。"《集韵·爻韵》丘交切以"磽磽磽"三字为异体。文献中有"磽埆"，训为土地坚硬瘠薄貌。《汉书·景帝纪》："郡国或磽陿。"颜师古注："磽谓磽埆瘠薄也。"磽碻亦即磽埆，亦可证明"碻"为"确"讹字。①

　　确、碻属于构件俗写字，其音义均不发生变化，在字料库中可标注如下：

---

① 《大南一统志》卷九《平定省·土产》："碻硝，出符美县。"又卷十二《平顺省·土产》："碻硝麻皮，出禾多县。"碻硝即焰硝，是一种可用来引火的易燃矿石。"碻"为"焰"异体字。"焰"先异写作"熖"，再涉下"硝"字类化作"碻"。"硝"异体字"碻"与"确"异体字"碻"是同形字关系。

| 字头列表 | 确 | ▾ | 正讹字头 | ☐ | 确 | ▾ | 讹误类型 | 构件讹误 | ▾ |
| 具体类别 | 形似混同 | ▾ | 读音关系 | 读音相同 | ▾ | | 意义关系 | 意义相同 | ▾ |

图 9.32　"确"字正讹关系填充示意图

（六）飑—飖

《江淹集》卷二《横吹赋（并序）》："镇雄蛟及雌虺，飖独鸥与单鹰。"

按，飖，《古今图书集成·经济汇编·乐律典》第一百二十三卷《横吹部艺文》异文作"飑"。

俞绍初等认为飖音 yù，指大风吹，有扫荡之义。[1] 罗立乾等看法相同，认为本句意思是指镇住了雌雄成双的蛟龙和毒蛇，扫荡了单独飞翔的鸥鸦与老鹰。[2] 二说恐非。《横吹赋》镇、飖对文，"雄蛟及雌虺""独鸥与单鹰"两句对文，从句式上来看，它们应该分别是动词镇与飖的宾语。然而文献中"飖"却没有用作动词的情况。《说文·风部》："飖，大风也。从风日声。"晋庾阐《海赋》："回飖泱莽，耸散穹隆。"唐上官婉儿《游长宁公主流杯池二十五首》之三："檀栾竹影，飙飖松声。"《全唐文》卷九百六十《阙名》："离云腾陵而千峰崔嵬，震风飀飖而百卉葱翠。"又用来形容风浪大。宋欧阳修《班班林间鸠寄内》："山川瘴雾深，江海波涛飖。"可见，"飖"应该是讹字。

考察文义，雄蛟及雌虺行于下，山势镇之使不得上。独鸥与单鹰飞于上，山风飖之使不得下。故今疑"飖"为"飑"讹字。《说文新附·风部》："飑，风吹浪动也。"《正字通·风部》："飑，凡风动

---

①俞绍初，张亚新.江淹集校注［M］.郑州：中州古籍出版社，1994：223.
②罗立乾，李开金.新译江淹集［M］.台北：三民书局，2011：117.

物与物受风摇曳者皆谓之飐。"汉刘歆《遂初赋》:"回风育其飘忽兮,回飐飐之泠泠。"唐柳宗元《登柳州城楼寄漳汀封连四州》:"惊风乱飐芙蓉水,密雨斜侵薜荔墙。"飐独鸥与单鹰,谓"时时而寒出"的风使得独鸥与单鹰飘飘不定,无法落下。

　　从字形上来看,日、占二字形体相近。"占"作"㔇"(赵构)、"㔊"(文征明),"日"作"㕙"(孙过庭《景福殿赋》)、"㕛"(赵佶《千字文》)。《谢朓集》卷三《始之宣城郡》:"幸霑云雨庆,方辔参多士。"霑,异文作"霝","霝"之所以能作"霑"者,沾、泊形近讹误所致。如"沾"作"沾"(文征明)、"泊"作"泊"(祝允明),"霝"作"霝"(《东魏定州刺史高归彦造白玉释迦像记》)、"霝"(《唐田义起石浮图颂》)、"霝"(《唐郝荣墓志铭》)、"霝"(米芾《甘露帖》)等。因此,"霝"可讹作"霑"。此例可为"飐"可讹作"颭"的旁证。

　　飐、颭属于构件俗写字,其音义均不发生变化,在字料库中可标注如下:

图 9.33　"飐"字正讹关系填充示意图

第十章　字书字料库的日常维护管理

众所周知,数据库开发完毕并上线后,其日常维护管理就成了一项非常重要的工作。字书字料库的日常维护管理,实际上主要是数据库的日常维护管理。这是一项长期而细致的工作。一方面,字料库系统在运行过程中可能会产生各种不可预期的故障;另一方面,字料库只要处在运行中,对它的监控、评价、调整和修改就必不可免。进行合乎规范的日常维护管理,不仅能够有效保证字书字料库稳定高效运行,而且可以最大限度地降低灾难性数据丢失的风险。因此,字书字料库的日常维护管理工作具有重要的价值。

一、录入新字料和更新在库字料数据

由于我们研发的字书字料库是非封闭式的,所以在后期维护阶段,仍然要按照拟定的收录原则和工作进度安排收集制作相关字书电子版,将字书字料录入字料库中,并做好字书字料属性的标注工作,不断扩大字书字料库数据规模。

新字料的录入工作比较机械和简单,只要能够迅速、准确地将字料数据录入字料库即可。录入人员应该掌握至少一种形码输入法,比如仓颉输入法、五笔输入法、郑码输入法等等,才能解决拼音输入法无法输入大量繁难汉字的问题。

在录入新字书字料时,为了保证字书字料库总库数据的安全,我们设计了一套中转方案,具体做法是:先不让录入人员直接接触总库,而是将字料数据存放在临时数据库中。等到新字书字料全部录入完毕并且核验无误后,再由系统管理员运行专门的库对库数据导入程序将临时数据库导入字书字料库总库,从而保证了字书字料库总库数据的安全,同时确保整个字书字料库系统高效稳定运行。

字料属性标注工作安排有一定理论知识和实践经验的专职人员来完成,因为对于字书字料库系统来说,最重要的资源是字料数据。如果缺乏汉字学及辞书学知识,对字料属性标注原则、内容、具体要求等一无所知,不仅不可能做好标注工作,而且会制造大量垃圾数据,影响字书字料库的整体品质。

二、监视系统运行状况

首先,要时刻监视字书字料库当前用户以及进程的信息。除了监视进程总数是否接近最大连接数并及时关闭不活动或无关进程以保证系统正常运行外,还要监视是否存在非法用户使用字书字料库或授权用户使用字书字料库非授权内容的情况,及时修补安全漏洞,以便增加字书字料库系统的安全性和稳定性。

其次,要监视字书字料库目标占用空间情况。日常维护阶段要监视的主要内容包括用户数据库及数据库日志等。如果发现占用空间过大,对日志表要进行转储,或者将日志文件增长限制为一定大小;对数据库文件则应扩充空间、清除垃圾数据或者进行数据库收缩。

三、备份及恢复数据库文件

在数据库运行过程中,可能因为一些无法预知的自然或人为的意外情况,如电源故障、磁盘故障等,导致数据库运行中断,甚至破坏数据库的内容。而定期备份数据库有助于防止数据库因各种故障而造成数据丢失,可以为数据库中的关键数据提供基本安全保障,同时为重新获取数据库中的数据提供可能,因此,定期备份数据库及数据库日志文件是一项非常重要的日常维护工作。

基于 SQL Server 的 CCFD 字书字料库文件包括 CCFD. mdf 和 CCFD_log. ldf 两个。其中,CCFD. mdf 是数据库文件,字书字料库中所有的表、视图、索引、存储和数据等内容都包含在这个文件中;CCFD_log. ldf 是事务日志文件,它记录着对字料库中数据的每一步操作记录,是字料库故障恢复的重要手段和方法。备份事务日志的周期会直接影响数据的恢复程度,在条件允许的情况下应该坚持每天备份一次。

字书字料库为特定用户提供了远程备份功能,界面如下:

图 10.1　字书字料库备份功能示意图

只要用户输入服务器路径,即可进行数据库备份。另外,在服务器上使用 SQL Server 软件自带的备份工具也能实现数据库备份工作。

与此同时,处于网络使用状态中的字书字料库,有可能因为字料库软硬件系统、病毒感染、网络非正常访问而发生意外,出现字料库被破坏或不可存取的情况,我们可以借助工具把数据库从错误状态恢复到某一已知的正确状态。鉴于字书字料库会经常进行备份,因此,恢复字书字料库数据文件可以随时进行。

四、创建用户信息表并授权

陶宏才曾经指出,数据库安全性的目标包括私密性、完整性和可用性。私密性是指信息不能对未授权的用户公开;完整性是指只有授权的用户才被允许修改数据;可用性是指授权的用户不能被拒绝访问。[①] 随着字书字料库系统用户的不断增加,系统维护人员必须要及时为新用户创建新的操作员记录,并根据用户的实际需要授予其不同的操作权限。为了保证字料库信息的整体安全,必须对字料库使用权限进行控制,使不同等级的用户享有不同类型的权限,这样能够确保只有合法使用者才能获取所需要的信息,并最终实现数据库私密性、完整性和可用性的三大安全性目标。

我们将字书字料库权限分为四级,一级用户只拥有字料检索的权限,二级用户拥有字料录入和字料检索的权限,字料库管理员为三级用户,除具有以上权限外,还具有查询全部字头、信息导出、信息打印、编辑对比结果、层积与流变等权限。系统管理员属于四级用户,具有最高权限,可以进行数据库配置、数据库备份与恢复、增加或删除用户,修改用户密码与权限等工作。前三级用户无法使用的功能将全部显示为灰色。如下图所示:

---

①陶宏才.数据库原理及设计[M].北京:清华大学出版社,2004:176

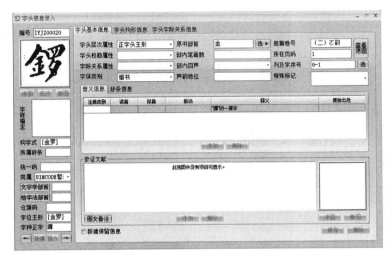

图 10.2 字书字料库一级用户录入界面示意图

五、执行安全保障措施

数据库是整个字书字料库系统的核心。为保证字料库数据的安全,系统管理员必须依据实际情况,执行一系列的安全保障措施,比如使用正版操作系统、安装防火墙、根据实际需要只开放特定网络端口而屏蔽其他端口等等。针对用户的安全保障措施包括用户授权及权限变更、用户密码更改等等。其中,定期更改用户密码是一项比较常用和有效的安全保障措施。

更改密码可以在字书字料库软件"用户管理"界面进行逐一操作,界面如下页图 10.3 所示:

也可以在 SQL server 数据库中用 Sp_password 逐一或批量实现。密码在数据库中要采用加密方式存储。

总之,字书字料库管理员要时刻监测字料库的当前运行状况,做好字料库的日常备份工作,检测字料库的整体运行状况,对

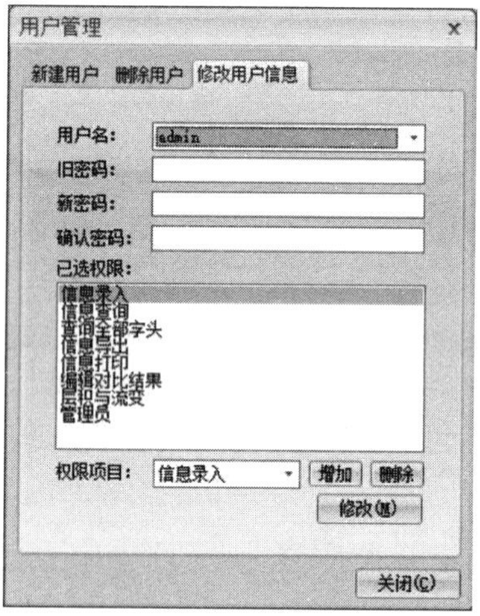

图 10.3　字书字料库"用户管理"示意图

字料库的性能进行调整,保证字料库高效的运行。要注意尽早发现系统存在的潜在问题,使可能的故障消除在萌芽状态。由此也可以看出,字书字料库的日常维护管理工作是非常繁重的,绝对不能掉以轻心。尤其是对数据库及字料库软件的管理,更应该慎之又慎,任何一点疏忽都会影响到字书字料库系统的整体安全和系统功能的正常发挥。这不仅要求字料库管理员必须具有丰富的数据库专业技术,深谙字料库日常维护基本流程与知识,还要有严谨务实的工作态度和高度的责任感,才能够担负起字书字料库日常维护管理工作的大任。

下　编

第十一章 字书字料库与
字书疑难字考辨①

汉字研究的材料根据其存现环境可以分为语篇文字和字书文字两种。字书中汇集了大量的汉字形音义资料,这些资料是历代学者对语篇文字研究整理的结晶,反映了学者对汉字形音义的理性认识,具有较高的科学性、系统性和实用性。字书所收汉字来源于使用领域和贮存领域,这两个领域都会产生大量形体讹变字并进入大型字书,导致大型字书中疑难字触目皆是,虚假形音义往往可见,这无疑会在一定程度上影响字书的品质。因此,对字书汉字的考辨就成了汉字考辨工作不可或缺的一个内容。

字料库是一种崭新的汉字学研究工具,它能为汉字学研究提供客观、丰富、高效的第一手数据。在使用字书字料库的过程中我们发现,利用字书字料库所提供的各种已经标注过的集成化、规模化的汉字学数据,可以对字书汉字的考辨工作起到较好的辅助作用。如前所述,很多疑难字的形成都是由于字际关系沟通不足导致的。沟通字际关系,需要分析字形及其演变规律,善于进

---

① 作为阶段性成果,本章主要内容曾以《例论字料库在字书汉字考辨中的价值》为题发表在《渤海大学学报》(哲学社会科学版)2017 年第 5 期上。此处又做了一些修改和完善。

行类比和综合,而且其结论的确立离不开大量文献(包括语篇文献和字书文献)的支撑。以往的研究大多使用个别举例以及人工翻检字书文献完成,耗时费力,结论的科学性也难以保证,往往事倍功半。利用字书字料库,可以在很大程度上解决这一问题。信息检索是字书字料库所提供的最基本功能之一。借助字书字料库可以方便快捷地检索到用户研究所需要的信息,有助于提高研究工作的效率和研究结果的信度。

本章将以"醫"组、"遼"组、"瓚"组、"列"组、"逦"组、"寏"组等六组字书疑难字的考辨为例,对字书字料库在字书汉字考辨中能够发挥的辅助作用进行初步展示和剖析。

第一节　字书汉字考辨方法概说

考辨,顾名思义,指的是查考辨正。与其意义相近的说法是"考证",即用有关资料来考核、论证和说明某个问题。王宁对考证的含义、类型、考证材料的结构以及考证工作的主要材料与方法等问题从宏观上进行了深入浅出地阐述,[①]这对于字书汉字的考辨工作同样具有非常重要的指导意义。在具体汉字的考释上,古今学者也相继总结出了很多行之有效的方法。

清代学者段玉裁提出了"形音义互求"的考字方法。他在《广雅疏证·序》中说:"小学有形有音有义,三者互相求,举一可得其二。有古形、有今形、古音、有今音、有古义、有今义,六者互相求,举一可得其五……圣人之制字,有义而后有音,有音而后有形。学者之考

[①]王宁.训诂学原理[M].北京:中国国际广播出版社,1996:73-87.

字,因形以得其音,因音以得其义。"①古今形音义互求的方法在汉
字考辨实践中具有普适性。张涌泉将俗字考辨的方法归纳为五
种:偏旁分析、异文比勘、归纳类比、字书佐证和审查文义。另外,
他认为研究俗字应当具备识文字、明训诂、辨声韵、熟典章等四个
基本条件。②郑贤章归结为四点:据异文考释俗字、据《龙龛》所给
俗字的读音考释俗字、据《一切经音义》及汉文佛经考《龙龛》俗
字、据敦煌写本文献考《龙龛》俗字。③后来将佛经中疑难俗字的
考释方法总结为三点:比较对勘不同类型的佛典、充分利用不同
版本的异文、综合运用字的各个要素。④杨宝忠列举了段玉裁、陈
焕、李景白、葛信益、张涌泉等人在疑难字考释上探索出的若干经
验,他自己则归纳为五种:以形考字、以音考字、以义考字、以序考
字、以用考字。⑤李运富总结了文本疑难字的考证方法,主要包括
历史比较法、形体分析法、辞例推勘法、通假破读法以及综合链证
法等五种。⑥柳建钰举例讨论了包括文献对比、偏旁文献结合、利
用构件通混规律、文例调查归纳、同源系联、方言佐证等在内的六
种字书新收字考辨方法。⑦对于疑难同形字的考释,李军和王靖
总结出了五种方法:利用汉字形义统一的特点、利用声旁及其声
旁音变、利用异体字际关系、利用方言材料、利用俗字编与草字编

---

① (清)王念孙.广雅疏证·段玉裁序[M].北京:中华书局,1983:1.

② 张涌泉.汉语俗字研究(增订本)[M].北京:商务印书馆,2010:201-221.

③ 郑贤章.《龙龛手镜》研究[M].长沙:湖南师范大学出版社,2004:39-48.

④ 郑贤章.汉文佛典疑难俗字汇释与研究[M].成都:巴蜀书社,2016:41-45.

⑤ 杨宝忠.疑难字考释与研究[M].北京:中华书局,2005:783-878.

⑥ 李运富.汉字学新论[M].北京:北京师范大学出版社,2012:108-111.

⑦ 柳建钰.《类篇》新收字考辨与研究[M].沈阳:辽宁大学出版社,2011:213-
　 228.

类工具书。① 董宪臣从类化的角度出发,结合碑刻字例,将疑难字的考释方法总结为类比文例、辨析同形、偏旁分析、追溯形源、明辨典章、审察语境等六种。②

另外,苏宝荣指出,文字形义来源的考释,要采用动态考释方法,即"寻流溯源,借今字识古字"和"沿源讨流,由古形释今字"。③黄德宽将古文字的考释方法概括为四种:字形比较法、偏旁分析法、辞例归纳法和综合论证法。④ 陈伟湛和唐钰明针对古文字考释提出了形体分析法、假借破读法、辞例推勘法、历史比较法、文献比较法等五种方法。⑤ 虽然这些方法是针对古文字考释所提出来的,但对于我们从事字书汉字的考辨工作也具有积极的参考价值。

总的来说,无论是在字书汉字考辨的方法方面,还是在具体考辨结果方面,学界都已经取得了很大成就,为大规模汉字整理奠定了良好的基础。

第二节　"齾""𣪠""齾""齾"

根据字料库提供的检索功能,我们可以从对比中发现一些有

---

① 李军,王靖.论疑难同形字的考释方法[J].西华大学学报(哲学社会科学版),2016(2):38—48.
② 董宪臣.利用类化思路考释碑刻疑难字例说[J].汉字汉语研究,2018(4):16—24.
③ 苏宝荣.文字学掇英——兼论文字的动态考释方法[J].河北师范大学学报(社会科学版),1993(2):45—48.
④ 黄德宽.汉字理论丛稿[M].北京:商务印书馆,2006:249—273.
⑤ 陈伟湛,唐钰明.古文字学纲要(第二版)[M].广州:中山大学出版社,2009:24—27.

用的汉字考辨信息。比如,在《汉语大字典》中以模糊方式检索义项是"浊酒"的字头信息,共有 12 个字头,其中有"醠""䣕""醠""醠"四字,释义如下:

　　IDZDB43408:醠,浊酒。《玉篇·酉部》:"醠,浊酒也。"(下略)

　　IDZDB24709:䣕,浊酒。《类篇·酉部》:"䣕,浊酒。"

　　IDZDB43447:醠,浊酒。《字汇·酉部》:"醠,浊酒也。"

　　IDZDB43513:醠,浊酒。《篇海类编·食货类·酉部》:"醠,浊酒也。"

　　这四个字都训为"浊酒",但《汉语大字典》并未指明它们是否具有某种字际关系。按时间来看,"醠"进入字书的时间最早,其次是"䣕""醠""醠"。四字均从酉,因为字义为"浊酒",所以"酉"是表义构件。四字区别在于剩余构件的写法:"殻""殼""殻""殻"。

　　1.殻—殻

　　"殻",同"殼"。《康熙字典·殳部》:"殼,《韵会》作殻。"殼,《说文·殳部》:"从上击下也。一曰素也。从殳,青声。""殻"是"殼"的笔画异写字。

　　为了合理安排构件,使得字形结构美观,将"殼"写作"殻"是非常常见的现象。利用字书字料库,在 UNICODE 总库中检索直接构件是"殻"的汉字,结果如下:

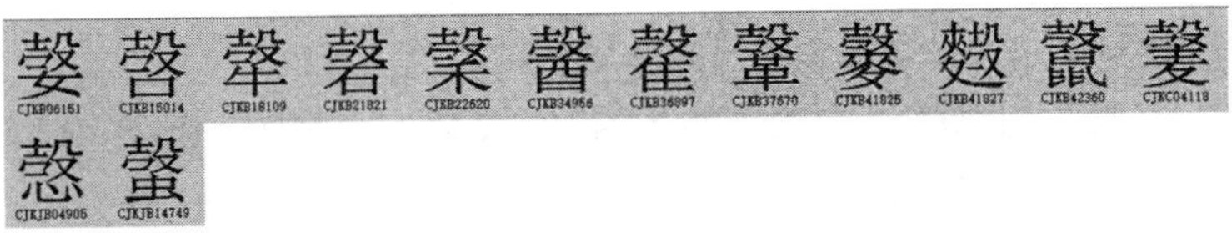

图 11.1　UNICODE 总库直接构件是"殻"的汉字

检索直接构件是"殳"的汉字,结果如下:

图 11.2　UNICODE 总库直接构件是"殳"的汉字

可以发现,在两份检索结果中可以找到一系列具有对应关系的字头,比如婜—毇、�928—毃、774—毄、磬—毃、775—毇等等。这种对应不是偶然的,它是"殳""殳"之间经常异写的必然结果。

2.殳—殳

"殳"又经常简省笔画,异写作"殳"。检索直接构件是"殳"的汉字,结果如下:

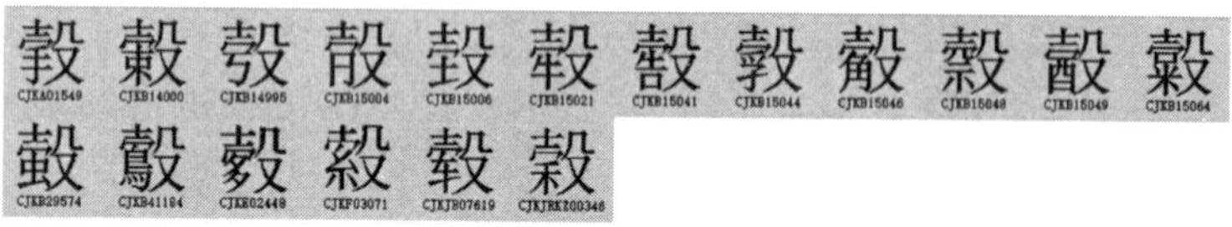

图 11.3　UNICODE 总库直接构件是"殳"的汉字

同样可以发现,从"殳"从"殳"之字也存在对应关系:毃—毃、毄—毄、毇—毇、毃—毃、毄—毄等等。

3.殸—磬

"殸",同"磬"。古代石制乐器。《说文·石部》:"磬,乐石也。从石殸,象县虡之形,殳击之也。古者毋句氏作磬。殸,籀文省。"又可同"聲"。《集韵·清韵》:"聲,《说文》:'音也。'亦姓。古作殸。"《马王堆汉墓帛书·十大经·顺道》:"用力甚少,名殸章明。"
与"毃"(从上击下也)义本不同。但俗书"殸"或写作"殼",与"殻"
形至近。在《原本玉篇》及《篆隶万象名义》中检索直接构件是
"殸"的汉字,结果分别如下:

图 11.4　《原本玉篇》及《篆隶万象名义》子库直接构件是"殸"的汉字

在 24 个字形中,有 18 个字形发生了异写。而且《名义·磬部》
中的"磬"作"**磬**",左上即为"青"字,这样就找到了"殸"可以异写为
"殼"的一系列间接证据和一个直接证据。其他相类似的例子还有
不少,比如"榖",《汉语大字典·禾部》:"同'穀'。粮食作物的总
称。"再如"嗀",《汉语大字典·殳部》:"同'穀'。《字汇补·殳部》:
'嗀,同穀。'"鸠摩罗什译《大智度论释习相应品》第三之一:"如迦陵
毘伽鸟子虽未出嗀,其音胜于众鸟,何况出嗀!菩萨智慧亦如是,虽
未出无明嗀胜一切声闻、辟支佛,何况成佛!"三处"嗀"宋、元、明三
本均作"殼"。释有严《玄签备捡》卷第三:"嗀,应作穀。口木反。又
分管反。卵殻也。"《可洪音义》中还有大量可相类比的例子。①

　　4. 毃—毃

"毃",字本作"毃"。《说文·殳部》:"相击中也。如车相击,

_____

① 韩小荆.《可洪音义》研究——以文字为中心[M].成都:巴蜀书社,2009:
　639－640.

故从殳,从青。"俞樾《儿笘录》:"觳者,觺之古文也。""殳"与"毂"形体差异较大,限于字书字料库目前所收字料的规模,还未找到直接证据。其致误的原因应该与写字者的偏旁类推心理密切相关。在北京书同文公司所编《古籍汉字字频统计》一书中,从"毂"之字字频最高者为"擊",列第 793 位,从"殳"之字字频最高者为"穀",列 1318 位。[①] 两者位次相差将近一半。由此可见,相比较而言,在古代"毂"要比"殳"使用频率更高。理解是汉字正确书写的核心。如果对字形不熟悉不理解,已经掌握的形体相近的旧字形会对人们书写新字形产生干扰。在书写过程中,对于不熟悉的字,人们往往会使用更常见的形近字形来代替某个构件,用"毂"代替"殳"是人们构件书写知识发生负迁移的必然结果。这方面的例子还有不少,比如《类篇》中"犆"讹变作"犉",就是因为"蜀"字罕见而"虫"字常用所导致的。[②]

　　综上所述,"醫""觳""瞖""瞖"四字实为一字异写,《汉语大字典》应该沟通四字之间的异体关系。

　　在本例考证过程中,我们首先使用字书字料库的释义检索功能发现问题,然后使用直接构件检索功能,查找相关证据,分析偏旁构件,利用构件通混规律,从而沟通了"醫""觳""瞖""瞖"四字之间的异体关系。当字书字料库无法提供直接证据的时候,又可以借鉴前人研究成果进行类比,这也是考证过程中需要特别注意的一点。

---

①北京书同文数字化技术有限公司.古籍汉字字频统计[M].北京:商务印书
　馆,2008:35,41.
②柳建钰.《类篇》新收字考辨与研究[M].沈阳:辽宁大学出版社,2011:70.

第三节　"遧""惣""愸""悚"

对于一些音义未详字,也可以借助字书字料库来进行考辨。比如"遧",首录于《汉语大字典》,该书《辵部》:"遧,音义未详。宋赵彦卫《云麓漫钞》卷七:'玉玺文曰:吴真皇帝。玉质青黄,解理洞彻,拜受祗遧,夙夜惟寅。'"从字形上来看,"遧"似乎从辶从恖,但"恖"不成字,应该考虑是某个字的讹变,或者是某些字构件的综合。

我们先从文献角度来考察一下词义。《云麓漫钞》"拜受祗遧"后接"夙夜惟寅"句,典出《尚书·虞书·舜典》,原文作:"夙夜惟寅,直哉惟清。"意思是日夜恭敬其事,正直而又清明。前后两句均取恭敬意。而文献中有祗愢、祗竦两个词,均训为恭敬惶恐。晋陆机《谢平原内史表》:"拜受祗竦,不知所裁。"《北史·魏东阳王丕传》:"百僚观瞻,莫不祗愢。"《资治通鉴·魏明帝青龙四年》:"当崇孝子祗愢之礼,不宜有忽,以重天怒。"可见,祗遧就是祗愢、祗竦。"祗"为"祗"形近讹字。"愢",《广韵·肿韵》音息拱切,因此,"遧"亦当音息拱切,今音为 sǒng。

在《广韵》库里查询读音是"息拱切"的汉字,结果如下:

图 11.5　《广韵》子库读音是"息拱切"的汉字

以上诸字中,与"遧"形体直接相关的是"愸"字。二字均从心从辵,所不同者,右上角一为"双",一为"从"。此二字实际上是异写关系,"双"为"从"的讹字。行书"人"或连笔作"又"。比如《名义·门部》"闪"作"![闪]"。又如《大辽涿州涿鹿山云居寺续秘藏石经塔记》"从"作"![从]"，稍加演变即为"双"。因此，我们认为，"遬"本应作"遬"，也就是"慫"字。下面再从字形结构的角度来进行分析。

"慫"，或变换构件位置异写作"悰"，《说文·心部》："惊也。从心，從声。读若悚。"其小篆形体作"![篆]"，如果进行构件对应转写，其楷书形体正当作"遬"。依《说文》，"辵"为从彳从止之字，从"辵"之字后来大多隶变从"辶"，但有个别字作"彶"。在 UNICODE 总库里查询直接构件是"彶"的汉字，结果如下：

图 11.6　UNICODE 总库直接构件是"彶"的汉字

徒，《说文·辵部》："赴（![赴]），步行也。从辵，土声。"邵瑛《群经正字》："今以彡为偏旁彳，以止合土为走，作徒。"徙，《说文·辵部》："迣（![迣]），迻也。从辵，止声。"朱骏声《说文通训定声》："今隶体作徙，不作迣。"《玉篇·辵部》："迣，移也。今作徙。同。"《字汇·辵部》："迣，与徙同。""從"为"從"异写字。《说文·辵部》："從（![從]），随行也。从辵，从从，亦声。"《集韵·用韵》："從，《说文》：'随行也。'或作遫。"《正字通·辵部》："遫，同從。"而《说文》"![隨]"隶定作"遀"，后来通行"随"，由半包围结构变成了中间插入结构。同理，将"遬"写作"悰"或"慫"，也符合汉字字形演变过程中构件位置变化规律。至于"悚"，《说文》只出现在释文中，正字头脱落，其实是"悰"的换声异构字。

综上所述，《云麓漫钞》中的"拜受祇遬"，实为"拜受祇慫"。"遬"为"慫"异写字，《汉语大字典》应该予以认同。

在本例考证过程中，我们通过审查文义并对比文献，发现了字书疑难字“遻”音义信息的蛛丝马迹。接着又借助字书字料库中提供的读音检索功能，找到了一系列同音字，并从中确定了一个形体相关的字形。根据构件通混规律及构件位置变换规律，确定了“遻”所对应的正字，然后使用字书字料库提供的直接构件检索功能，找到了“徒”“徙”“從”三个具有类比意义的字形，最终确定了“遻”和“慫”的异体关系。

第四节　“瓆”“璸”“瑱”

《汉语大字典·玉部》：“瓆，美玉名。《骈雅》卷五：‘长瓆，美玉也。’《字汇补·玉部》：‘瓆，玉名。音未详。’《穆天子传》卷四：‘玲瑰亓瓆。’郭璞注：‘皆玉名。字皆无闻。’”“瓆”有义无音，其构形可以分析为从王（玉）从賫，而直接构件“賫”不成字。但可以从中继续拆分出“飞”“王”“尔”及“貝”四个间接构件。

在字书字料库中分别以“飞”“王”“尔”及“貝”四个间接构件为关键字单独及联合检索，当值为“王 & 尔 & 貝”时，检索结果为：

图 11.7　UNICODE 总库间接构件是“王 & 尔 & 貝”的汉字

上图五个字中，“瓆”与“璸”最为接近。《龙龛手镜·玉部》：“**琼瓆璸**珊**瑱**：皆田、佃二音。”张涌泉谓“璸”为“瑱”异体字，[①]可

①张涌泉．汉语俗字丛考（修订本）［M］．北京：中华书局，2020：352．

从。《说文·玉部》："瑱，以玉充耳也。"瑱是一种古代冠冕的玉质饰件，系于冕，自两侧垂于耳旁，用来塞耳。"瑱"为从玉真声的形声字，而"璸"则是从玉从寶的会意字。

下面分析"寶"所从之"宀"何以作"乀"。其形成应该是多方面因素共同作用的结果。

首先，从"宀"之字或变从"冂"，两端笔画会向下延伸呈三面包覆状。这种写法是小篆字形"冂"的孑遗，隶书中也存在不少这种类似的形体。在"直接构件"里以"宀"为关键字对《隶辨》（LBA）一书进行精确检索，截取部分结果如下：

图 11.8　《隶辨》子库直接构件是"宀"的汉字

我们可以从中发现不少有价值的例子，比如"宧"（史晨碑）、"宧"（校官碑）、"宧""廂"（北海相景君铭）、"宧"（戚伯著碑）等等。楷书中"宀"的位置基本固定在字形上方，左点及左钩均不延长，但也有个别字形依然作"冂"形。比如《名义·上部》"旁"（"旁"异体）就作"帛"。

其次，从"宀"之字或可省写从"冖"。在字书字料库字头构形信息依理拆分部分，我们设计了备注字段，主要对构件减省及讹变状况进行说明。在"直接构件备注"里以"宀"为关键字进行模糊检索，检索结果如下：

图 11.9 UNICODE 总库"直接构件备注"含有"宀"的汉字

也就是说,字料库当前已标注的本从"宀"而省作"冖"的字有13组,包括宂—冗、宜—亘、寏—夐、寫—冩等等。

最后,俗书"宀"或写作"一",第二笔左点直接省略(也可以认为是与第三笔横折合并),比如《尹爱姜等廿一人造石弥勒像记》"容"作"𧮫"。行、草书中更为常见,比如"寶"或作"𡧛"(怀素)、"𡧛"(黄庭坚)、"𡧛"(赵孟頫),"容"或作"𡧛"(王献之)、"𡧛"(智永)等等。

综合以上汉字构件简省变异的规律来看,构件"宀"具有写作"乀"的充分条件,构件"寶"变为"賢",由于"賢"字构形理据不显豁,致使"瓚"成了有义无音的字书疑难字。"瓚""瓆""瑱"三字呈异体字关系,《汉语大字典》理应予以沟通。

在本例考证过程中,我们先对字书疑难字"瓚"进行了构件拆分,然后在字书字料库中以间接构件为关键字单独及联合检索,发现了与其字形密切相关的汉字。之后,利用字书字料库提供的"直接构件备注"功能及库外文献对构件"宀"写作"乀"的现象及讹变条件进行了调查分析,借助构件通混规律,最终证实了"瓚""瓆""瑱"三字的异体关系。

第五节 "剔""剔""剔""刐"

《汉语大字典・刀部》:"剔,dì,断。《集韵・锡韵》:'剔,断也。’”又，“⿰⿹勹丁刂，断取禾穗。《龙龛手镜·刀部》：‘⿰⿹勹丁刂，俗；刟，正。以取禾穗也。’”“⿰勺刂”“⿰⿹勹丁刂”二字均有音有义，其构件可分别拆分为“勺”“刂”以及“⿹勹丁”“刂”。其中，“⿹勹丁”为非字构件。

通过调查字书字料库可以发现，“⿰勺刂”“⿰⿹勹丁刂”在 UNICODE 库中分别对应着三个字形：

图 11.10　UNICODE 总库与“⿰勺刂”“⿰⿹勹丁刂”对应的字形

“⿰勺刂”的三个字形可以分为两类，一类是 UCS2003 和 T5－2155，二形可以直接认同。另一类是 GKX－0136.18。两类字形区别在于左旁“勺”内一作提，一作点。检索《集韵·锡韵》，音丁历切而训“断也”者为“**⿰勺刂**”，《类篇·刀部》字形作“⿰勺刂”，二形正好与 UNICODE 字形相对应。《康熙字典·刀部》作“**⿰勺刂**”。《集韵》所录字形是 UNICODE 库内 GKX－0136.18 所对应字形的最初来源。

“⿰⿹勹丁刂”的三个字形也可以分为两类，一类是 UCS2003 和 GKX－0137.14，二形可以直接认同。另一类是 T5－222B。两类字形区别在于左旁一作“⿹勹丁”，一作“与”。《龙龛手镜·刀部》：“**⿰⿹勹丁刂**，俗；刟，正；**⿰⿹勹丁刂**（⿰⿹勹丁刂），今。丁聊反，以取穗也。”《康熙字典·刀部》作“⿰⿹勹丁刂”。《龙龛手镜》所录字形是 UNICODE 库内 UCS2003 和 GKX－0137.14 所对应字形的最初来源。T5－222B 字形从“与”者，实为从“⿹勹丁”之讹变，二字形体非常相近。但“⿹勹丁”也不成字，肯定也是其他字形的讹变。

　　杨宝忠认为"刐"为"刜""刜"之变,[1]可谓不刊之论。俗书"刀"旁或可作"匀""匂",张涌泉[2]及梁春胜[3]均有相关论述,此不赘述。"刜"还有另外几种异写形体。字书字料库中目前所收录的"刜"有三种主要变体:一为"刐",一为"匁",一为"刞"。《直音篇·刀部·萧韵》《东韵》:"刐,音雕,断也。刜、刐,并同上。""刐"即"刜"异构字,示音构件更换的原因应该是为了使表音更加准确。《刊谬补缺切韵·萧韵》:"匁,取穗。亦作刐(刐)。"《名义·刀部》有"刞"字:"都条反。断取穗。刞(刐),周{'同'讹字}上。"同字位上《玉篇·刀部》:"刜,丁幺切,断取也。刐,同上。"可见,"匁""刞"均为"刜"字,无论是"夕"还是"刀",都是"刀"的俗写变形。"刀"又作"匂",其形本自《龙龛手镜·刀部》之"刓"。清顾蔼吉《隶辨·偏旁》:"匂,刀,与《说文》同,象形,省作刀,经典相承用此字……或变作方,亦作匀。"《龙龛手镜》所收的"刓",是"刞"进一步讹变的结果,其左旁与"方"在形体上具有密切的联系。

　　综上,"刜""匁""刞""刓""刐""刐""刐"诸字为异写关系,其异构字作"刐""刐",后一字又异写作"刐"。至于"匁"的读音丁历切(dì),则是一个虚假读音。因为《集韵》编者以"匁"字从匀,而从"匀"得声之字,如"的""约""靮"等都音丁历切,故望形生音作丁历切,实不足取。

　　在本例考证过程中,我们利用字书字料库对"匁""刐"二字的异写情况进行了分类分析,提取出了异写的构件,鉴于已有学者对"刜""匁"之间异写的关系进行了细致可信的考辨,故此处只利

──────────

① 杨宝忠.疑难字考释与研究[M].北京:中华书局,2005:22.
② 张涌泉.敦煌俗字研究[M].上海:上海教育出版社,1996:79.
③ 梁春胜.楷书部件演变研究[M].北京:线装局,2012:93－95.

用字书字料库提供的音义检索功能，罗列了多本字书中的相关字形，并对"刖"的几种主要变体及其变化轨迹进行了分析和阐释，理清了与"刖"相关的多个字形之间的异写和异构关系。

第六节　"逜""通"

《大字典·辵部》："逜，yǒng。《改并四声篇海》引《川篇》音勇。《改并四声篇海·辵部》引《川篇》：'逜，走也。'"

按，"逜"从辶从角而音勇，形音不协，必为俗讹字无疑。张涌泉引《龙龛手镜》认为"逜"疑为"踊"讹俗字。① 其说恐不确。"逜"实为"通"俗字。

在字书字料库《隶辨》子库中检索直接构件是"甬"的字头，结果如下：

图 11.11　《隶辨》子库直接构件是"甬"的汉字

检索《敦煌俗字典》子库，结果如下：

图 11.12　《敦煌俗字典》子库直接构件是"甬"的汉字

---

① 张涌泉.汉语俗字丛考（修订本）[M].北京：中华书局，2020：312.

检索《篆隶万象名义》子库,结果如下:

图 11.13　《篆隶万象名义》子库直接构件是"甬"的汉字

通过观察以上字形,我们可以看出,从甬之字有一种变体比较特殊,字形可以隶定作"角"。《白石神君碑》"气通北岳"中"通"作"逳",《孙根碑》"行□义勇"中"勇"作"勇"。《魏受禅表》"涌醴横流"中"涌"作"浦"。S. 2073《庐山远公话》:"是日远公能涉长路而行,遂即密现神通"中"通"作"逳"。S. 2832《原文等范本·亡兄弟》:"异策通神,于家国而竭矜怜贫弱"中"通"作"逳"。S. 2832《愿文等范本·十二月》"夫人伤摧膝下之花,兄弟痛发青春之妹"中"痛"作"痛"。"甬"俗作"角",与"角"形体至近。《名义·心部》:"悀,尹种反。满也。出也。动也。""悀"隶定作"悀",高丽本《龙龛手镜·心部》入声字下:"悀,音角。"杨宝忠考定其为"悀"之俗字,并认为行均不知"悀"即"悀"字,"音角"当读作音甬,因将"悀"字收入入声字中。[①] 其说可从。又《名义·辵部》:"逳,勅东反。达也。彻也。道也。"《永部》:"昶,耻两反。逳也。达也。"两处"逳"都可以隶定作"逳",实际上都是"通"的俗写字形。

在本例考证过程中,我们利用字书字料库对以"甬"为直接构件的字形进行了检索,从中归纳出了一种中介字形"角",藉以与"角"进行了字形俗讹脉络的沟通。另外还从《名义》一书中找到了原始字形,并以"悀"为"悀"俗字作为旁证,进一步证实了"逳"

---

①杨宝忠.疑难字考释与研究[M].北京:中华书局,2005:269.

为"通"的俗写字形的结论,从而否定了"逦"为"逋"讹俗字的
说法。

第七节　"𥥀""突""𥨥""𥦬""𥦮""𥧎"

𥥀,《集韵·尤韵》渠尤切:"𥥀,深也。"其后诸字韵书,如《类
篇》《新修玉篇》《康熙字典》《汉语大字典》等音义均与《集韵》
无异。

按,"𥥀"最早见于《集韵》,从穴从求而训为深,形音义相吻
合,看上去没有什么问题。但其实"𥥀"是一个疑字,[①]其正字当作
"突"。今考之如下:

《说文·穴部》:"𩂦(突),深也。从穴,从火,从求省。"段玉裁
注:"此以今字释古字也。突、深古今字,篆作突、深,隶变作𥨥、
深。"《马王堆汉墓帛书·战国纵横家书·苏秦自齐献书于燕王
章》:"臣之德王,突于骨随(髓)。"又《李园谓辛梧章》:"以秦之强,
有燕之怒,割勺(赵)必突。""突"字形最早见于西周《突作宝彝
甗》,作"𤔔"形。沁阳盟书作"𣁷",小篆作"𩂦",隶书作"𥨥",隶定作
"突",隶变作"𥨥""𥦬""𥦮"三形。例如在字书字料库《隶辨》子库
中检索直接构件为"𥦮"的字头,结果如下:

---

①杨宝忠认为,疑难字又可分为疑字和难字,难字是指音未详、义未详或音
义未详的字,疑字是指音义虽全,但形音义可疑,也就是形音义之间或字
形与字用之间有矛盾的字。疑字音义完备,隐蔽性强,欺骗性大,不易识
别。详见:杨宝忠.疑难字考释与研究[M].北京:中华书局.2005:633,
639.

图 11.14 《隶辨》子库直接构件是"罙"的汉字

其中，第一、二、五形从罙，中一形从釆，第四形从罙。

俗书丷与八多不分，故釆、罙实为一字。俗书米、釆形近可讹。为求书写快捷，俗书本从两点者多连为一横。如"氣"本从米，俗变从釆，"氣"（《北魏穆亮墓志》）、"氣"（《北魏元诲墓志》）、"氣"（《唐李肃墓志》）等形均为明证。而俗书从釆者又或讹变从求，如"奎"为"塗"省变（从土，余声。"人"变为"大"，"釆"变为"求"），[1]"魃"为"魃"讹字，[2]亦均为其明证。由此可见，"突"隶变字"罙"又可作从求之"罙"。

俗书水、木形近多混，《龙龕手镜·乃部》："朵，俗；朵，正。丁果反。木垂貌。"又《名义·水部》："棠，胡驹〔駒〕反。乌迥〔駉〕反。小水也。泽也。""棠"为"荥"讹字，均为其明证。故"罙"又可讹作"宋"。《裴本王韵·至韵》释泪反："宋，邃。赵魏间语。"《广韵·至韵》释类切："宋，《方言》云：'深也。赵魏间语。'"《集韵·至韵》式类切："宋，深也。或作邃。"今查《方言》无"宋"字。但检索"赵魏"则可以发现一条重要的考辨线索。《方言》第四："禅衣，江淮南楚之间谓之褋，关之东西谓之禅衣。有裹者，赵魏之间谓之袂衣；无裹者谓之裎衣，古谓之深衣。"据此，则诸韵书"宋"实即《方言》"深衣"之"深"字。释泪反、释类切、式类切均为望形所生伪音。

---

[1] 杨宝忠.疑难字考释与研究[M].北京：中华书局，2005：107.
[2] 杨宝忠.疑难字考释与研究[M].北京：中华书局，2005：718.

　　"窊"又或赘笔作"**窊**"（《集韵·侵韵》）、"**窊**"（《类篇·穴部》）。"宋"同理也赘笔作"寀"。《详校篇海》："**宋**，音税。深也。赵魏间语。"《字汇·穴部》："**宋**，深也。赵魏间语。"其音义与《裴本王韵》《广韵》《集韵》相同，因此也可与"窊"进行异体关系认同。

　　在本例考证过程中，我们先指出"寀"为疑字，其正字当为"窊"。接着调查了包括《说文》、段注以及古文字字形，考察"窊"的形体演变轨迹，认为"窊"隶变作"宋""宋""宋"三形，并检索《隶辨》子库中进行了确认。最后，我们利用丷八、米未、未求、水木多混的俗书形近讹混条例以及俗书"木"多加点作"术"的条例，沟通了"宋""宋""寀""宋""寀"诸字之间的异体关系。

　　以上，我们借助字书字料库对一些字书疑难字进行了考辨，沟通了这些字与其异体字之间的字际关系，从中可以看出，字书字料库确实能够在字书汉字的考辨工作中起到较好的辅助作用，有助于提高考辨工作的效率和考辨结果的信度。需要指出的是，目前我们开发的字书字料库所包含的汉字信息还不太完备，在库已初步标注的信息将近 160 万条，离"高度集成化、规模化、科学化"这一目标还有较大差距，但有理由相信，随着字书字料库内容的不断丰富、字料标注的不断精细、多库关联的不断紧密，字书字料库的可利用性会越来越高。当然，前辈时贤针对字书汉字考辨的结果也应该及时入库并进一步细化，将其中涉及到的字书汉字字形演变规律转换为形式化的计算机数据，建立一套"字书汉字字形演变规律知识库"，以便为以后的考辨提供资料支撑。只有这样，字书字料库才能在字书汉字考辨以及全汉字整理研究过程中发挥越来越重要的作用。

第十二章 基于字书字料库的字书汉字层积流变状况调查研究①

我国古代字书具有浓厚的层积气息,后代集成性的字书都是先转录前代字书中已收的字,再增补一些未收的字,然后按既定原则整理加工后形成的。正如王宁所说:"同类型的字典,总要先吸收前人所搜集的资料,再补充前人没有的资料,综合性的字词典以'大'取胜,多多益善。"②调查古代字书所收汉字的层积及流变状况,对于字书收字层次的离析、字书汉字形体流变规律的考察乃至信息时代全汉字的整理研究都具有重要的价值。

就现阶段而言,字书汉字层积及流变状况的调查具有较高的可行性。首先,字书汉字材料是封闭性的。一本字书编就出版后,其内部收字情况的变动往往非常小。即使有变化,也大都是因为版本不同而造成的个别字的讹脱衍倒现象,并不涉及本质变化。这非常有利于对其开展穷尽性调查。其次,古代字书往往都以"大部头"见称,收字总量动辄数万。字书收字情况的对比调查工作,如果只依靠人工手段制作卡片去完成,效率将会非常低,而

---

① 作为阶段性成果,本章主要内容曾以《字书汉字层积及流变状况调查报告——以系部为例》为题发表在《渤海大学学报》(哲学社会科学版)2018年第1期上。此处又做了一些修改和完善。

② 邓福禄,韩小荆.《字典考正》王宁序[M].武汉:湖北人民出版社,2007:1.

且结论的科学程度难以保证。在当前信息时代,很多重复性的工作完全可以交由计算机完成。字书字料库是当前调查字书汉字层积及流变状况的一个非常便捷的工具。通过建设字书字料库,并对其中的基本属性进行标注,字书收字情况的对比调查将会非常快捷方便,结论的科学程度也将大大提高。

为了了解字书汉字层积及流变的真实状况,我们拟以字书字料库为调查工具,以《说文》《原本玉篇》《宋本玉篇》《广韵》《集韵》《类篇》《改并五音类聚四声篇海》(以下简称《改并篇海》)《篇海类编》《详校篇海》《字汇》《字汇补》《正字通》《直音篇》《康熙字典》《汉语大字典》等十五部重要字书中的《糸部》字为对象,以字书字料库中调查得到的第一手数据为基础,对古代字书所收汉字的层积及流变状况进行细致研究。

之所以选择《说文》等十五部字书为调查对象,是因为这十五部字书在中国字书史上具有代表性,而且它们在收字上也具有前后承接关系,有利于开展字书汉字层积及流变状况的调查。

不过,限于目前的时间及条件,不可能对十五部字书的收字层积及流变情况进行完全、彻底地调查。因此,本文采取的做法是进行抽样调查,即只调查《糸部》的收字层积及流变情况,以便推而广之,见微知著,从而总结出我国古代字书汉字层积及流变的具体规律。而之所以选择《糸部》,我们是经过一番慎重考虑的。首先,《糸部》在古代字书中一直都是收字大部,即使是在当代编成的《汉语大字典》(第二版)中,《糸部》也以收字 1279 个而位列 200 部中的第十位。① 其次,南朝梁顾野王编撰的《玉篇》是

---

① 排在前九位的部首及收字数量如下:艸部 2263、水部 2051、木部 1885、口部 1697、手部 1616、金部 1571、心部 1441、人部 1402、鸟部 1308。

我国第一部楷书字典,在字书史上具有上承《说文》且下启《类篇》的重要地位,是调查研究字书收字层积及流变状况不可或缺的重要一环。原书久佚,今有残卷传世,中华书局 1985 年 9 月影印出版。《糸部》在该残卷中保存完整,且收字最多,共 391 字。因此,以收字大部《糸部》作为被调查部首能够体现出典型性和衔接性,在操作上也具有可行性。

下面分别对十五本字书《糸部》收字总体状况以及共收字形、单见字形、歧出字形状况进行调查统计,并对字形异写、异构与字书汉字层积流变之间的关系进行举例分析。希望本调查能让学界对古代字书的收字层积及流变状况有一个更加全面深入地了解。

第一节　十五本字书《糸部》收字状况分析

在所调查的十五本字书中,除《说文》外,其他十四本字书的主用字体都是楷书。《说文》主用字体为小篆,小篆字形(还有古文、籀文等古文字形体)在转换成楷书字形时往往会有至少两个字形存在的现象。比如“糸”旁有三种写法:“糸”(左旁、下边)“糸”(左旁)“纟”(俗书、简化字左旁),训为“绎茧为丝也”的“繅”右旁存在楷定体“巢”和楷变体“巢”两种呈异写关系的形体,相应地,“繅”在后代楷字字书中就会存在“繰”(《原本玉篇》)、“繰”(《康熙字典》)、“缲”(《汉语大字典》)、“缫”(《广韵》)、“繰”(《康熙字典》)等五种形体(“線”“綠”等变异形体不计)。其中,从“巢”与从“巢”者在一些字书中能够共存,比如《广韵·豪韵》有“缲”,《皓韵》有“缫”;《正字通·糸部》17 画有“繰”,19 画有“繰”。而从“糸”与从

"糸"者在历代字书中绝大部分都呈互补状态，比如《类篇》糸旁在左时均作"糹"，而《康熙字典》则均作"糸"，二者可以直接认同其传承层积关系。因此，在根据字样调查字书汉字层积状况时，对于处于互补状态的字样，可以直接认同，其他则算作不同字样参与计数。

我们利用字书字料库对十五本字书《糸部》收字状况进行了穷尽性调查。调查时选用的关键字是"检字法部首"（此乃《汉语大字典》200 部，而非原书之检字法部首），其值为"糸（糹糸）"。以《原本玉篇》为例，其检索结果如下图所示：

图 12.1　《原本玉篇》检索结果示意图

下表为十五本字书《糸部》收字状况统计数据：

表 12.1　十五本字书《糸部》收字状况统计表

序号	书名	编修年代	总字数	去重字数	序号	书名	编修年代	总字数	去重字数
1	《说文》	东汉·121	290	290	5	《集韵》	北宋·1039	1179	598
2	《原本玉篇》	南朝梁·543	398	391	6	《类篇》	北宋·1067	615	596
3	《广韵》	北宋·1008	576	429	7	《改并篇海》	金·1208	878	853

续表

序号	书名	编修年代	总字数	去重字数	序号	书名	编修年代	总字数	去重字数
4	《宋本玉篇》	北宋·1013	478	471	8	《直音篇》	明·1460	845	834
9	《详校篇海》	明·1608	739	737	13	《正字通》	清·1670前后	628	628
10	《字汇》	明·1615前	627	627	14	《康熙字典》	清·1716	874	853
11	《篇海类编》	明·1615后	739	733	15	《汉语大字典》	今·2010	1279	1279
12	《字汇补》	明·1615后	208	208		总计		10353	9527

这十五本字书分别去重后的收字数量用柱状图表示如下:

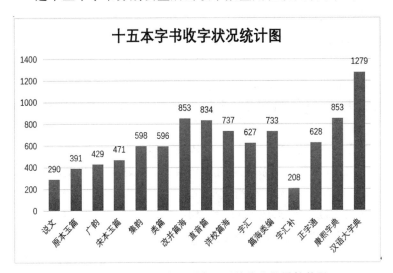

图 12.2 十五本字书分别去重后的收字数量柱状图

十五本字书《糸部》所收字综合去重后共计 1336 字,是《说文·糸部》(文字学部首)收字总数的大约 4.61 倍,较《汉语大字典》也还要多 57 字,也就是说,古代字书中至少还有 57 字未被《汉语大字典》收录。

由图表可以看出,历代字书《糸部》在收字数量上特点比较明显:

1.从东汉到明代以前,收字数量基本保持上升趋势,至金代《改并篇海》达到最高峰。这段时期收字数量上升幅度较为缓慢,从《说文》到《集韵》共919年,字数只增加了308个。而且《类篇》收字数量较《集韵》而言,还略有下降。至《改并篇海》,收字数量才有了较大提高,较前者增幅达43.12%。

2.有明一代,收字数量呈起伏不定状态,整体来看则呈现下降趋势。其中,《详校篇海》和《篇海类编》总字数持平。明末《字汇》编成后,《字汇补》补收了208字,但收字总数也仅比明代中叶的《直音篇》多1字。

3.从清代到现代,收字数量又重新开始保持上升趋势,而且上升幅度较大。尤其是《汉语大字典》,收字量是《正字通》的两倍还多,即使相较于《康熙字典》,其收字增幅也达到了49.94%。

这些特点的产生,我们可以从以下五个方面来分析:

首先,汉字是记录汉语的符号系统。汉语的日益发展和逐步精密需要汉字系统进行相应的互动。一种方法是不新造字形而扩展原有汉字的本用、兼用或借用用法,另一种则是重新造字。一般认为,用以记录新出语词的汉字,其大量孳生是在周秦时代。魏晋以后,汉字数量增长的速度逐渐缓慢,大量的新词藉由复合单音节旧词的方式来记录,不需要大批量造字,加之《广韵》《宋本玉篇》《集韵》《类篇》都是官修字韵书,对社会底层文化群所创造的俗文本用字大多呈摒弃态度,因此,从《说文》到《类篇》,收字数量年均增加不足3个,增幅较小。正因为收字严谨,黄侃就曾在《字书编制法商榷》一文中说过:"自《集韵》以还,字书多难凭信。

即有新出之字,并非必要之文。今若编制字书,只当以见于《集韵》《类篇》者为断。"①

其次,《改并篇海》乃金人韩道昭所编。辽金人编纂字书,大都善于广收字形,不避讹俗,求全求多,有失盲目,这就彻底打破了以《集韵》《类篇》为代表的官修字韵书较为保守的收字格局,因而收字数量有大幅度地提高。《改并篇海》共收 54595 个楷书汉字,规模空前,可以说是明代以前楷字的总汇编,也是现存古代收字最多的字典。单就其《糸部》而言,收字就高达 853 字,与 500 年后编修的《康熙字典》刚好持平。

再次,《直音篇》乃明人章黼所编,该书所收 43000 余字大多源于《改并篇海》,但多有删汰,所以收字要少于《改并篇海》,这对辽金人编纂字书时盲目求全求大的作风有所遏制。不过,其收字态度仍失之严谨,以《糸部》为例,所收字头仅比《改并篇海》少 19 字,保留的字头数要远远多于删汰的部分。《详校篇海》与《篇海类编》收字总数持平。杨载武《〈篇海类编〉真伪考》认为,明坊贾伪托名的《类编》本之于《详校篇海》,是《详校篇海》的改编本。②是言不虚。

第四,《字汇》采取"正俗兼收"的原则,全书共收 33179 字。除古籍常用字外,也收了不少俗字,比如乱、傝等等,但收僻字不多。其凡例明言:"字宗《正韵》,已得其概,而增以《说文》,参以《韵会》,皆本经史,通俗用者。若《篇海》所辑怪僻之字,悉芟不

①黄侃.文字声韵训诂笔记[M].北京:中华书局,2006:53.
②杨载武.《篇海类编》真伪考[J].西华师范大学学报(哲学社会科学版),2007(1):31.

录。"①因此,《字汇》字数要少于《改并篇海》《直音篇》等书,即使加上《字汇补》所增字数,也要少于《改并篇海》。《正字通》是以《字汇》为蓝本编纂而成的,全书收字数只增加了 611 个,具体到《系部》,则仅增加了 1 个。

最后,大一统之时,当有大一统之著作。在"集大成"思想的影响下,《康熙字典》收字数量又攀上高峰。同理,新中国成立后编纂的《汉语大字典》也是我国字典史上具有里程碑性质的大型历时性字典,其第二版收字多达 60367 个,《系部》收字比《康熙字典》还多 426 字,但这其中仅简化字(含类推简化字)就有 303 个,占 71.13%,这应该是《汉语大字典》收字量激增的一个主要原因。

第二节　十五本字书《系部》字形分类描写

按照字形在十五本字书《系部》出现的具体情况,我们可以将《系部》字形分为共收字形、单见字形和歧出字形三类,下面分别予以介绍。

一、共收字形

共收字形是指在所调查的字书中均被收录的汉字字形。由于《字汇》《字汇补》呈互补关系,所以可以将二者作为一本书来处理,"诸书"的内涵实际包括 14 本字书。在整理完各字书重出字头的基础上,将单见字头进行筛选统计,凡是在字头总表总出现

---

①(明)梅膺祚.字汇[M].续修四库全书编纂委员会:续修四库全书(经部第 232 册)[C].上海:上海古籍出版社,2002:392.

次数为 14 的，即可认定为共收字形。①

现将诸书共收字形罗列如下：

绊、綵、絣、繃、繟、縶、编、纏、鲅、綝、綌、緟、紬、綢、紬、綽、欻、
紿、締、经、纺、緋、紛、缝、纤、紂、綁、狱、綌、縛、絢、紺、給、綆、緺、
緺、絓、緄、緷、纥、紅、纮、絙、緩、續、级、績、縑、繮、结、縷、紟、經、
纠、绕、纊、絲、縶、繸、綿、纙、綟、練、緉、纚、綸、絡、糸、緔、纱、縻、
绾、緬、繆、纳、纽、派、紕、縹、缕、綦、綮、繾、緁、绡、絿、緤、綣、燃、
綮、絮、縟、緶、緌、繳、紓、練、纕、緦、綏、維、繐、縮、剌、綈、緹、綊、
姚、綎、綖、紈、綰、緯、絹、綦、錫、綫、線、緗、纕、綃、綊、結、繡、絮、
續、縼、纁、紃、袂、纞、繄、縊、繹、纓、綮、緒、繑、約、綷、繰、紾、紉、
綎、織、縶、紙、紩、紥、緻、終、絀、絑、紵、綃、繁、紫、綜、緅、组、縛。

调查发现，以上 160 字全部都是《说文》已收字。历代字书绝
大部分以《说文》为宗，黄侃在《〈说文〉为一切字书之根柢》一文中
说："《说文》者，一切字书之根柢，亦即一切字书之权度也。"②《说
文》之后编纂的字书，绝大部分都以《说文》所收字为基础增补而
成。也就是说，《说文》所收汉字处于历代字书层积的最底层，正
是有了这批字作为收字的基础，我国历代字书的规模才能逐步发
展壮大，并最终达到一个令世人仰视的高度。这批"元老"级别的
汉字在字书汉字层积与流变研究过程中无疑具有非常重要的
价值。

众所周知，汉字是随着时间的推移而逐渐繁衍增多的，《说

---

①有些检字法部首是糸的字可能属于文字学的其他部首，比如"纠"，《说文》
　部首为丩，但《原本玉篇》并非全本，《丩部》残阙，查释空海之《篆隶万象名
　义》收"纠"字，故我们认为《原本玉篇》也有"纠"字，今一并予以统计。
②黄侃.文字声韵训诂笔记[M].北京：中华书局，2006：110.

文》未收录的汉字,后代字书一旦予以补收,也会成为其他字书层积的底层材料。以"緳"为例,该字最早见于《原本玉篇·糸部》:"《山海经》:緳姑之水出阳华山,东注于门外。《字书》亦筪字也。筪,竹绳也,在《竹部》。"其后从《广韵》到《汉语大字典》均予以收录。"繖"最早见于《广韵》,训"结繖也",其后诸书亦予以收录。"綉"字最早见于《集韵》,训"吴俗谓绵一片",此后诸书亦均收录,民国的《第一批简体字表》中还曾作为"繡"的简体字出现。这些字也是历代字书汉字层积的主要材料。现将始见于《原本玉篇》等字书中的共收字形罗列如下:

始见于①《原本玉篇》而被其后诸书收录者分别是:緳、綷。

始见于《广韵》而被其后诸书收录者分别是:緶、繐、繛、繻、綄、纑、紃、絿、纘、绵、纺、纇、綷、絾、繙、絁、繧、緄、纹、縰、緒、纈、経、縡、纐、撰、繽、絪、絆、絾、绒、綄、綃、繹、纙、綷、繨、紴。

始见于《宋本玉篇》而被其后诸书收录者分别是:縩、縴、紌、纀、絚、綾、綩、緅、絘、緷、緤、綯、紅、綯。

始见于《集韵》而被其后诸书收录者分别是:絎、絧、綹、紤、緺、纖、繪、纋、繧、絅、綄、綈、紨、綍、緰、纃、絅、絣、纇、綌、纚、紆、縺、綷、纝、繜、縺、縑、綒、纏、纙、絑、縿、絡、綶、绵、纕、綝、絑、縧、絀、緤、縹、綖、絗、綿、線、綂、絅、繟、絷、緒、綖、縠、繣、絑、綮。

始见于《改并篇海》而被其后诸书收录者分别是:繵、繡、鹚、綥、絍、纊、綢、纞、綒、絑、繥、絲、絇、絁、緒、繪、綇。

───────────────

①这里所说的"始见",只是针对本文所调查的十五本字书而言的。中国历代字书数量众多,《龙龛手镜》《改并五音集韵》《五侯鲭字海》等大型字书未参与本次调查,不排除有些字始见于这些字韵书的可能。

始见于《直音篇》而被其后诸书收录者分别是：繅、緲、緊、縶、緝、纜、絒。

始见于《详校篇海》而被其后诸书收录者分别是：絚、絭、絲、絉。

始见于《正字通》而被其后诸书收录者分别是：緷、繕。

始见于《康熙字典》而被其后诸书收录者分别是：纋、緿、繼、紆、纑、綃、絫、紒、紲。

以上统计出的共收字形总共 319 字，约占十五本字书《糸部》所收字去重字数的 23.88%。如果我们把从《说文》到《汉语大字典》所收录的汉字按照时间顺序进行排比，就会形成一系列字书汉字层积链条。很显然，无论最早见于何书，共收字形构成的都是一个连续完整的链条，只是链条长短不同而已。这种层积链条的存在，正好说明我国古代字书在收字上具有鲜明的传承性。

二、单见字形

单见字形，指只在某部字书中出现而未被其他字书收录的汉字字形。调查显示，《汉语大字典》等诸书《糸部》单见字形共计518 个，约占十五本字书《糸部》所收字去重字数的 38.77%，数量还是比较可观的。现将诸书单见字形罗列如下（按字形数量从多到少排列，UNICODE 未收录的汉字以切图显示）：

绊、绑、绷、绖、编、缠、變、缤、辫、缣、缠、绰、绰、绅、绸、绌、纯、纅、缄、绺、絡、缝、给、紫、缔、经、缎、绐、纺、绯、缍、纷、缝、绂、绋、缚、绀、纲、綱、缟、纥、给、绠、紊、缑、绢、绲、绲、纴、红、纮、纞、缳、缓、缀、绘、缬、绘、缉、级、纪、继、绩、纆、缣、缰、绛、绞、缴、结、缄、缧、紧、繁、缙、经、经、经、绹、缌、纠、绢、绝、繂、绔、纩、缆、缆、缧、缡、缝、练、缭、纞、绫、纎、绺、纶、络、缕、绿、缦、绵、缅、纱、缙、

缪、繡、纳、纽、縫、纰、縹、紊、繗、绮、繵、繮、繰、絜、卷、绕、纫、纴、

绒、繻、縟、繰、纱、綃、绍、绳、繩、绶、纾、练、緤、緦、繛、绥、繸、缩、

缉、绦、絔、綯、绨、缇、统、緰、纨、绾、綱、緄、纬、纹、细、裕、纤、纖、

线、绌、绡、纈、绁、綠、秀、繻、绪、续、綀、绚、繏、縏、绎、缢、綞、缨、

纡、缘、约、纭、缊、絖、缯、絷、绽、缜、纠、织、縶、纸、终、纣、绉、纼、

纩、缀、綃、纠、缁、综、總、纵、组、缵、缎、缕、纥、纾、纷、纻、絁、绖、

绹、纵、�、綖、纚、綖、絺、缑、缫、缓、缦、�继、缢、繦、繬、缥、繝、纸、

缍、絷、绨、綼、綷、纳、绊、纳、纴、坏、参、绲、絨、欨、总、緫、纒、维、纾、

纣、绖、绖、緺、绞、纮、惚、绲、繐、缄、縩、缬、绸、缕、繲、价、纨、绚、

缙、�、纳、泸、纩、绾、缝、纽、缕、缙、绮、缑、纰、缴、絑、绣、缭、纮、

绫、绍、纮、縿、纵、绸、缨、繾、缤、源、綷、绗、绉、致、珠、纴、缳、綷、

缚、纹、鑑、繧、纯、纛、繗、纮、纵、繓、纀、绵、縹、纰、绺、紈、纋、绶、

绅、絲、綆、纲、纨、规、纶、纹、抹、绌、纳、纽、绕、绘、綖、绾、绮、纴、

纯、缳、颁、絙、绹、缜、绪、缮、然、缠、缰、纕、纱（以上《汉语大字

典》,354字）

繢、繸、絡、紃、綇、練、緞、絜、絜、縈、��、綮、紫、絛、絆、縲、纙、纙、

纙、綷、絹、縎、纙、��、纙、綟、綑、綌、續、緩、綇、纎、纙、綾、纙、綹、

紙、纙、綪、纹、縩、紉、绹、縞、纙、纈、繼、缘、��、繳、緗、緒、綸、縮、缘、

緎、綃、纙、纙、絥、纙、緂、緎、絜、纍（以上《改并篇海》,66字）

纙、纙、攲、绿、縢、纙、纙、綖、纙、綐、綅、纏、纙、纙、緛、纙、縺、纰、绰、緼、

纙、緂、絥、纙、纙、絑、纙、絼、纙、緺、纙、綑、续、纙、纙、纙、纳、纙、绘、綕、絲、絶、绕、

綮、縄、纙、纙、纙、衜（以上《直音篇》,49字）

紙、繼、絲、絨、绹、纙、縹、纙、绚、绘、绞、纙、缩、綟、绘、纙、

纙、线、纙、纙、纹、纴、綝、綵、綎、纈、纙、纺、纙、绝、絮（以上《原本

玉篇》,31字）

纙、緛、緺、纙、緔、纙、纆（以上《篇海类编》,7字）

纅、縶、繈、繛、紤、繓（以上《字汇补》，6 字）

縬、繘、紗（以上《详校篇海》，3 字）

絮（以上《正字通》，1 字）

繹（以上《宋本玉篇》，1 字）

由上可知，《汉语大字典》中出现的字书单见字形最多，共计 354 个（简化字形 299 个），占诸书单见字形总数的 68.34%。其主要原因在于该书收录了大量简化字形。这些字形中有一部分在古代语篇文献中可能作为俗写形体早就出现过，但古代字书以繁体为宗的约定俗成性要求使得这些简化字形绝大部分都被摒弃于字书之外。新类推的简化字形数量也不少，这提醒我们，类推简化应该坚持"有限类推"的原则，将类推限制在一定的范围内，否则字书中的新字形将会暴增。另外，《汉语大字典》的一部分单见字形是由于转录前代字书字形失误而产生的。比如"繿"，《糸部》："同'繿'。《改并四声篇海·糸部》引《余文》：'繿'，同'繿'。"今查成化丁亥重刊《改并四声篇海》字形作"繿"（其下异体作"繿"，即"繿"），右上角为"臼"，而不是"臽"。又如"綤"，《糸部》："同'綱'。《直音篇·糸部》：'綤'，同'綱'。"今查万历三十四年明德书院刻本《直音篇》字形作"綤"，罒下从止，不从正。再如"缥"，《糸部》："音义未详。《字汇补·糸部》：'缥，《穆天子传》有此字，疑与绚同。'《穆天子传》卷四：'丝缥雕官，髳蛮乃膜拜而受。'"今查康熙五年刊本《字汇补》字形作"缥"，勹中作臿，而非缶。再如"繠"，《糸部》："同'素'。《字汇补·糸部》：'繠，与素同。《洞灵真经》：正雅繠实。'又云：'舆服纯繠。'按：《亢仓子·政道》'繠'作'素'。"今查《字汇补》字形作"繠"，上部中间从人，不从欠。类似情况并不罕见。转写失误致使"繿""繿""綤""綤""缥""繠"六字分别单见。

《改并篇海》《直音篇》出现的字书单见字形分列二三位。前文说过,两书广收字形,不避讹俗。这些单见字形绝大部分都能在前代字书中找到对应的字位主形或字种正字,属于黄侃所谓的"非必要之文"。比如"紝"(紝),《改并篇海》音虬,又音糺,训为"绕也",实即"纠"异写字。"糾"《直音篇》作"糾",《字汇补》作"糾",均可视为形体演变的中介字形。

《原本玉篇》出现的字书单见字形列第四位。这本书是我国字书史上的第一本楷字字书,是后世其他字书层积的一个重要基础。但由于南朝时尚无雕版印刷技术,我们所使用的《原本玉篇》是行楷手写本,很多字头都发生了笔画或构件上的异写,其变异程度要比版刻字书复杂的多,而且这些具有个性的异写形体在后代字书中均未再次出现,所以虽然它是第一本楷字字书,但其中的单见字形多达 31 个,而共收字形却少而又少,仅有 2 个。当然,如果与《说文》进行对照,不少字也可以找到对应的字位主形或字种正字。比如"慼",音呼兼、公廉、公函三反,引《说文》训为:"坚持意,口闭也。"《说文》小篆作"鰔",后世字书一般作"鰜",与"慼"异写。

三、歧出字形

歧出字形,是指在两种以上字书中出现而未被其余字书收录的汉字字形。调查显示,《汉语大字典》等诸书《糸部》歧出字形共计 499 个,约占十五本字书《糸部》所收字去重字数的 37.35%,数量仅次于单见字形数。

前文所讨论的共收字形构成的是一个连续完整的链条,而歧出字形使得字书汉字层积链条出现空位。层积链条出现暂时性中断的原因包括如下两个方面:

其一,后出字书漏收已有字形。由于古代字书的编纂完全依靠人工完成,而且字书篇幅往往很大,受到编纂技术、人力物力以及工作规模等因素的限制,字书字形漏收的现象俯拾即是。通过排比15本字书《系部》所收字,我们可以发现不少漏收字形。比如:

纸,最早出现在《说文》中,字形作"紕",其后诸如《广韵》及以后的字书均予以收录,而《原本玉篇》却没有收录此字形,其字形作"紝"。

纎,最早出现在《原本玉篇》中,其后《广韵》《集韵》及以后的字书均予以收录,而《宋本玉篇》却未收录。

纤,最早出现在《原本玉篇》中,其后除《类篇》漏收外,其他字书均予以收录。

纀,最早出现在《原本玉篇》中,其后除《广韵》漏收外,其他字书均予以收录。

其他比如:"紝"(首见《说文》,《原本玉篇》无)、"組"(首见《说文》,《宋本玉篇》无)、"縉"(首见《说文》,《原本玉篇》及《广韵》均无)、"縊"(首见《说文》,《广韵》无)、"縱"(首见《说文》,《广韵》《宋本玉篇》无)、"绅"(首见《说文》,《篇海类编》无)、"細""縡""斜""統""約""綷"(首见《原本玉篇》,《广韵》无)、"緤""纉"(首见《原本玉篇》,《宋本玉篇》无)、"纘"(首见《原本玉篇》,《类篇》无)、"繐""劖"(首见《原本玉篇》,《正字通》无)、"綹"(首见《广韵》,《宋本玉篇》无)、"緊""綯"(首见《广韵》,《类篇》无)、"緼"(首见《广韵》,《宋本玉篇》《篇海类编》《正字通》无)、"結"(首见《集韵》,《正字通》无)、"納"(首见《宋本玉篇》,《集韵》《类篇》无)、"紏"(首见《直音篇》,《详校篇海》《篇海类编》无)、"绑"(首见《字汇》,《篇海类编》无)、"絣""綨"(首见《字汇补》,《正字通》无)等等。

其二,后出字书字形发生异写。异写是指在同一体制下,记

录同一个词,构形、构意相同的字,其写法发生变异。异写在字书写刻过程中也非常常见,很多具有约定俗成的性质。比如:

純,最早见于《说文》,字形作"𰍡",隶定作"純",异写字形作"絖"。《原本玉篇》及《改并篇海》作"𰍡",其他书均作"純",两种字形在字书中呈互补分布的状态。

緵,最早见于《说文》,字形作"𦃇",隶定作"緵",隶变作"緵"。其后两种字形在字书中参差出现。《原本玉篇》《广韵》《宋本玉篇》《类篇》《字汇》《正字通》只收"緵",《集韵》只收"緵",《改并篇海》《直音篇》《详校篇海》《篇海类编》《康熙字典》《汉语大字典》两者均收。以"𦃇"为起首字形来构造字形层积链条,它的两个分支都会出现空位。

其他比如:緩、絜、緒、綺、绍、纆、绍、緼、缯等等。

在字书编纂过程中,对于异写字形一般会预先按照既定标准进行整理,并确定一个可以采用的字位主形作为标准字形。字书标准字形会随着编纂时代、编纂目的以及编纂者等因素的变化而变化,这就导致在十五本字书中标准字形往往并不统一。诸字书中异写导致字形歧出的现象,正说明不同时代的不同字书编纂者对字位主形的选用标准确实存在一定的差异,而且基本上编纂时间越靠后,对异写字形的接受程度也就越高,这也是后代字书收字规模逐渐扩大的一个主要原因。后文另有分析。

第三节　字形异写、异构与字书汉字的层积流变

汉字是写出来的,即使是雕版印刷,最初也需要先在纸上按所需规格书写文字,然后再根据反贴在雕板上的文字刻出阳文反

体字,才能做成供印刷的雕版。我们认为,字书汉字字形多歧的主要原因应该归结于汉字书写导致的字形异写。就像世界上没有完全相同的两片树叶一样,也不会存在完全相同的两个手写汉字字形。抽象的汉字形体经过书写变为真实存在的汉字字样,字样之间会在笔画或构件方面存在或大或小的变异。当字样变异的程度较为轻微时,人们可以将其直接认同,一般不会割裂为两个独立字形。比如"绒",《玉篇》作"絾",《类篇》作"絨",其区别仅在于第九笔是丨还是丿。而字样变异的程度较为严重时,则会被视为不同的字样,字典辞书就会将变异后的字样收入其中,作为独立的字头存在,一字变为多字,从而导致字书首先在收字数量上出现不断增加的趋势。比如"緈",《说文》作"緈",隶定形为"緈",隶变形为"緈",或变作"緈"(《原本玉篇》)"緈"(《集韵》)"緈"(《改并篇海》)"緈"(《篇海类编》)等等。如果变异后的字头没有与原先存在的字头进行字际关系的认同,人们会认为这是一个新的字种,甚至人为赋予它新的读音和意义,虚假音义因此产生,这势必会在一定程度上降低字典辞书的整体品质。

在所调查的《糸部》所收字中,字形出现异写的情况比较多。在539个非单见的字组(由经过认同实为一字的两个以上异写、异构字组成)中,出现异写情况的达到419个,其异写比例达到77.74%。下面再罗列一些异写字形在3个以上的字头。

繎:繎(《字汇补》)、繎(《直音篇》)、繎繎(《改并篇海》)

繿:繿(《原本玉篇》)、繿繿(《改并篇海》)、繿(《汉语大字典》)

緊:緊(《广韵》)、緊(《改并篇海》)、緊(《汉语大字典》)

綟:綟(《原本玉篇》)、綟(《广韵》)、綟(《集韵》)、綟(《改并篇海》)、綟(《直音篇》)、綟(《汉语大字典》)

繮:繮緭(《改并篇海》)、繮(《汉语大字典》)

繒:繒(《原本玉篇》)、繒(《直音篇》)、缯(《汉语大字典》)

繕:繕(《原本玉篇》)、繕(《正字通》)、繕(《汉语大字典》)

纇:纇(《原本玉篇》)、纇(《玉篇》)、纇(《改并篇海》)、颣(《汉语大字典》)

纆:纆(《原本玉篇》)、纍(《改并篇海》)、纆(《直音篇》)

繳:繳(《原本玉篇》)、繳(《广韵》)、繳(《改并篇海》)、繳(《直音篇》)、缴(《汉语大字典》)

繆:繆(《原本玉篇》)、缪绥(《汉语大字典》)

縱:縱(《字汇补》)、縱(《原本玉篇》)、縱(《改并篇海》)

縵:縵(《原本玉篇》)、縵(《改并篇海》)、縵(《直音篇》)、缦(《汉语大字典》)

緻:緻(《原本玉篇》)、緻(《直音篇》)、緻(《详校篇海》)、缀(《汉语大字典》)

繒:繒(《原本玉篇》)、繒(《广韵》)、繒繒(《汉语大字典》)

絢:絢絢(《原本玉篇》)、絢(《康熙字典》)、絢(《字汇补》)、絢绚(《汉语大字典》)

幼:幼幼(《康熙字典》)、幼(《汉语大字典》)、幼(《改并篇海》)

緬:緬緬(《汉语大字典》)、緬(《字汇补》)

緤:緤(《广韵》)、緤緤(《改并篇海》)、缥(《汉语大字典》)

綽:綽(《玉篇》)、綽(《直音篇》)、绰(《汉语大字典》)

絆:絆(《原本玉篇》)、絆絆(《改并篇海》)、绊(《汉语大字典》)

繦:繦(《原本玉篇》)、繦(《玉篇》)、繦繦繦繦(《改并篇海》)、繦(《详校篇海》)、绸(《汉语大字典》)

綷:綷(《原本玉篇》)、綷綷(《宋本玉篇》)、綷(《集韵》)、綷(《改并篇海》)

紫:紫(《原本玉篇》)、紫(《直音篇》)、紫紫紫(《改并篇海》)、紫

《直音篇》）

繪：繪（《原本玉篇》）、繪（《广韵》）、绘绘（《汉语大字典》）

字书汉字数量不断增加还有一个重要原因，那就是新造异体字被收入字书。这里所说的新造异体字，主要是指为同一个词所造的异构字。下面举一些异构字进行分析。

織（《说文》），异体作"紙"（《说文》）、"結"（《原本玉篇》）、"綀"（《集韵》）、"织"（《汉语大字典》），共改换了四种声符。又作"裁""裁"（《集韵》），前者为省声异体，后者构形理据不详。

纈（《说文》），异体作"繣"（《玉篇》），改声符须为西。

緶（《说文》），异体作"緼"（《广韵》），改声符便为區。

纁（《说文》），异体作"纁"（《集韵》），改声符熏为薰。

繅（《说文》），异体作"繰"（《集韵》），改声符巢为蚤。

縱（《说文》），异体作"縱"（《改并篇海》），改声符從为蓗。

總（《说文》），异体作"緫"（《字汇》）、"総"（《汉语大字典》）、"縂"（《直音篇》），分别改声符为囪、总、悤（省声）。

纖（《原本玉篇》），异体作"纖"（《玉篇》），改声符戚为蹙。

纑（《集韵》），异体作"纞"（《类篇》）、"纅"（《改并篇海》），分别改声符麋为糜、麋。

紵（《说文》），异体作"緒"（《改并篇海》），改声符宁为箸。

当然，字书中的某个字同时存在异写和异构的现象也不少见。下面以"繩""緇"为例进行说明。

繩，《说文》小篆作"繩"，其隶定形作"繩"（《详校篇海》），隶变形作"繩"（《广韵》），后世一般通行"繩"。字书中"繩"的异写形体较多，主要包括"繩"（《原本玉篇》。《武梁祠堂画像》："画卦结繩"）、"繩"（《篇海类编》）、"绳""绳"（《汉语大字典》）、"繩"（《改并篇海》）、"繩"（《广韵》。《刘熊碑》："动履规繩"）、"繩"（《直音篇》）

等等。"繩"的异构形体有三个："鏳""鞙""鞙"(《康熙字典》转录自《字汇》《龙龛手镜》),分别换形从金从革。

緇,《说文》小篆作"緇",其隶定形作"緇"(《广韵》),隶变形作"緇"(《原本玉篇》),后世一般通行"緇"。字书中"緇"的异写形体也较多,主要包括"緇""緇""緇"(《改并篇海》)、"緇"(《字汇补》)、"缁"(《汉语大字典》)。其异构字换声从才,作"紂"(《原本玉篇》),此字异写形体又包括"紂"(《康熙字典》)、"紂""紌"(《改并篇海》)、"紌"(《详校篇海》)、"纩"(《汉语大字典》)。这13个字形,各书收录多寡不一,其中以《汉语大字典》所收最多,除"緇""緇""紂"外,其他均予以收录。

需要指出的是,《直音篇》还将"繩""繩"处理成两个独立的字头,其他比如"綯""綯""糧""糧""縞""縞""緣""绿""繪""绘""绿""绿""綽""綽""緒""绪""絳""絳""紹""绍""紬""细""纳""纳""紉""纫""緊""紧""鑑""鑑""絽""绍""綻""绽""編""编"等等,也都被处理成了独立的字头。在其他字书中,这些字形均只收其中一种,而《直音篇》则同时予以收录,并且前后相接并排。这种现象说明历代字书对笔画及构件异写字形的处理标准并不完全统一,《直音篇》倾向于从宽,字形凡有不同,均会进行区别。再比如《示部》的"禘""福""禄""禄""祝""祝"等等,区别仅在于示旁是"礻"还是"礻"。这样做有利有弊。王宁曾说过:"编纂一部辞书的目的大致有三个:贮存、整理、沟通……贮存的最终目的,从宏观上说是为了保留人类的文化,从微观上说是为了与读者沟通。辞书是读者的知识库,读者的认识领域里缺乏的东西,应当都可从它那里查到。"[①]字书收录大量异写字形,有利于读者直观全面地了解当时某个字形

---

①王宁.辞书与辞书学散论[J].辞书研究,1992(4):4—5.

的常见异写字样,从而加深读者对汉字(尤其是楷书汉字)形体演变发展的认识,也有利于汉字字际关系的沟通,为推进全汉字的整理研究工作提供可靠的参考资料。不过,字书收录大量异写字形势必会导致字书收字数量大增,这就增加了读者查检利用字书的难度。因此,我们认为,以解释形音义为主要任务的字书,可以在书前以凡例的形式罗列常见的异写构件形体(比如"糸""糹""示""礻""吕""呂""者""者""羽""羽""录""錄"等等。现代字书多处理成新旧字形),以便读者据以自行类推,从而提高字书的规范程度和整体品质。广泛搜罗异写字形的任务完全可以交由类似《汗简》《隶辨》《碑别字》等异写字形专书去承担。

我们知道,记录语词的单个汉字的产生是有先后顺序的,学者将单个汉字整理类聚在一起,便形成了字书。无论是《原本玉篇》还是《汉语大字典》,这些楷字字书都只是将不同历史层面的汉字字形罗列在一起,从而湮灭了字书汉字本身字形来源的异时性。王宁所说的"历代字书都不区分字形的历史层面,提供不出一批经过整理的系统字料",①针对的就是这个问题。

利用字书字料库进行字书汉字层积及流变状况的调查,可以帮助我们在考察清楚字书结构本身的基础上为字书汉字进行断代,具体说来,就是要依托字书字料库开展有关字书所贮存历史汉字的时间层次的调查研究,把字书所收汉字形体的来龙去脉考察清楚,考察这些字在历代字书中层积和流变的真实状况,离析出转收字、新收字、形体变异字,从字理及文献两个角度对其形音义以及它所关涉到的主要字、词际关系进行考辨,确定它们在整个汉字系统中所处的位置,这项工作无论是对全面认识各历史时

---

①王宁.汉字构形学导论[M].北京:商务印书馆,2015:9.

期汉字的基本面貌,还是对历史汉字的系统整理和当今汉字的科学规范,乃至于对汉字造字理论的归纳和总结以及大型字辞书的编修完善等等,都具有非常重要的价值,因此,这项工作理应受到汉字学界的关注。

字书中数量众多的异写、异构字形是我国古代字书收字流变状况的真实反映。这些字形在字书中不断层积,最终形成了历代字书收字动辄三五八万的局面。异写、异构字形的增多和层积也带来了一个不小的问题,那就是字书疑难字。很多疑难字的形成都是由于字书编纂者在转录前出字书汉字的过程中对字际关系沟通不足所导致的。从学者在疑难字的考释成果上来看,绝大部分字书疑难字都可以与某些常见字认同起来。这也提醒我们,在以后的字典辞书编纂过程中一定要采取一些切实有效的措施,从源头上避免这类现象出现。比如,在转录前出字书字形时,首先应该从形音义用四个方面对其进行审核订正,去伪存真,不可如蝼蚁取物,见字辄收。更要避免将原本正确的字形转录失误,人为制造文字垃圾。对于依编纂原则收录进字书的讹俗异写字,应该加强字际关系沟通工作,以免后世因为缺乏原书对照而产生字书疑难字。另外,加强汉字构形理据方面的研究工作,也可以有效降低字书汉字转录时出现失误的可能性。[①]

以上,我们借助字书字料库对十五本字书《系部》收字层积与流变的具体情况进行了调查分析。虽然只涉及《系部》所收字,而且调查分类也还不太细致,但得出的结论应该说仍然具有较高的普适性,能够比较准确地反映我国历代字书在收字方面的一些事实和特点。当然,如果能进一步扩大调查范围,对更多字书中所

---

① 柳建钰.《类篇》新收字考辨与研究[M].沈阳:辽宁大学出版社,2011:237.

收录汉字的层积与流变情况进行穷尽性考察，我们对字书汉字乃至全汉字的发展演变就会有更加全面深入地了解。

当然，限于篇幅，本章只展示了十五本字书《系部》收字层积与流变的基本情况，并做了初步分析。一些深层次的问题目前还没有办法展开详细的讨论，比如汉字历代层积状况的深入分析、单见歧出与共收字的系统考察、字形异写异构与字书汉字的层积流变之间的微观分析等等。另外，单见字、歧出字、共收字三者之间是相互关联的，非共收字就是单见字或歧出字，它们对立互补，共同组成历代层积的数量和结构，目前的研究还没有将三者沟通起来观察，这些问题都有待于进一步深入考察。

第十三章　基于字书字料库的通用规范汉字构形属性调查研究①

　　2013 年 6 月 5 日,国务院发布《关于公布〈通用规范汉字表〉的通知》,正式公布了由教育部、国家语言文字工作委员会组织制定的《通用规范汉字表》。《通用规范汉字表》是继 1986 年国务院批准重新发布《简化字总表》后的又一重大汉字规范,是对 50 多年来汉字规范整合优化后的最新成果,是新中国成立以来汉字规范的总结、继承和提升,也是信息化时代汉字规范的新起点和新发展。研究通用规范汉字,有利于进一步提升国家通用语言文字的规范化、标准化、信息化水平,促进国家经济社会和文化教育事业发展。

　　《通用规范汉字表》共收 8105 字,分为三级。一级字表为常用字集,收字 3500 个,主要用于满足基础教育和文化普及的基本用字需要,也可以作为义务教育阶段的识字标准。二级字表为次常用字集,收字 3000 个。一、二级字表合计 6500 字,主要用于满足出版印刷、辞书编纂和信息处理等方面的一般用字需要。三级

---

① 作为阶段性成果,本章主要内容曾以《基于字料库的通用规范汉字构形属性调查研究》为题发表在《渤海大学学报》(哲学社会科学版)2019 年第 5 期上。此处又做了一些修改和完善。

字表共收字 1605 个,主要包括姓氏人名、地名、科学技术术语和中小学语文教材文言文用字中未进入一、二级字表的较通用的字,用于满足信息化时代与大众生活密切相关的专门领域的用字需要。①

通用规范汉字属于共时层面的现代汉字系统。共时层面的汉字构形属性描写有重要的理论与实践意义。一方面,通过开展这项工作,我们可以通过尽可能全面地描写和统计,深入现代汉字系统的内部,总结现代汉字系统的构形规律,完善汉字构形学的理论体系。另一方面,描写通用规范汉字的构形属性,对于《通用规范汉字表》的贯彻落实,以及中小学教育教学、汉语汉字信息处理和新闻出版等领域的实施都具有重要的应用价值。在现代汉字的构形属性描写方面,杜鹃《现代汉字构字法探析》、付海燕《通用规范汉字构件及构形模式研究》、侯冬梅《通用规范汉字构形属性研究》均进行过相关研究,为我们的研究提供了有益参考。

在汉字构形学理论及其衍生理论的指导下,我们考索字源理据,结合现代汉字字形,对 8105 个通用规范汉字进行了穷尽性拆分,并在字书字料库构形属性界面对其构件属性进行了比较科学的标注。在本章中,我们将借助字书字料库,对通用规范汉字的构形属性进行系统的调查研究,以期系统准确地认识通用规范汉字的基本构形属性,为《通用规范汉字表》的学习研究和贯彻落实提供重要的参考资料。

汉字属性包括构形属性、书写属性、字体风格属性、职能属性和字用属性等几个方面。其中,构形属性是汉字最基本的属性,

---

① 国务院办公厅. 国务院关于公布《通用规范汉字表》的通知[EB/OL]. http://www.gov.cn/zwgk/2013−08/19/content_2469793.htm,2013−8−19.

它又包括构件组合的动态特点、结构的层级数、各级构件及其功能、构件的组合样式、构形模式、布局图式等六方面内容。除构件的组合样式目前暂时无法穷尽调查外，其他五方面内容都可以在字书字料库中统计出来。下面结合统计数据予以具体分析。

第一节　通用规范汉字的构件组合动态特点

由构件组合成整字时其层级结构有三种不同的类型，分别是平面结构、层次结构和综合结构。由基础构件一次性集合而成的是平面结构。例如哀（一维线性图为：口＋衣。下仿此表达）、笆（⺮＋巴）、吖（口＋丫）。由基础构件或复合构件分作若干层次逐步累加而成的是层次结构。例如阿（阝＋[丁＋口]）、铜（钅＋[阝＋[丁＋口]]）、镶（钅＋[口＋衣]）。在组构过程中，既有平面结构，又有层次结构者，称作综合结构。例如掰（手＋[八＋刀]＋手）、馤（[禾＋勹]＋[田＋土＋灬]）、曌（日＋月＋[穴＋工]）。

通用规范汉字一、二、三级汉字的构件组合动态特点调查结果如下表所示：

表 13.1　通用规范汉字构件组合动态特点统计表

	平面结构		层次结构		综合结构	
	数量	占比	数量	占比	数量	占比
一级 3500 字	1285	36.71%	2124	60.69%	91	2.60%
二级 3000 字	588	19.60%	2321	77.37%	91	3.03%
三级 1605 字	287	17.88%	1266	78.88%	52	3.24%
8105 总字集	2160	26.65%	5711	70.46%	234	2.89%

　　从上表中可以看出,通用规范汉字构件组合时以层次结构为最主要的模式,占了总数的七成。自小篆开始,汉字逐渐走上以形声字为主的道路,汉字构形时的结构次序呈现出层次组合占绝对优势的特点。因为"层次结构以逐级生成的方式来体现构意,这种结构富有概括性,可以把基础元素减到最少程度,又可以把字与字的构形关系在各个层次上有序地体现出来,所以是一种系统成熟后的结构方式。"①通用规范汉字构形时以层次结构为最主要的模式,说明现代汉字的构形系统严密和成熟程度是非常高的。平面结构是一种富有个性化的结构方式,构字效率相对来说比较低。平面结构在一级字表中所占的比例为 36.71%,在三个级别的字表中比例最高,这与一级字表中独体字多见有密切关系。综合结构需要平面结构与层次结构共同参与,因此数量最少,尚不足 3%。

第二节　通用规范汉字的结构层级数

　　结构层级数反映的是由基础构件构成整字过程中所需要的组构次数。对于平面结构的汉字,如果是不能进行拆分的独体字,其层级数是 0,基础构件就是整字本身。如果是可以拆分的合体字,则层级数是 1,基础构件只需要一次就能组构成整字。层次结构及综合结构则最少需要经过两次组构才能生成整字,其结构层级数大于等于 2。一般来讲,无论是古汉字还是现代汉字,其构件组合层数都不会多于 9 层。

　　利用字料库调查通用规范汉字结构层级数,其结果如下表所示:

①王宁.汉字构形学导论[M].北京:商务印书馆,2015:92.

表 13.2　通用规范汉字结构层级数统计表

层级数	各级字数及所占比例						8105 总字集	
	一级 3500 字		二级 3000 字		三级 1605 字			
0	195	5.57％	20	0.67％	5	0.31％	220	2.71％
1	1062	30.34％	556	18.53％	275	17.13％	1893	23.36％
2	1533	43.80％	1412	47.07％	755	47.04％	3700	45.65％
3	620	17.71％	861	28.70％	463	28.85％	1944	23.99％
4	82	2.34％	134	4.47％	94	5.86％	310	3.82％
5	7	0.20％	16	0.53％	13	0.81％	36	0.44％
6	1	0.03％	0	0.00％	0	0.00％	1	0.01％
7	0	0.00％	1	0.03％	0	0.00％	1	0.01％

　　从上表中可以看出,通用规范汉字构件组合层级数以 2 层居多。其次是 1 层和 3 层,0 层及 4—7 层总数较少。宋代雕版楷书 0—5 层的构件层级占比分别是:6.40％、35.45％、42.48％、14.05％、1.57％、0.04％,[①]与之相比,通用规范汉字构件组合层级的整体分布趋势大致相同,这说明现代汉字系统是比较稳定的。一级字表中层级数为 0 层者占 5.57％,这些独体字是现代汉字系统中的基础元素,使用频率高,参构能力强。层级结构有助于提高构件使用效率,层级数越高,汉字构形系统就越复杂。

---

①周晓文.汉字构形属性历时演变的量化研究[M].北京:中国广播电视出版社,2008:57.

第三节 通用规范汉字的各级构件及其功能

汉字由哪些构件构成,这是它最重要的属性,也是决定字与字区别的关键。因此,描写汉字构形属性必须在字形拆分的基础上对汉字的各级构件及功能进行统计分析。从构件在组合过程中的地位及其与全字的紧密关系着眼,汉字构件可以分为直接构件与间接构件两类。

一、直接构件

直接构件直接构成整字,是整字构形理据赖以生成的基础。我们在字书字料库中对 8105 个汉字进行了比较合理的拆分,拆分出的直接构件共有 16073 个,去重后共有 1926 个。

李勇、周晓文曾统计过金文、小篆、汉隶、宋楷四种汉字字体的直接构件情况[①]:

表 13.3 金文、小篆、汉隶、宋楷直接构件统计表

汉字系统名称	直接构件数	系统汉字数	平均构字率
金文	638	1188	1.86
小篆	2443	10018	4.10
汉隶	1124	2124	1.89
宋楷	1681	4849	2.89

---

① 李勇,周晓文.汉字系统直接构件模型的建立[J].北京师范大学学报(自然科学版),2006(6):556.

　　由于直接构件数会随汉字系统所包含的文字个数的增加而增加,通用规范汉字 8105 个汉字共拆分出了 1926 个不重复的直接构件,少于小篆而多于金文、汉隶和宋楷。这 1926 个直接构件组构成了 8105 个汉字,平均构字率达到 4.21,这说明通用规范汉字的构件使用率要比金文、小篆、汉隶、宋楷都高,这也标志着现代汉字形体具有更高的系统性。

　　按照构字能力排序,通用规范汉字拆分出的前 50 个高频直接构件(区分正体与变体)及其构字数量分别是:氵(472)、艹(382)、口(375)、木(368)、扌(281)、钅(268)、亻(251)、土(233)、女(175)、虫(174)、王(166)、纟(165)、讠(161)、月(156)、忄(150)、山(144)、石(144)、火(143)、日(138)、灬(125)、鱼(120)、辶(107)、疒(100)、鸟(100)、𧾷(98)、阝(96)、马(90)、目(85)、贝(79)、心(78)、犭(77)、禾(70)、车(68)、阝(66)、衤(64)、刂(62)、西(59)、宀(58)、米(57)、门(55)、页(53)、广(51)、大(50)、力(49)、田(49)、礻(48)、彳(47)、巾(45)、隹(43)、又(41)。

　　一级字表拆分出的直接构件总数为 6841,直接构件的平均构字率为 1.955。二级字表拆分出的直接构件总数为 6009,平均构字率为 2.003。三级字表拆分出的直接构件总数为 3225,平均构字率为 2.009。由此可以看出,不同层级字表的直接构件平均构字率呈逐渐上升趋势。换句话说,字群的使用频度越高,所需要的直接构件越少。二级字表平均两个构件就可以构成一个汉字,居于中位。一级字表不可拆分的独体字较多,因此整个字群所需直接构件就比较少,每 100 个汉字大约需要 196 个构件,而构成相同数量的汉字,在三级字表中则需要 200 个构件。

　　具体到一、二、三级字表各自的高频直接构件情况,则略有差异(每级仅列出前 20 个):

　　一级字表：口（193）、扌（187）、氵（185）、木（161）、亻（120）、艹（113）、土（88）、讠（77）、月（75）、纟（74）、辶（66）、忄（63）、女（63）、日（59）、虫（59）、钅（59）、贝（52）、心（51）、火（48）、宀（47）。

　　二级字表：艹（175）、氵（168）、口（156）、木（131）、钅（126）、虫（88）、亻（80）、扌（76）、土（71）、女（69）、王（69）、讠（65）、忄（62）、纟（61）、灬（59）、火（59）、山（57）、月（56）、疒（55）、石（53）。

　　三级字表：氵（119）、艹（94）、钅（83）、木（76）、土（74）、王（73）、山（55）、鱼（55）、亻（51）、石（47）、女（43）、日（40）、鸟（38）、火（36）、阝（35）、纟（30）、马（28）、虫（27）、灬（26）、口（26）。

　　除口、氵、木、亻、艹、土、纟、女、虫、钅等 10 个直接构件在一、二、三级字表都属于高频构件外，其余 30 个直接构件分布存在差异。在一级字表中属于高频构件的"扌""讠"在二级字表中位置后移，在三级字表中未能进入前 20。三级字表中出现了"鸟""阝""马"等一、二级字表前 20 位高频构件中没有的直接构件，这些字基本上都是专门领域的用字。以"鸟"为例，三级字表中以"鸟"为直接构件的汉字包括鸜、鹛、鹝等 38 个，有 10 个只用作人名，1 个用作地名，其他均为古今汉语中鸟的名称，[①]日常生活中并不常见。

　　直接构件在构字时具有不同的功能，能够直接体现汉字的构形理据。现代汉字直接构件的功能包括表义、示音、标示及记号四种。利用字料库对通用规范汉字 8105 字直接构件的功能分布进行统计，其结果如下表所示：

---

① 王宁.通用规范汉字字典[M].北京：商务印书馆，2013：14－490.

表 13.4   通用规范汉字直接构件功能分布统计表

	一级 3500 字		二级 3000 字		三级 1605 字		8105 总字集		
	总数量	去重数量	总数量	去重数量	总数量	去重数量	总数量	去重数量	平均参构能度
标示	71	18	5	4	1	1	77	19	4.05
表义	3186	299	2931	246	1581	172	7698	402	19.15
示音	2455	939	2730	1051	1509	793	6694	1482	4.52
记号	1129	595	341	255	134	115	1604	755	2.12
总计	6841	1851	6007	1556	3225	1081	16073	2658	6.05

从表中可以看出,去重后的通用规范汉字示音构件数量最多,占直接构件去重总数的 55.76%,其次是记号构件,占 28.40%。表义构件总数为 7698 个,去重后剩 402 个,平均参构能度达到 19.15 次/构件,相比较而言,示音构件只有 4.52 次/构件,尚未达到 6.05 次/构件这一平均值。这说明现代汉字中表义构件不仅参构次数多,而且可归纳性很强,其系统性比其他三种构件都要强。王立军统计了宋代雕版楷书直接构件的功能分布情况,发现表义构件和示音构件的平均参构能度为 10.82 次/构件和 3.27 次/构件,[①]通用规范汉字表义构件的平均参构能度比宋代雕版楷书高 8.33 次/构件,示音构件的平均参构能度比宋代雕版楷书高 1.25 次/构件。由此可知,一方面,通用规范汉字中表义构件的系统性更高,现代汉字对表意系统的归纳更加重视。另一方面,通用规范汉字中示音构件的系统性有了一定的提高,这说明现代汉字简化和整理工作在示音系统方面取得了一定

①王立军.宋代雕版楷书构形系统研究[M].上海:上海教育出版社,2003:38.

的成绩。记号构件达 755 个,远超东汉碑隶的 14 个和宋代楷书的 76 个,[1]这说明现代汉字的记号化趋势进一步凸显,汉字的记号化使得汉字构形理据的清晰度受到很大影响,在一定程度上破坏了汉字的表意性。一级字表中的记号构件占记号构件总数的 78.81%,很多常用字都由原来有理据可分析演变成了无理可说,这种情况必须引起包括基础教育教学领域、汉字学研究领域以及中文信息处理领域专家学者的高度重视。

二、基础构件

基础构件又称为形素,是构成汉字的最小构件元素,无法再进行拆分。在汉字构形过程中,基础构件可以以直接构件或间接构件的身份参与构形。在一个汉字系统中,构成各汉字形体的基础构件数的多少从一个侧面反映了该汉字系统的结构化程度的高低。[2] 分析和归纳汉字的基础构件,可以显示汉字构形体系的整体状况,为判断汉字系统的优化程度提供依据。利用字料库对通用规范汉字 8105 字基础构件进行统计,其结果如下表所示:

表 13.5　通用规范汉字基础构件统计表

	一级 3500 字	二级 3000 字	三级 1605 字	8105 总字集
总数量	10260	10084	5532	25876
整字平均使用基础构件数	2.93	3.36	3.45	3.19

---

[1]王立军.宋代雕版楷书构形系统研究[M].上海:上海教育出版社,2003:38.
[2]王立军.宋代雕版楷书构形系统研究[M].上海:上海教育出版社,2003:
　51-52.

	一级 3500 字	二级 3000 字	三级 1605 字	8105 总字集
去重数量	517	483	433	552
参构能度	6.77	6.21	3.71	14.69

由上表可以看出，通用规范汉字中每个整字大约使用 3 个基础构件。小篆、东汉碑隶及宋代雕版楷书的基础部件分别是 416、428、491，通用规范汉字基础部件上升至 552，除了字集本身包括的汉字数量较多的原因之外，汉字简化以及汉字形体演变也是重要的原因。

在通用规范汉字系统中，每个基础构件参与构字所产生的汉字数量存在较大差异。参与构字量在 200 个以上的基础构件包括：口(1727)、一(956)、木(694)、土(602)、艹(529)、氵(525)、日(474)、丶(390)、又(381)、十(371)、大(350)、亻(340)、扌(309)、宀(282)、月(278)、钅(272)、女(267)、匕(262)、人(249)、田(248)、八(239)、火(216)、人(214)、虫(205)。只能参与构造 1 个字的基础构件有 51 个，比如凹、承、飞、个、手、年、乓、乒、伞、书、尸、凸、卫、县、已、再、竹、車、仝、子、了、乜等，基本上都是独体字，只能构成自身形体。

利用字料库对通用规范汉字 8105 字基础构件参构字数量及所对应构件进行统计，其结果如下表所示：

表 13.6　通用规范汉字基础构件参构字数量及所对应构件统计表

参构字数量	1000 以上	500—999	400—499	300—399	200—299	100—199	90—99	80—89
构件个数	1	5	1	6	11	43	8	8
参构字数量	70—79	60—69	50—59	40—49	30—39	20—29	10—19	1—9
构件个数	10	12	21	21	26	67	108	204

将数据转换为柱状图,如图二所示:

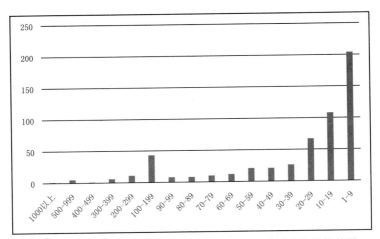

图 13.1 通用规范汉字基础构件参构字数量及所对应构件柱状图

由上图可见,参构字数量的多少与基础构件的个数基本上呈反比例关系。参构字数量为 1－9 的,构件数量最多,达到了 204 个,其后依次降低。不过,当参构字数量为 100－199 时,构件数量反而上升,它们总共参构 5654 字,占 8105 基础构件参构总数的 21.85%。这些构件分别是山(193)、纟(175)、王(175)、习(175)、贝(172)、丿(168)、讠(167)、辶(160)、厶(158)、忄(154)、厂(150)、心(148)、禾(144)、目(143)、寸(139)、勹(138)、儿(135)、⺮(134)、刂(133)、鱼(129)、尸(128)、隹(128)、攵(128)、力(122)、白(121)、阝(120)、⺈(118)、刀(116)、立(113)、丷(112)、米(112)、子(111)、巾(109)、厂(107)、夕(106)、疒(104)、广(104)、𧾷(103)、鸟(101)、门(101)、车(100)、宀(100)、六(100)。与上文前 50 个高频直接构件重叠者包括阝、贝、疒、刂、车、广、禾、纟、巾、力、米、目、鸟、山、忄、王、心、讠、鱼、⺮、隹、辶、𧾷等 23 个。

第四节　通用规范汉字的构形模式

构形模式是指构件以不同的功能组合为全字从而体现构意的诸多样式。汉字的构形模式直接关系到构形如何体现构意,因而也是区别汉字和认同汉字的重要属性。

王宁根据构形与构意统一的原则,利用结构—功能分析法,创造性地将汉字构形模式归纳为 11 种。李运富在《汉字学新论》中又进一步将汉字构形模式细分为 20 种。构件的表形功能在现代汉字中已经消失,因此,现代汉字中的构形模式实际上只有 16 种。我们这里采用李运富的分法,但构形模式名称有所调整。现将通用规范汉字一、二、三级汉字的构形模式统计数据列表如下:

表 13.7　通用规范汉字构形模式统计表

构形模式	一级 3500 字		二级 3000 字		三级 1605 字		8105 总字集	
	数量	占比	数量	占比	数量	占比	数量	占比
义音合成	2376	67.89%	2681	89.37%	1471	91.65%	6528	80.54%
会义合成	208	5.94%	68	2.27%	32	1.99%	308	3.80%
独体标示	5	0.14%	0	0.00%	0	0.00%	5	0.06%
标音合成	5	0.14%	2	0.07%	0	0.00%	7	0.09%
标义合成	30	0.86%	2	0.07%	0	0.00%	32	0.39%
会音合成	3	0.09%	0	0.00%	3	0.19%	6	0.07%
会标合成	5	0.14%	0	0.00%	0	0.00%	5	0.06%
义记合成	345	9.86%	95	3.17%	32	1.99%	472	5.82%
会记合成	246	7.03%	82	2.73%	29	1.81%	357	4.40%

续表

构形模式	一级 3500 字		二级 3000 字		三级 1605 字		8105 总字集	
	数量	占比	数量	占比	数量	占比	数量	占比
独体记号	183	5.23％	17	0.57％	5	0.31％	205	2.53％
音记合成	68	1.94％	48	1.60％	32	1.99％	148	1.83％
标记合成	19	0.54％	1	0.03％	1	0.06％	21	0.26％
独体变异	7	0.20％	4	0.13％	0	0.00％	11	0.14％

　　由上表可见,通用规范汉字构形模式只有 13 种,模式总种数进一步趋向集中,系统性进一步增强。义音合成仍然是最主要和最重要的构形模式,占比达到 80.54％,这与汉字从古至今形声化的总趋势相吻合。形声化也是汉字层级结构逐渐形成并占据主流的主要原因。会义合成共 308 个,占比为 3.80％。包括义记合成、音记合成、标记合成、会记合成、独体记号在内的记号半记号字总数为 1203 个,占通用规范汉字总数的 14.84％。其中,一、二、三级中的记号半记号字总数分别为 861、243、99,占比分别为 24.6％、8.1％、6.17％。这说明一级字表中的记号半记号字最多,这与一级字表中大都是常用字,构形理据丧失较多有关。可以说,越常用的字,理据保持度越小。随着汉字常用度的降低,汉字的理据度反而逐渐增高。裘锡圭曾说:"(记号半记号字的出现)从文字结构上看是一种倒退,然而却是为了简化字形、提高文字使用效率所必须付出的代价。"[①]为了适应整个社会提高文字记录语言效率的客观要求,记号半记号字必然会出现,而且使用频率越高,记号化的可能也就越大。笔者曾撰文指出,记号半记号

①裘锡圭.文字学概要[M].北京:商务印书馆,1988:36.

字与表意字、形声字形成了三分现代汉字天下的局面。① 由目前调查统计出的数据来看，这个结论仍然是正确的。当然，记号半记号字的大量出现并不能推翻现代汉字仍然属于表意文字的结论，因为通用规范汉字的构形系统从总体上来说仍然是有理据可分析的，而且其理据保持程度还处于一个比较高的数量级上。因此，现代汉字仍然是表意文字。

第五节　通用规范汉字的布局图式

布局图式又称作组合方式。汉字在依据一定的构形模式组构起来后，基础构件之间的相对平面位置关系就呈现出一定的样式，称作布局图式。根据前期调查的结果，我们在字书字料库中设计了左右结构、上下结构、独体结构等 25 种布局图式。现将通用规范汉字一、二、三级汉字的布局图式统计数据列表如下：

表 13.8　通用规范汉字布局图式统计表

大类别	布局图式	一级 3500 字		二级 3000 字		三级 1605 字		8105 总字集	
		数量	占比	数量	占比	数量	占比	数量	占比
左右类	左右结构	2008	57.37%	2079	69.30%	1229	76.57%	5316	65.59%
	左右嵌入结构	1	0.03%	0	0.00%	0	0.00%	1	0.01%
	左右右分结构	2	0.06%	3	0.10%	1	0.06%	6	0.07%
	左右左分结构	1	0.03%	0	0.00%	0	0.00%	1	0.01%
	左中右结构	1	0.03%	2	0.07%	0	0.00%	3	0.04%

①柳建钰.记号字、半记号字及其在现代汉字中基本情况探讨[J].宁夏大学学报(人文社会科学版)2005(4):52.

续表

大类别	布局图式	一级 3500 字		二级 3000 字		三级 1605 字		8105 总字集	
		数量	占比	数量	占比	数量	占比	数量	占比
上下类	上下结构	831	23.74%	590	19.67%	259	16.14%	1680	20.73%
	上中下结构	15	0.43%	8	0.27%	4	0.25%	27	0.33%
	上下下分结构	10	0.29%	5	0.17%	6	0.37%	21	0.26%
	上下嵌入结构	5	0.14%	7	0.23%	1	0.06%	13	0.16%
	上下上分结构	3	0.09%	1	0.03%	2	0.12%	6	0.07%
包围类	向上包围结构	6	0.17%	4	0.13%	1	0.06%	11	0.14%
	向下包围结构	38	1.09%	33	1.10%	9	0.56%	80	0.99%
	向右包围结构	9	0.26%	6	0.20%	1	0.06%	16	0.20%
	全包围结构	42	1.20%	16	0.53%	9	0.56%	67	0.83%
	向左上包围结构	4	0.11%	2	0.07%	0	0.00%	6	0.07%
	向左下包围结构	38	1.09%	32	1.07%	2	0.12%	72	0.89%
	向右上包围结构	103	2.94%	60	2.00%	23	1.43%	186	2.29%
	向右下包围结构	161	4.60%	126	4.20%	50	3.12%	337	4.16%
独体类	独体结构	195	5.57%	20	0.67%	5	0.31%	220	2.71%
叠置类	叠置结构	27	0.77%	6	0.20%	1	0.06%	34	0.42%
田字类	田字结构	0	0.00%	0	0.00%	2	0.12%	2	0.02%

由上表可以看出,通用规范汉字所涉及到的布局图式共有 6 大类 21 种。左右结构和上下结构以 5316 字(占 65.59%)和 1680 字(占 20.73%)分居布局图式类型的第一、二位,是现代汉字最重要的两种结体方式。包围类的汉字共计 775 个,占通用规范汉字总数的 9.6%,位居第三位。向右上包围结构及向右下包围结构的字又占包围类汉字的 67.48%。独体字共 220 个,仅占 2.71%,排第四位,但其作用十分重要。在一级字表中独体字有 195 个,

它们是合体字的构成部件,构字能力极强,是现代汉字系统的最底层和最核心的部分,在基础教学过程中应该要给予优先考虑。

以上,我们从汉字构形学的角度利用字书字料库对通用规范汉字 8105 个汉字的整体构形属性进行了统计分析。可以看出,通用规范汉字 8105 字在构形方面具有严密的系统性。构件组合时以层次结构为最主要的模式。构件组合层级数以 2 层居多。所拆分出的直接构件共 16073 个,去重后共 1926 个,基础构件共 552 个。去重后的直接构件中示音构件数量最多,其次是记号构件。表义构件不仅参构次数多,而且可归纳性和系统性很强。义音合成是现代汉字最主要的构形模式。记号半记号字大量出现,与表意字、形声字形成了三分现代汉字天下的局面。左右结构和上下结构是现代汉字最重要的两种结体方式。齐元涛指出,义音结构、层次结构、二合结构是汉字发展过程中具有强劲发展势头的结构,即强势结构。各强势结构的共同指向是使系统中的字形结构有序化,在诸强势结构的共同作用下,汉字的总体发展目标是结构系统化。[①] 通过分析字书字料库调查所得到的数据,我们认为,与历史上各阶段的汉字相比,现代汉字中的强势结构具有稳定性,现代汉字系统的精密化、成熟化的总体趋向愈加明显。

需要特别指出的是,目前已有一些研究通用规范汉字构件属性的论著问世,本文拆分通用规范汉字构件的原则、方法及结果与其他学者或有不同,导致构形属性描写时数据有一些出入(比如侯冬梅认为通用规范汉字共包含部件 1995 个,基础部件 549

①齐元涛.强势结构与汉字的发展[J].北京师范大学学报(社会科学版),
　2018(1):69.

个。[1] 又如付海燕认为通用规范汉字中的义音合体字共 2287 个，占 76.88％,[2]等等），但这并不影响整体结论的可靠性。今后应该进一步优化拆分原则及方法,确保拆分结果符合现代汉字的实际情况,并能被大多数学者接受,以便形成共识,进一步有效推动《通用规范汉字表》的贯彻落实和在中小学教育教学、汉语汉字信息处理和新闻出版等领域的实施。

---

①侯冬梅.通用规范汉字构形属性研究[M].北京:科学出版社,2017:147.
②付海燕.通用规范汉字构件及构形模式研究[D].渤海大学硕士学位论文,
　2016:27.

结　语

语言文字研究的精密化和科学化是语言文字研究工作者的不懈追求。李宇明曾指出，"语言学是经验科学，研究语言学离不开语言经验，语料库是人类语言经验的极大延伸。21世纪，一定是语言学本身现代化的世纪。实现语言学的现代化，起码要用'三大法宝'来武装自己：……第二大法宝是功能强大的语料库……现在搞甲骨文研究的，搞篆书研究的，也多是在一定语料库（字料库）基础上进行的。"①信息时代与大数据时代的汉字整理实践与汉字学理论研究具有新的特征和新的要求。我们必须对"如何借助计算机数据库技术来提升当前全汉字整理与研究的整体水平"这一重大问题进行战略性、前瞻性研究。周晓文、李国英师说过："汉字是世界上唯一未曾中断使用而延续至今的表意文字系统，是中华民族最具特色的原创资源，汉字在各个历史层面都已经积淀了非常深厚的汉字本体历史，如何逐步建立囊括几千年历史文明的超大型汉字形体数字仓库——字料库，保持中华民族在汉字文化领域的话语权，是时代赋予我们的历史使命，是一

---

① 李宇明.当前语言生活的热点问题[A].张富贵等.华夏文化论坛（第五辑）[C].长春:吉林大学出版社,2010:5.

项前无古人的伟大事业。"①字料库理论的提出和字料库实体的建构，为当前及未来的汉字整理与汉字学研究开辟了新的领域，它将在汉字研究、汉字整理与规范、汉字资源保护、汉字信息处理等多个方面都具有重要的理论意义和应用价值。

　　字书字料库是以字书字料为核心建立起来的字料资源加工与服务平台，它不单纯是对字书字料的一种简单搜集与保存，而是借助计算机数据库技术对字书字料的一种高效的再整合，这种整合由于数据规模的加持，将会在量变基础上产生一种质变，而它在未来全汉字整理与汉字学研究工作中所能发挥的作用也将大有可期。本书应用部分只对字书字料库在字书疑难字考辨、字书汉字层积与流变、汉字构形属性描写等三个方面的价值进行了研究，但这已为我们展示了字料库研究工作的巨大发展空间和广阔前景。我们所开发的字书字料库自 2015 年投入使用以来，用户群体不断增长，应用领域不断扩大，学者利用字书字料库开展汉字构形系统描写、汉字字位与字种的整理、汉字字频统计、两岸字形对比、疑难字考辨、古代字书综合整理、对外汉字教学等多方面、多角度的研究，其应用价值与社会效益得到了充分体现，这些成绩的取得，是字料库具有重要研究价值最有说服力的证据。有理由相信，随着计算机数据库技术在汉字整理研究领域的广泛使用，在字料库理论的指导下，未来将会出现一大批层次类型多样、标注科学合理、功能丰富完备的汉字字料库，这将对彰显汉字整理及汉字学研究的准确性、科学性和时代性发挥无可替代的重要作用。

---

①周晓文，李国英，王颖，毛承慈. BNUZLK 字料库系统的建构与应用[A].
　北京师范大学民俗典籍文字研究中心：民俗典籍文字研究（第十三辑）
　[C].北京：商务印书馆，2014(1)：111.

　　当然，我们也应该清醒地认识到，目前的汉字字料库实体建构及字料库汉字学研究还处在成长阶段，整体来看，专门从事字料库研究的学者数量不多，研究领域比较狭窄，研究方法有待提炼和规范，字料库实体建构还不广泛，入库字料数据偏重于简单罗列，各种属性的精细加工比较欠缺，缺乏必要的字料自动加工工具和技术，而且已经建构的字料库或"类字料库"，可供公开使用的也不多见。希望学界能够给予汉字字料库及字料库汉字学高度关注，尽早制定具有前瞻性、科学化的发展规划，充分重视字料库汉字学的学科交叉性，扎扎实实做好字料库实体建构工作，促进字料库与汉字学及相关学科的深度融合，深入开展字料库汉字学理论及应用研究，共同推进这门前景广阔的新兴交叉学科在"数字时代"快速而又可持续地发展。

参考文献

一、论文类

[1]安冬雪.基于字料库的《名义》与宋本《玉篇》收字比较研究[D].渤海大学硕士学位论文,2018.

[2]柏莹,崔言.基于字料库的"一带一路"国家留学生汉字书写分析[J].汉字文化,2019(16).

[3]北京语言大学"外国学生错字别字数据库"课题组."外国学生错字别字数据库"的建立与基于数据库的汉字教学研究[J].语言教学与研究,2006(4).

[4]陈淑梅.基于数据库的汉字构形学研究[A].盛玉麒:信息网络时代中日韩语文现代化国际学术研讨会论文集[C].香港:香港文化教育出版社,2000.

[5]陈寅恪.陈垣《敦煌劫余录》序[J].历史语言研究集刊,1930(1之2).

[6]程银燕.《新修玉篇》未编码异写字考辨研究[D].渤海大学硕士学位论文,2019.

[7]崔希亮,张宝林.全球汉语学习者语料库建设方案[J].语言文字应用,2011(2).

[8]戴媛媛.基于语料库统计的高级阶段非汉字文化圈学生作文

正误字对比分析[J].世界汉语教学,2014(3).

[9]董宪臣.利用类化思路考释碑刻疑难字例说[J].汉字汉语研究,2018(4)

[10]丁善信.语料库语言学的发展及研究现状[J].当代语言学,1998,(3).

[11]杜丽荣,邵文利.谈谈《通用规范汉字表》异体字整理中存在的问题[J].学术界,2015(2).

[12]冯莉.基于《孟子》字料库的字频统计与研究[D].北京师范大学硕士学位论文,2012.

[13]冯一潇.诺贝尔奖为何青睐交叉学科[N].科学时报,2010-2-2(A3).

[14]付海燕.通用规范汉字构件及构形模式研究[D].渤海大学硕士学位论文,2016.

[15]高魏.麽经方块壮字字形整理与专题研究[D].西南大学博士学位论文,2016.

[16]高奕睿,林世田.国际敦煌项目新进展:敦煌文字数据库[J].国家图书馆学刊,2005(2).

[17]郭曙纶.汉语语料库大规模统计与小规模统计的对比[J].语言文字应用,2009(2).

[18]韩琳.字际关系研究述评[J].励耘学刊:语言卷,2005(2).

[19]何婷婷.语料库研究[D].华中师范大学博士学位论文,2003.

[20]侯佳利.基于《人民日报》字料库的20世纪60年代用字调查及规范研究[D].北京师范大学硕士学位论文,2011.

[21]黄立鹤.语料库4.0:多模态语料库建设及其应用[J].解放军外国语学院学报,2015(3).

[22]李超.基于字料库的《篇海类编》与《详校篇海》字头比较研究

[D].渤海大学硕士学位论文,2019.

[23]李国英,周晓文.汉字整理工作的现状与任务[J].云南师范大学学报(哲学社会科学版).2008(3).

[24]李国英,周晓文.汉字字频统计方法的改进[J].北京师范大学学报(社会科学版)2011(6).

[25]李国英,周晓文.字料库建设的必要性与可行性[J].北京师范大学学报(社会科学版),2009(5).

[26]李国英.汉字整理工作的现状与发展趋势[Z].北京师范大学"全国汉语言文字学高级研讨班",2010.

[27]李国英.异体字的定义与类型[J].北京师范大学学报(社会科学版),2007(3).

[28]李华勇.论语料库语言学的学科地位[J].重庆理工大学学报(社会科学),2014,28(7).

[29]李海燕,邵怀领.基于语料库的隋唐五代石刻楷书新增字形调查研究[A].华东师范大学中国文字研究与应用中心:中国文字研究(第十三辑)[C].郑州:大象出版社,2010.

[30]李海燕.隋唐五代石刻楷字的传承与变异[D].华东师范大学博士学位论文,2009.

[31]李军,王靖.论疑难同形字的考释方法[J].西华大学学报(哲学社会科学版),2016,35(2).

[32]李美璇.《重刊详校篇海》研究[D].渤海大学硕士学位论文,2019.

[33]李水英.基于字料库的《礼记》字形整理及研究[D].北京师范大学博士学位论文,2013.

[34]李文中.语料库标记与标注:以中国英语语料库为例[J].外语教学与研究,2012(3).

[35]李文中.语料库语言学与中国外语教学[J].现代外语,2010
(4).

[36]李勇,周晓文.汉字系统直接构件模型的建立[J].北京师范
大学学报(自然科学版),2006(6).

[37]李宇明.当前语言生活的热点问题[A].张富贵等.华夏文化
论坛(第五辑)[C].长春:吉林大学出版社,2010.

[38]李运富.论汉字职用的考察与描写[J].上海师范大学学报
(哲学社会科学版),2017(1).

[39]李运富."汉字学三平面理论"申论[J].北京师范大学学报
(社会科学版),2016(3).

[40]李运富.章太炎黄侃先生的文字学研究[J].古汉语研究,
2004(2).

[41]梁春胜."近代汉字学"刍议[A].河北大学传世字书与出土文
字研究中心:近代汉字研究(第一辑)[C].保定:河北大学出
版社,2018.

[42]梁茂成.语料库、平义原则和美国法律中的诉讼证据[J].语
料库语言学,2014(1).

[43]梁茂成.语料库语言学研究的两种范式:渊源、分歧及前景
[J].外语教学与研究,2012(3).

[44]刘凝.基于字料库的《春秋左氏传》字频统计与研究[D].北京
师范大学硕士学位论文,2012.

[45]刘志基.偏旁视角的先秦形声字发展定量研究[J].语言科
学,2012(1).

[46]柳建钰,罗薇.《汉语大字典》第二版疑难字考辨[J].宁夏大
学学报(人文社会科学版),2014(5).

[47]柳建钰,史晓丹.《集韵》《类篇》实收字数今考[J].渤海大学

学报(哲学社会科学版),2016(3).

[48]柳建钰,王晓旭.试论字料库系统建设的七个阶段[J].渤海大学学报(哲学社会科学版).2015(6).

[49]柳建钰.从"音"得声字初探[J].国学学刊,2015(3).

[50]柳建钰.记号字、半记号字及其在现代汉字中基本情况探讨[J].宁夏大学学报(人文社会科学版)2005(4).

[51]柳建钰.简论分化字产生的动因及其分类——以《类篇》若干新收字为例[J].渤海大学学报(哲学社会科学版),2011(1).

[52]柳建钰.例论字料库在字书汉字考辨中的价值[J].渤海大学学报(哲学社会科学版).2017(5).

[53]柳建钰.试论汉字字料库理论的提出背景及其价值[J].渤海大学学报(哲学社会科学版).2017(1).

[54]柳建钰.字料库汉字学初探[J].语言文字应用.2017(2).

[55]柳建钰.字书汉字层积及流变状况调查报告——以糸部为例[J].渤海大学学报(哲学社会科学版).2018(1).

[56]柳建钰.字书字料库中字料标注若干问题刍议[J].语言文字应用.2015(3).

[57]柳建钰,王晓旭.基于字料库的通用规范汉字构形属性调查研究[J].渤海大学学报(哲学社会科学版).2019(5).

[58]陆俭明.汉语语法研究中理论方法的更新与发展[J].汉语学习,2010(1).

[59]马健.《字汇补》研究[D].渤海大学硕士学位论文,2019.

[60]毛承慈.基于字料库的《诗经》文字研究[D].北京师范大学博士学位论文,2012.

[61]齐元涛.强势结构与汉字的发展[J].北京师范大学学报(社会科学版),2018(1).

[62]单志鹏.汉字字料库浅议[J].辽宁工业大学学报(社会科学版),2017(2).

[63]单志鹏.基于字料库的《正字通》新收字研究[D].渤海大学硕士学位论文,2019.

[64]史晓丹.《集韵》异写字整理及研究——以《东韵》为例[J].辽东学院学报(社会科学版),2017(1).

[65]史晓丹.基于字料库的《集韵》异写字整理及研究[D].渤海大学硕士学位论文,2018.

[66]史晓丹.近十年来汉字字料库研究综论[J].辽宁工业大学学报(社会科学版),2017,19(3).

[67]苏宝荣.文字学掇英——兼论文字的动态考释方法[J].河北师范大学学报(社会科学版),1993(2).

[68]苏培成.汉字的部件拆分[J].语文建设,1997(3).

[69]孙建伟"字料库"背景下汉字字际关系理论探究[J].内蒙古社会科学(汉文版),2019(5).

[70]孙建伟."大数据"推动"小学"研究——以汉文佛经音义类著作研究为例[N].中国社会科学报,2019-9-3(3).

[71]孙正聿.理论及其与实践的辩证关系[N].光明日报,2009-11-24(11).

[72]王东海.汉字属性整理与展示平台"字网"建设与研究——兼论其在辞书编纂、修订中的应用[J].语言文字应用,2011(2).

[73]王建军,丘妮.文字学部首的内涵及其与查检法部首的区别[J].江西科技师范学院学报,2010(6).

[74]王佳靖.浅谈计算机手段的介入对考据学的影响[J].安徽广播电视大学学报,2003(3).

[75]王兰.留学生汉语错别字语料库的建立与研究——以昆明理

工大学为例[J].现代妇女(下旬),2014(12).

[76]王宁.辞书与辞书学散论[J].辞书研究,1992(4).

[77]王宁.汉字构形理据与现代汉字部件拆分[J].语文建设,
1997(3).

[78]王宁.计算机古籍字库的建立与汉字的理论研究[J].语言文
字应用,1994(1).

[79]王宁.论章太炎、黄季刚的《说文》学[J].汉字文化,1990(4).

[80]王平.基于数据库的中日韩传世汉字字典的整理与研究[A].
华东师范大学中国文字研究与应用中心:中国文字研究(第
十九辑)[C].上海:上海书店出版社,2014(1).

[81]王平.数据库汉字学刍议——以魏晋南北朝石刻用字数据库
与断代汉字发展史研究为例[A].华东师范大学中国文字研
究与应用中心:中国文字研究(第十七辑)[C],上海:上海人
民出版社,2013(1).

[82]王平.魏晋南北朝石刻楷字变异类型研究[A].华东师范大学
中国文字研究与应用中心:中国文字研究(第八辑)[C].郑
州:大象出版社,2007(1).

[83]王平.魏晋南北朝石刻篆字与《说文》小篆构形比较[A].华东
师范大学中国文字研究与应用中心:中国文字研究(第十辑)
[C].郑州:大象出版社,2008(1).

[84]王伊佳.基于字料库的《说文》五种版本小篆字形比较研究
[D].渤海大学硕士学位论文,2018.

[85]王颖.基于字料库的《尚书》文字研究[D].北京师范大学博士
学位论文,2012.

[86]魏晓艳.古籍数字化出版中汉字处理问题刍议[J].中国出
版,2014(9).

[87]辛睿龙.汉文佛典数据库建设刍议[J].编辑之友,2017(8).

[88]邢福义.现代汉语语法研究的三个"充分"[J].湖北大学学报（哲学社会科学版）,1991(6).

[89]邢蕴荞.《敦煌俗字典》所收俗字分类研究[D].渤海大学硕士学位论文,2019.

[90]邢志宇.字书概念辨析.图书馆界[J].1987(2).

[91]徐莉莉.东汉实物文字的字集字频调查[A].华东师范大学中国文字研究与应用中心:中国文字研究（第十一辑）[C].郑州:大象出版社,2008(2).

[92]徐丽雪.《改并四声篇海》未编码异写字考辨与研究[D].渤海大学硕士学位论文,2019.

[93]杨天平.学科概念的沿演与指谓[J].大学教育科学,2004(1).

[94]杨载武.《篇海类编》真伪考[J].西华师范大学学报（哲学社会科学版）,2007(1).

[95]于省吾.碧落碑跋[J].考古,1936(2).

[96]臧克和.《玉篇》的层次——基于"《说文》《玉篇》《万象名义》联合检索系统"调查比较之一[A].华东师范大学中国文字研究与应用中心:中国文字研究（第五辑）[C].南宁:广西教育出版社,2004.

[97]臧克和.楷字的时代性——贮存楷字的时间层次问题[A].华东师范大学中国文字研究与应用中心:中国文字研究（第八辑）[C].郑州:大象出版社,2007(1).

[98]臧克和.历史汉字的贮存、传播与变异（二）——从《原本玉篇》到《万象名义》[A].华东师范大学中国文字研究与应用中心:中国文字研究（第六辑）[C].南宁:广西教育出版社,2005.

[99]詹卫东.大数据时代的汉语语言学研究[J].山西大学学报（哲学社会科学版）,2013(5).

[100]张素凤.谈书写对古汉字结构的影响[J].兰州学刊,2013(9).

[101]张素格.基于字料库的两岸基础教育用字调查与对比研究[D].北京师范大学博士后出站论文,2014.

[102]张素格.中国大陆与台湾地区计算机字库字形比较研究[M].北京:中国社会科学出版社,2019.

[103]张璇.讹字的定义与分类[J].重庆社会科学,2016(1).

[104]赵彤.基于关系数据库的汉字构形分析及其应用[J].语言文字应用,2015(3).

[105]郑晓瑛.交叉学科的重要性及其发展[J].北京大学学报（哲学社会科学版）,2007(3).

[106]周强.规则和统计相结合的汉语词类标注方法[J].中文信息学报,1995(3).

[107]周晓文,李国英,王颖,毛承慈.BNUZLK 字料库系统的建构与应用[A].北京师范大学民俗典籍文字研究中心:民俗典籍文字研究（第十三辑）[C].北京:商务印书馆,2014(1).

[108]周晓文,李国英,朱翠萍,陈莹.基于字料库的开放式异体字整理平台的设计与实现[A].中国文字学会:中国文字学报（第六辑）[C].北京:商务印书馆,2015.

[109]周晓文,李国英.关于社会用字调查的研究[A].华东师范大学中国文字研究与应用中心:中国文字研究（第十四辑）[C].郑州:大象出版社,2011.

[110]周晓文,朱生玉,李国英.计算机统一编码之小篆字形测查[J].哈尔滨师范大学社会科学学报,2019(5).

[111]朱翠萍,周晓文,陈莹.基于字料库平台的字书整理研究

[J].中国出版,2013(23).

[112]朱玉华.基于字料库的 20 世纪 50 年代社会用字调查及规范研究[D].北京师范大学硕士学位论文,2011.

二、专著类

[1]北京书同文数字化技术有限公司.古籍汉字字频统计[M].北京:商务印书馆,2008.

[2]陈梦家.中国文字学[M].北京:中华书局,2006.

[3]陈伟湛,唐钰明.古文字学纲要(第二版)[M].广州:中山大学出版社,2009.

[4]邓福禄,韩小荆.字典考正[M].武汉:湖北人民出版社,2007.

[5]冯志伟.计算语言学基础[M].北京:商务印书馆,2001.

[6](清)桂馥.札朴[M].北京:中华书局,1992.

[7]韩小荆.《可洪音义》研究——以文字为中心[M].成都:巴蜀书社,2009.

[8]侯冬梅.通用规范汉字构形属性研究[M].北京:科学出版社,2017.

[9]黄德宽.汉字理论丛稿[M].北京:商务印书馆,2006.

[10]黄晖.论衡校释[M].北京:中华书局,1990.

[11]黄侃.文字声韵训诂笔记[M].北京:中华书局,2006.

[12]黄锡全.汗简注释[M].武汉:武汉大学出版社,1990.

[13]李俊山,叶霞,罗蓉,刘东.数据库原理及应用(SQL Server)(第三版)[M].北京:清华大学出版社,2017.

[14]李运富.汉字汉语论稿[M].北京:学苑出版社,2008.

[15]李运富.汉字学新论[M].北京:北京师范大学出版社,2012.

[16]梁春胜.楷书部件演变研究[M].北京:线装书局,2012.

［17］梁东汉. 新编说文解字［M］. 太原：山西教育出版社,2006.

［18］梁茂成. 什么是语料库语言学［M］. 上海：上海外语教育出版社,2016.

［19］（清）梁章钜. 浪迹丛谈·浪迹续谈·浪迹三谈［M］. 北京：中华书局,1981.

［20］林连通,郑张尚芳. 汉字字音演变大字典［M］. 南昌：江苏教育出版社,2012.

［21］刘信芳. 楚简帛通假汇释［M］. 北京：高等教育出版社,2011.

［22］刘志基. 数据库古文字研究论稿［M］. 上海：上海古籍出版社,2019.

［23］柳建钰.《类篇》新收字考辨与研究［M］. 沈阳：辽宁大学出版社,2011.

［24］罗立乾,李开金. 新译江淹集［M］. 台北：三民书局,2011.

［25］陆俭明. 汉语语法语义研究新探索（2000－2010 演讲集）［M］. 北京：商务印书馆,2010.

［26］陆锡兴. 汉字传播史［M］. 北京：语文出版社,2002.

［27］（明）梅膺祚. 字汇（宝纶堂重镌本）［M］. 续修四库全书编纂委员会：续修四库全书（经部第 232 册）［C］. 上海：上海古籍出版社,2002.

［28］（清）钱陈群. 香树斋文集（影印清乾隆间刻本）［M］. 四库未收书辑刊编纂委员会：四库未收书辑刊（集部第 919 册）［C］. 北京：北京出版社,1998.

［29］裘锡圭. 文字学概要［M］. 北京：商务印书馆,1988.

［30］唐兰. 中国文字学［M］. 上海：上海古籍出版社,2001.

［31］唐兰. 古文字学导论（增订本）［M］. 济南：齐鲁书社,1981.

［32］陶宏才. 数据库原理及设计［M］. 北京：清华大学出版社,2004.

[33]王凤阳.汉字学[M].长春:吉林文史出版社,1989.

[34]王国维.观堂集林[M].北京:中华书局,1959.

[35]王海根.古代汉语通假字大字典[M].福州:福建人民出版社,2006.

[36]王力.同源字典[M].北京:商务印书馆,1982.

[37]王立军.宋代雕版楷书构形系统研究[M].上海:上海教育出版社,2003.

[38](清)王念孙.广雅疏证[M].北京:中华书局,1983.

[39]王宁.汉字构形学导论[M].北京:商务印书馆,2015.

[40]王宁.汉字构形学讲座[M].上海:上海教育出版社,2002.

[41]王宁.通用规范汉字字典[M].北京:商务印书馆,2013.

[42]王宁.训诂学原理[M].北京:中国国际广播出版社,1996.

[43](清)王筠.文字蒙求[M].北京:中华书局,1962.

[44]卫乃兴,李文中,濮建忠.语料库应用研究[M].上海:上海外语教育出版社,2005.

[45]项楚,张子开.古典文献学[M].重庆:重庆大学出版社,2010.

[46]熊文新.语言资源视角下的语料库建设与应用研究[M].北京:外语教学与研究出版社,2015.

[47]徐在国.隶定古文疏证[M].合肥:安徽大学出版社,2002.

[48]杨宝忠.疑难字考释与研究[M].北京:中华书局,2005.

[49]杨惠中.语料库语言学导论[M].上海:上海外语教育出版社,2002.

[50]殷寄明.汉语同源字词丛考[M].上海:东方出版中心,2007.

[51]尹黎云.汉字字源系统研究[M].北京:中国人民大学出版社,1998.

[52]于省吾.双剑誃吉金文选[M].北京:中华书局,1998.

[53]俞绍初,张亚新.江淹集校注[M].郑州:中州古籍出版社,1994.

[54]语言学名词审定委员会.语言学名词[M].北京:商务印书馆,2011.

[55]张素格.中国大陆与台湾地区计算机字库字形比较研究[M].北京:中国社会科学出版社,2019.

[56]张涌泉.敦煌俗字研究[M].上海:上海教育出版社,1996.

[57]张涌泉.汉语俗字丛考(修订本)[M].北京:中华书局,2020.

[58]张涌泉.汉语俗字研究(增订本)[M].北京:商务印书馆,2010.

[59]章琼.现代汉语通用字对应异体字整理[M].成都:巴蜀书社,2004.

[60]郑家恒,张虎,谭红叶,钱揖丽,卢娇丽.智能信息处理——汉语语料库加工技术及应用[M].北京:科学出版社,2010.

[61]郑贤章.汉文佛典疑难俗字汇释与研究[M].成都:巴蜀书社,2016

[62]郑贤章.《龙龛手镜》研究[M].长沙:湖南师范大学出版社,2004.

[63]曾良,陈敏.明清小说俗字典[M].扬州:广陵书社,2018.

[64]周晓文.汉字构形属性历时演变的量化研究[M].北京:中国广播电视出版社,2008.

[65](美)Ben Shneiderman 著,张国印,李健利等译.用户界面设计:有效的人机交互策略[M].北京:电子工业出版社,2004.

三、标准类

[1]国家技术监督局.信息技术软件产品评价质量特性及其使用指南(GB/T16260-1996)[S].北京:中国标准出版社,1996.

[2]国家语委标准化工作委员会.现代汉语通用字笔顺规范[S].北京:语文出版社,2000.

[3]国家语言文字工作委员会.现代常用字部件及部件名称规范（GF0014－2009）[S].北京:语文出版社,2009.

[4]国家语言文字工作委员会.信息处理用 GB13000.1 字符集汉字部件规范（GF3001－1997）[S].北京:语文出版社,1998.

四、网络资源类

[1]Codejock Software. ToolkitPro 项目主页[EB/OL]. https://codejock. com/products/toolkitpro/? 2yn6s14z＝zsp.

[2]Hervé Drolon. Freeimage 项目主页[EB/OL]. http://freeimage. sourceforge. net/? tdsourcetag＝s_pcqq_aiomsg.

[3]StatCounter GlobalStats. 全球统计数据网站[EB/OL]. http://gs. statcounter. com/windows-version-market-share/desk-top/china.

[4]Ye Xingyao. 字海网[EB/OL]. http://yedict. com/zsts. htm.

[5]北京师范大学中国文字整理与规范研究中心,汉字研究与现代应用实验室. 汉字全息资源应用系统[DB/OL]. http://qxk. bnu. edu. cn.

[6]国家新闻出版总署."中华字库"工程启动,含全部汉字和少数民族文字[EB/OL]. http://www. sapprft. gov. cn/sapprft/govpublic/6619/281817. shtml,2011－7－27.

[7]国家新闻出版总署. 新闻出版重大科技工程项目—"中华字库"工程申报公告[EB/OL]. http://www. sapprft. gov. cn/sapprft/contents/6588/321964. shtml,2010－10－15.

[8]国务院办公厅. 国务院关于公布《通用规范汉字表》的通知[EB/OL]. http://www. gov. cn/zwgk/2013－08/19/content_2469793. htm,2013－8－19.

[9] 华东师范大学古今文字及历代字书资源库[DB/OL]. http://www. wenzi. cn/web/content. aspx? moduleid＝22&parentid ＝20.

[10] 日本东京大学. 石刻拓本资料库[DB/OL]. http://kanji. zinbun. kyoto-u. ac. jp/db-machine/imgsrv/takuhon/t_menu. html.

[11] 日本欣喜堂. 汉字书体二十四史[EB/OL]. http://www. kinkido. net/Chinese/Chinese. html.

[12] 孙建伟. 简化汉字字料库[DB/OL]. http://219. 244. 71. 173/index.

[13] 台湾"国家教育研究院". 异体字字典[DB/OL]. http://dict. variants. moe. edu. tw/.

[14] 台湾"中央研究院". 小学堂文字学数据库[DB/OL]. http:// xiaoxue. iis. sinica. edu. tw.

[15] 香港中文大学人文电算研究中心. 汉语多功能字库[DB/OL]. https://humanum. arts. cuhk. edu. hk/Lexis/lexi-mf/ search. php? word＝.

[16] 浙江大学图书馆古籍碑帖研究与保护中心. 中国历代墓志数据库[DB/OL]. http://csid. zju. edu. cn.

[17] Glyphwiki. 字形维基[EB/OL]. http://zhs. glyphwiki. org/ wiki/GlyphWiki.

附　录

附录一　字书字料库(V3.0)库内数据统计表

序号	类别	项目	数量	数据来源表
1	字头公用及基本信息	在库字头总数	1575987	zitou
2		字头及构字式总数	140045	zitouid
3		字头参证文献总数	295230	ztjbxx_canzheng wenxian
4		字头音义项总数	1643210	ztjbxx_yinyi
5		辞条总数	152334	ztjbxx_citiao
6		字头读音信息总数	17352	zitouduyinxinxi
7	字头构形信息	有理拆分基本信息总数	94223	youlichaifen
8		有理拆分直接构件总数	188353	ylcf_zhijiegoujian
9		有理拆分间接构件总数	334849	ylcf_jianjiegoujian
10	字头字际关系信息	本借关系条目总数	16338	benjieguanxi
11		繁简关系条目总数	13155	fanjianguanxi
12		异体关系条目总数	74157	yitiguanxi

注:以上数据截至 2020 年 7 月 1 日。

附录二 字书字料库（V3.0）所收（含拟收）书目一览表

序号	书名代码	书名全称	书名简称	书名又称	时代	作者	卷数	主用书体	版本
1	CJKA	CJK扩展A区	扩A		今	UNICODE	不分卷	楷书	Ver.13.0(2020.03)
2	CJKB	CJK扩展B区	扩B		今	UNICODE	不分卷	楷书	Ver.13.0(2020.03)
3	CJKBH	CJK笔画			今	UNICODE	不分卷	楷书	Ver.13.0(2020.03)
4	CJKC	CJK扩展C区	扩C		今	UNICODE	不分卷	楷书	Ver.13.0(2020.03)
5	CJKD	CJK扩展D区	扩D		今	UNICODE	不分卷	楷书	Ver.13.0(2020.03)
6	CJKE	CJK扩展E区	扩E		今	UNICODE	不分卷	楷书	Ver.13.0(2020.03)
7	CJKF	CJK扩展F区	扩F		今	UNICODE	不分卷	楷书	Ver.13.0(2020.03)
8	CJKG	CJK扩展G区	扩G		今	UNICODE	不分卷	楷书	Ver.13.0(2020.03)
9	CJKJB	CJK基本	基本		今	UNICODE	不分卷	楷书	Ver.13.0(2020.03)
10	CJKJR	CJK兼容			今	UNICODE	不分卷	楷书	Ver.13.0(2020.03)
11	CJKJRKZ	CJK兼容扩展			今	UNICODE	不分卷	楷书	Ver.13.0(2020.03)

续表

序号	书名代码	书名全称	书名简称	书名又称	时代	作者	卷数	主用书体	版本
12	CJKKXBS	CJK康熙部首			今	UNICODE	不分卷	楷书	Ver.13.0(2020.03)
13	CJKKZBS	CJK扩展部首			今	UNICODE	不分卷	楷书	Ver.13.0(2020.03)
14	IDCDA	汉语大词典	大词典		今	罗竹风主编	十二卷	楷书	汉语大词典出版社1986—1993年出版（第一卷初版由上海辞书出版社出版）
15	IDHWY	王仁昫刊谬补阙切韵 P2011	敦煌王韵	王一	唐	王仁昫	五卷	楷书	唐五代韵书集存1983年影印故宫博物院影印唐写本
16	IDZDB	汉语大字典	大字典		今	徐中舒等主编	九卷	楷书	崇文书局/四川辞书出版社2010年第二版
17	IEJZ	第二次汉字简化方案（草案）	二简字		今	中国文字改革委员会	不分卷	楷书	高更生《现行汉字规范问题》（商务印书馆2002）附录

续表

序号	书名代码	书名全称	书名简称	书名又名称	时代	作者	卷数	主用书体	版本
18	IGBPHA	成化丁亥重刊改并五音类聚四声篇海	改并篇海		金	韩孝彦/韩道昭	十五卷	楷书	续修四库全书影印北京大学图书馆藏明成化三年至七年(1467—1471)明释文儒募刻本
19	IGLA	干禄字书			唐	颜元孙撰、颜真卿书	四卷	楷书	日藏文化十四年(1817)刊本
20	IGLB	干禄字书			唐	颜元孙撰、颜真卿书	四卷	楷书	紫禁城出版社1990年影印故宫博物院藏明拓本
21	IGSZLA	古俗字略			明	陈士元	五卷，增补一卷	楷书	异体字研究资料集成影印明刊本
22	IGWSSYA	古文四声韵			北宋	夏竦	五卷	战国文字	中华再造善本影印国家图书馆藏宋刻本

续表

序号	书名代码	书名全称	书名简称	书名又称	时代	作者	卷数	主用书体	版本
23	IGYA	大宋重修广韵	广韵		北宋	陈彭年等	五卷	楷书	江苏教育出版社 2005 年影印南宋孝宗时巾箱本
24	IGYB	大宋重修广韵	广韵		北宋	陈彭年等	五卷	楷书	中国书店 1982 年影印张氏泽存堂刊本
25	IGYC	钜宋广韵	广韵		北宋	陈彭年等	五卷	楷书	日本国立公文书馆藏南宋乾道五年(1169)黄三八郎刊本
26	IGYCDA	"教育部"重编国语辞典本	重编国语辞典		今		不分卷	楷书	
27	IHBBLA	合并字学篇韵便览	合并便览		明	徐孝	二十二卷	楷书	四库全书存目丛书影印明万历三十四年(1606)张元善刻本

续表

序号	书名代码	书名全称	书名简称	书名又称	时代	作者	卷数	主用书体	版本
28	IHJA	汗简			北宋	郭忠恕	七卷	战国文字	四部丛刊影印上海涵芬楼借常熟瞿氏铁琴铜剑楼藏冯己苍手抄本
29	IHPZYA	新校经史海篇直音	海篇直音		明	佚名	十卷	楷书	续修四库全书影印复旦大学图书馆藏明嘉靖二十三年(1544)金陵勉勤堂刻本
30	IHWZYA	洪武正韵			明	乐韶凤、宋濂	十六卷	楷书	明嘉靖四十年(1561)刘以节刊本
31	IHZHB	汉字海			今	蓝德康、松冈荣志	不分卷	楷书	香港大正出版社2014年版
32	IHZKS	汉字考释			今	众人	不分卷	楷书	

续表

序号	书名代码	书名全称	书名简称	书名又称	时代	作者	卷数	主用书体	版本
33	IJFTY	唐韵残卷（蒋斧印本）	蒋斧唐韵		唐	孙愐	两卷	楷书	唐五代韵书集存 1983 年影印
34	IJJZY	新加九经字样	九经字样		唐	唐玄度	一卷	楷书	清后知不足斋丛书覆刻唐石经本
35	IJYA	集韵			北宋	丁度等	十卷	楷书	上海古籍出版社 1983 年影印钱氏述古堂影宋抄本
36	IJYB	集韵			北宋	丁度等	十卷	楷书	中华书局 1988 年影印北京图书馆藏宋刻谭州本
37	IJYC	集韵			北宋	丁度等	十卷	楷书	日本宫内厅书陵部藏宋淳熙十四年（1187）田世卿陕西安康金州军刻本

续表

序号	书名代码	书名全称	书名简称	书名又称	时代	作者	卷数	主用书体	版本
38	IJYD	集韵			北宋	丁度等	十卷	楷书	文物出版社 1996 影印翁氏藏明州本
39	IJYE	集韵			北宋	丁度等	十卷	楷书	光绪二年（1876）川东官舍姚刊三韵本
40	IJZQYA	笺注本切韵 S2055	切二		唐			楷书	
41	IJZQYB	笺注本切韵 S2071	切三		唐			楷书	
42	IKXA	康熙字典			清	张玉书等	十二卷	楷书	上海古籍出版社 1996 年影印王引之校改本

续表

序号	书名代码	书名全称	书名简称	书名又称	时代	作者	卷数	主用书体	版本
43	ILBA	隶辨		隶书字典	清	顾蔼吉	八卷	隶书	中国书店 1982 年影印康熙五十七年（1718）项氏玉渊堂刻本
44	ILDGWA	隶定古文疏证			今	徐在国	十四卷	楷书	安徽大学出版社 2002 年版
45	ILKA	龙龛手镜	龙龛	龙龛手鉴	辽	释行均	四卷	楷书	中华书局 1982 年影印高丽本
46	ILKB	龙龛手镜	龙龛	龙龛手鉴	辽	释行均	四卷	楷书	续古逸丛书本
47	ILPA	类篇			北宋	司马光等	四十五卷	楷书	中华书局 1984 年影印光绪二年（1876）川东官舍姚刊三韵本

续表

序号	书名代码	书名全称	书名简称	书名又称	时代	作者	卷数	主用书体	版本
48	ILPB	类篇			北宋	司马光等	四十五卷	楷书	上海古籍出版社 1987 年影印汲古阁影宋抄本
49	ILSGA	六书故			宋末元初	戴侗	三十三卷	小篆	清乾隆四十九年(1784)西蜀李鼎元刊本
50	IMYA	篆隶万象名义	名义		日	释空海	三十卷	手写行楷	中华书局 1995 年影印日本《崇文丛书》本
51	IPBWY	项元汴跋本刊谬补阙切韵	裴本切韵	项跋王韵;王二	唐	裴务齐	五卷	楷书	唐五代韵书集存 1983 年影印北京故宫博物院旧藏本《裴务齐正字本刊谬补缺切韵》
52	IPHLBA	篇海类编			明	(题)宋濂	二十卷	楷书	续修四库全书影印国家图书馆藏明刻本

续表

序号	书名代码	书名全称	书名简称	书名又称	时代	作者	卷数	主用书体	版本
53	IQYCYA	切韵残页 S2683+P4917	切一		隋	陆法言		楷书	
54	ISBWY	宋濂跋本刊谬补阙切韵	宋跋王韵	王三	唐	王仁昫	五卷	楷书	香港中文大学 1968 年版龙字纸《唐写全本王仁昫刊谬补缺切韵校笺》摹本
55	ISWA	说文解字	说文		汉	许慎	十五卷	小篆	中华书局 2013 年影印清陈昌治同治十二年(1873)据孙氏翻刻一篆一行本
56	ISWB	说文解字	说文		汉	许慎	十五卷	小篆	大兴朱氏依末本重刻本(四部备要)、同波古阁本
57	ISWC	说文解字	说文		汉	许慎	十五卷	小篆	平津馆丛书孙星衍清嘉庆同孙氏仿末本

续表

序号	书名代码	书名全称	书名简称	书名又称	时代	作者	卷数	主用书体	版本
58	ISWD	说文解字	说文		汉	许慎	十五卷	小篆	上海涵芬楼景日本岩崎氏藏宋本（四部丛刊）
59	ISWE	说文解字	说文		汉	许慎	十五卷	小篆	清嘉庆十二年（1807）额勒布额藤花榭仿宋本
60	ISWDZ	说文解字注	段注		清	段玉裁	三十卷	小篆	上海古籍出版社 1988 年影印清嘉庆二十年（1815）经韵楼刻本
61	ISWXZA	说文解字系传	系传		南唐	徐锴	四十卷	小篆	台湾华文书局影印道光十九年（1839）祁寯藻重刊苏州顾氏影宋本
62	ISWYLA	附释文互注礼部韵略	释文韵略		北宋	丁度等		楷书	中华再造善本影印国家图书馆藏宋绍定三年（1230）藏书阁刻本

续表

序号	书名代码	书名全称	书名简称	书名又称	时代	作者	卷数	主用书体	版本
63	ITBSW	唐写本说文解字木部残卷及口部残卷	唐本说文		汉	许慎	一卷	小篆	续修四库全书影印上海辞书出版社图书馆藏清同治三年（1864）曾国藩刻本；周祖谟《问学集》所载日人某氏所藏说文口部残简摹本
64	ITYGF	通用规范汉字字典			今	王宁等	不分卷	楷书	商务印书馆2013年第一版
65	IWJWZA	五经文字			唐	张参	三卷	楷书	清后知不足斋丛书覆刻唐石经本
66	IWYJYA	五音集韵			金	韩道昭	十五卷	楷书	明成化六年（1470）重刊本
67	IXHCDF	现代汉语词典			今	中科院语言研究所词典编辑室	不分卷	楷书	商务印书馆2016年第七版

续表

序号	书名代码	书名全称	书名简称	书名又称	时代	作者	卷数	主用书体	版本
68	IXJPHA	重刊详校篇海	详校篇海		明	李登	五卷	楷书	续修四库全书影印北京大学图书馆藏明万历三十六年（1608）赵新盘新盘刻本
69	IXXYPA	新修累音引证群籍玉篇	新修玉篇		金	邢准	三十卷	楷书	中华再造善本影印国家图书馆藏金刻本
70	IXZZJA	新撰字镜	字镜		日	释昌住	不分卷	楷书	符谷工七斋手写入扎本
71	IYBYP	原本玉篇残卷	原本玉篇		南朝梁	顾野王	一卷	楷书	续修四库全书影印中国科学院图书馆藏日本昭和八年（1933）京都东方文化学院编东方文化丛书第六辑本
72	IYHJYA	古今韵会举要	韵会举要		元	黄公绍、熊忠	三十卷	楷书	中华再造善本影印国家图书馆藏元刻本
73	IYHJYB	古今韵会举要	韵会举要		元	黄公绍、熊忠	三十卷	楷书	明万历刊本

续表

序号	书名代码	书名全称	书名简称	书名又称	时代	作者	卷数	主用书体	版本
74	IYJZ	第一批简体字表	一简字		今	中华民国教育部	不分卷	楷书	高更生《现行汉字规范问题》（商务印书馆2002年）附录
75	IYPA	大广益会玉篇	玉篇	宋本玉篇	北宋	陈彭年等	三十卷	楷书	中国书店1983年影印张氏泽存堂刊本
76	IYPB	大广益会玉篇	玉篇	宋本玉篇	北宋	陈彭年等	三十卷	楷书	明经厂本
77	IYPC	大广益会玉篇	玉篇	元刊本玉篇	北宋	陈彭年等	三十卷	楷书	京都大学藏元至正二十六年（1366）南山书院刊本
78	IZHA	字汇			明	梅膺祚	十二卷	楷书	哈佛大学哈佛燕京图书馆藏明万历四十三年（1615）刻本
79	IZHBA	字汇补			清	吴任臣	十二卷	楷书	续修四库全书影印清康熙五年（1666）汇贤斋刻本

续表

序号	书名代码	书名全称	书名简称	书名又称	时代	作者	卷数	主用书体	版本
80	IZHZHA	中华字海	字海		今	冷玉龙等	不分卷	楷书	中国友谊出版社2000年第二版
81	IZJA	字鉴			元	李文仲	五卷	楷书	张氏泽存堂五种本
82	IZMYLA	正名要录			唐	郎知本	六卷	楷书	黄征《敦煌俗字典》(上海教育出版社2005年)所附
83	IZXYLA	增修互注礼部韵略	增修韵略		南宋	毛晃增注，毛居正校勘重增	五卷	楷书	中华再造善本影印上海图书馆藏元至正十五年(1355)日新书堂刻明修本
84	IZYA	字源			今	李学勤	不分卷	楷书	天津古籍出版社,辽宁人民出版社2013年版
85	IZYPA	重订直音篇	直音篇		明	章黼	七卷	楷书	续修四库全书影印国家图书馆藏明万历三十四年(1606)明德书院刻本

续表

序号	书名代码	书名全称	书名简称	书名又名称	时代	作者	卷数	主用书体	版本
86	IZYYYA	中原音韵			元	周德清	不分卷	楷书	瞿氏铁琴铜剑楼影元刻本
87	IZZTA	正字通			明	张自烈	十二卷	楷书	续修四库全书影印湖北省图书馆藏清康熙二十四年（1685）清畏堂刻本
88	UBJHYA	重刊北京五大部直音会韵	北京会韵		明	冯梦祯	二卷	楷书	嘉兴大藏经（新文丰版）第 19 册 No. B048
89	UHLYYA	新收一切藏经音义	慧琳音义	慧琳一切经音义	唐	释慧琳	一百卷	楷书	中华大藏经（中华书局版）第 57－59 册 No. 1165
90	UHYYYA	新译大方广佛华严经音义	慧苑音义		唐	释慧苑	两卷	楷书	中华大藏经（中华书局版）第 59 册 No. 1167
91	UJDSWA	经典释文			唐	陆德明	三十卷	楷书	上海古籍出版社 1985 年影印北京图书馆藏宋刻宋元递修本

续表

序号	书名代码	书名全称	书名简称	书名又称	时代	作者	卷数	主用书体	版本
92	UKHYYA	新集藏经音义随函录	可洪音义		五代	释可洪	三十卷	楷书	中华大藏经（中华书局版）第59—60册 No.1170
93	USXZYA	绍兴重雕大藏音	绍兴藏音		宋	释处观	三卷	楷书	中华大藏经（中华书局版）第59册 No.1169
94	UXLYYA	续一切经音义	希麟音义	希麟一切经音义	辽	释希麟	十卷	楷书	中华大藏经（中华书局版）第59册 No.1166
95	UXYYYA	大唐众经音义	玄应音义	玄应一切经音义	唐	释玄应	二十五卷	楷书	中华大藏经（中华书局版）第56册 No.1163
96	VBBZA	碑别字新编			今	秦公	不分卷	楷书	文物出版社1985年版
97	VCSZDA	中国草书大字典			今	沈鹏，李呈修	不分卷	草书	人民美术出版社2006年版
98	VCZBXBA	草字编新编			今	洪钧陶		草书	文物出版社2006年版

续表

序号	书名代码	书名全称	书名简称	书名又称	时代	作者	卷数	主用书体	版本
99	VCZHA	草字汇			清	石梁	十二卷	草书	中州古籍出版社 1990 年影印清乾隆五十三年（1788）敬义斋高刊本
100	VDHSZDA	敦煌俗字典			今	黄征	不分卷	楷书 行楷	上海教育出版社 2005 年版
101	VDSYA	大书源			今	日本二玄社	不分卷	综合	日本二玄社 2007 年版
102	VGWZLB	古文字类编			今	高明、涂白奎	不分卷	古文字	上海古籍出版社 2008 年版
103	VKSZDA	中国楷书大字典			今	沈鹏、李呈修	不分卷	楷书	人民美术出版社 2006 年版
104	VLSZDA	中国隶书大字典			今	沈鹏、李呈修	不分卷	隶书	人民美术出版社 2006 年版
105	VSZPA	宋元以来俗字谱	俗字谱		民国	刘复、李家瑞		楷书	文字改革出版社 1957 年重印本

续表

序号	书名代码	书名全称	书名简称	书名又称	时代	作者	卷数	主用书体	版本
106	VXJGWBA	新甲骨文编			今	刘钊		甲骨文	福建人民出版社 2014 年增订本
107	VXJWBA	新金文编			今	董莲池		金文	作家出版社 2011 年版
108	VXSFB	标准行书范本	行书范本		今	中华文化复兴运动推行委员会标准行书研究委员会	不分卷	行书	台湾书店 1978 年版
109	VXSSZDA	明清小说俗字典			今	曾良、陈敏		楷书	广陵书社 2017 年版
110	VXSZDA	中国行书大字典			今	沈鹏、李呈修	不分卷	行书	人民美术出版社 2006 年版
111	VYYRCSA	于右任标准草书字典	于右任草书		今	沈荣道	不分卷	草书	陕西人民美术出版社 2000 年版

续表

序号	书名代码	书名全称	书名简称	书名又称	时代	作者	卷数	主用书体	版本
112	VZGWZA	战国文字编			今	汤余惠、赖炳伟、徐在国、吴良宝		战国文字	福建人民出版社 2001 年版
113	VZSZDA	中国篆书大字典			今	沈鹏、李呈修	不分卷	古文字	人民美术出版社 2006 年版

注:以上数据截至 2020 年 7 月 1 日。

后　记

　　本书是我所主持 2014 年度国家社科基金青年项目"字书字料库的理论与实践研究"的最终成果,该项目已于 2019 年结项,等级为"良好"。原计划只打算就理论与实践两部分展开研究,应用部分可以算是超额完成的内容。

　　字料库理论是由李国英师与周晓文于 2009 年提出来的。我初次接触字料库概念是在 2011 年,弹指一挥间,已经快要十年了。刚开始对于字料库的认识还比较肤浅,但初生牛犊不怕虎,我首先申报了省社科基金,侥幸获批。这极大地鼓舞了我的研究热情和干劲。接着,我又相继获批 2013 年度教育部项目和 2014 年度国家社科基金项目,顿时觉得肩上的担子更重了。于是我开始天天游走于网络,调查各种汉字数据库和经典的语料库,并着手设计字书字料库框架和字料属性库。之后便与锦州国信科技有限公司合作研发字书字料库系统。2014 年 10 月完成了 1.0版,2015 年 9 月完成了 2.0 版,2016 年 12 月"CCFD 字书字料库系统"荣获锦州市科学技术进步奖二等奖,2018 年 8 月又完成了3.0 版。目前字书字料库运行正常,在库数据量和数据的复杂程度都远远超出了我的预期。虽然整体来看也许还不太成熟,但随着字书字料库这棵大树慢慢生根发芽、开枝散叶,开始有更多的人关注它并进行基于字书字料库的汉字学研究,有学者还参考字书字料库的架构,尝试去建设其他类型的字料库,这对于我来说,不啻是一种莫大的鼓舞。

如果说字书字料库实体建设难度不小的话,字料库理论研究则更富有挑战性。这方面的工作前贤时俊做的不多,还有不少难点问题需要系统深入地探讨。我比较喜欢从事材料整理工作,理论功底比较薄弱,涉足这一领域时自觉如履薄冰。只有敢于突破自我,才能永远走在前列。为了顺利完成项目,我决定挑战一下自己的极限。而要想在理论研究方面开拓创新,不付出巨大的艰辛是办不到的。除了大量阅读汉字学、语料库语言学等方面的论著外,我还给自己定下了项目周期内年均发表 1 篇理论文章的小目标。现在看来,这个小目标应该已经实现了。尤其是《字书字料库中字料标注若干问题刍议》和《字料库汉字学初探》发表在《语言文字应用》上,前文主要观点还被人大复印报刊资料《语言文字学》2015 年第 11 期摘编。当意识到这些年来自己的工作已经将字料库实体建设与理论研究的进程向前推进了一小步,我倍感自豪! 这种喜悦,是其他任何东西都无法替代的!

近十年来,背靠着字书字料库这棵大树,我相继申请到了六个项目,发表了十多篇文章,获得了三项学术奖励,还顺利评上了正高职称。付出的努力终于得到了回报。欣喜之余,我深知,这些成绩的取得与很多师友的支持和鼓励是分不开的。饮水思源,在这里必须向诸位表达我衷心的感谢。

首先要特别感谢我的博士导师李国英教授。李老师对汉语和汉字始终怀有深情厚意。他不仅在传统语言文字学研究上倾注了常人难以想象的心血,而且对在信息时代为何要以及如何去借助数据库整理研究汉字也有着非常深刻的理性认识,故而能够审时度势,提出字料库建设与研究的设想。当初申请国家社科基金项目时,李老师就给予了充分肯定。之后每次登门拜访,李老师都会问我最近在研究什么,字料库建设的进展如何。可以说,我的每一点进步背后都有李老师的支持和鼓励。现在这本书就要出版了,尽管离李老师的要求可能还有很大距离,但我仍想将它首先献给李老师,并要跟李老师说一声:"谢谢老师,您辛苦了!"

感谢北京师范大学齐元涛、陕西师范大学党怀兴、辽宁师范大学洪飏、郑州大学张青松等诸位老师对项目及书稿的高度认可!

这些年来,北京师范大学周晓文、北京语言大学陈双新、河北大学杨宝忠、渤海大学夏中华、天津师范大学王世凯、辽宁省委宣传部肖明江等老师在教学科研工作上给予了我无私教诲和大力提携,在此一并致以最诚挚的谢意!

感谢我指导的硕士研究生:史晓丹、安冬雪、王伊佳、单志鹏、邢蕴荞、李超、徐丽雪、王海孟、李美璇、程银燕、马健、王健洁、姜泽兵、董倩、韩鼎新、曲波、张梦、郑琼、秦冕、冯宝成、王修竹。他们在字料库建设(尤其是字料数据的录入与标注)方面给予我重要支持。他们基于字料库的字书汉字研究成果对于字料库汉字学理论的发展颇有助益。现在他们或在读书,或已工作,希望他们未来的路能越走越宽!

感谢师弟许庆江。如果没有他的引介,本书绝难在享誉海内外的中华书局出版,而且是以超常规的进度快速出版:从交定稿到出一校,只用了短短1个月,从寄交一校到收到二校,则只用了15天时间,让我也享受了一次"大佬"的待遇。书稿校编和排版过程中给他添了很多不必要的麻烦,在此要向他郑重道一声:兄弟,请多担待!

首都师范大学中国书法文化研究院孙学峰教授欣然命笔,为本书题写书名,使本书增色良多,谨致以最诚挚的谢意!

　　做学问需要资金做后盾。所以要特别感谢全国哲学社会科学工作办公室、教育部社会科学司、辽宁省社会科学规划基金办公室等单位为我提供了比较充足的资金支持,保证了字料库研发工作的顺利开展。

　　需要感谢的人还有很多:曹晓波、陈才、但诚、邓福禄、何林英、何瑞、华建光、蒋海宝、李军、梁春胜、沈德海、宋龙、苏芃、孙建伟、汪银峰、王虎、王晓明、魏晓艳、谢铁强、邢爱贤、熊加全、杨清臣、于全有、俞绍宏、张素格、张文冠、张义、郑贤章、朱翠萍……这份名单还可以罗列很长,感谢诸位在字书字料库软件研发、使用及鉴定过程中提出的宝贵意见!

　　感谢我的父母、妻子和儿女。他们的支持是我奋力前行的不竭动力! 当然,我也想感谢一下自己。感谢自己的认真踏实与坚持不懈,期待在前行路上遇见更好的自己!

　　需要在此特别说明的是,为保持称呼上的统一,本书对学界前辈与时俊均直书姓名,未加"先生"二字,如有冒犯,恳请海涵!

　　书稿就要出版了,第一阶段的字料库建设与研究工作已经可以画上句号了。但这项工作还需要继续进一步拓展。当前,字料库建设与研究的重要性和紧迫性日益凸显,故而我也殷切希望大家都能够积极关注并主动投身于这项伟大事业中来!

　　限于本人的学识,本书错误疏漏之处在所难免,敬请各位同行专家提出批评和建议! 我的邮箱是 prcmap@163.com,期待您不吝赐教!

柳建钰

2020 年 7 月 25 日

略记于修业堂